Grundwissen
Volkswirtschaft

- Ausgangsfragen
- Schlüsselthemen
- Herausforderungen

W0058321

von
Udo Schmitz
Bernd Weidtmann

hrsg. von
Richard Geisen

Ernst Klett Verlag
Stuttgart · Düsseldorf · Leipzig

Udo Schmitz
Diplom-Kaufmann, Dozent für Volks- und Betriebswirtschaftslehre, Lehrbeauf-
tragter an der Universität Bielefeld

Bernd Weidtmann
Diplom-Kaufmann, Fachlehrer für Volks- und Betriebswirtschaftslehre, Lehr-
beauftragter an der Fern-Fachhochschule Hamburg

Dr. Richard Geisen, Dozent in der Erwachsenenbildung, Dortmund

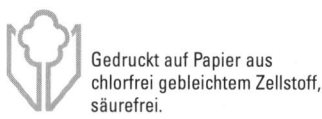
Gedruckt auf Papier aus
chlorfrei gebleichtem Zellstoff,
säurefrei.

1. Auflage   A I 5 4 3 | 2006 2005 2004

Die letzte Zahl bezeichnet das Jahr dieses Druckes.

© Ernst Klett Verlag GmbH, Stuttgart 1999.
Alle Rechte vorbehalten.
Internetadresse: http://www.klett-verlag.de

Redaktion: Manfred Ott
Grafik: Elmar Feuerbach
Satz: Fotosatz Kaufmann, Stuttgart
Druck: SCHNITZER DRUCK GmbH, Korb

ISBN 3-12-939603-9

Inhalt

Vorwort

Oft ist die Zukunft schon da, ehe wir ihr gewachsen sind

JOHN STEINBECK

Am Ausgang dieses Jahrhunderts stellen die Menschen fest, dass die Welt um sie herum (noch) komplizierter geworden ist. Dies gilt neben anderen Sachgebieten besonders für den Bereich wirtschaftlicher Themen. Schlagwörter wie „Bündnis für Arbeit", „Globalisierung" und „Euro" weisen in eine Zukunft, vor der wir mit weitaus größerer Unsicherheit stehen als etwa die Menschen in der Mitte dieses Jahrhunderts.

Kaum ein Massenmedium, in dem nicht Informationen mit wirtschaftlichen Bezügen vermittelt werden. Ohne grundlegende Kenntnisse über die Zusammenhänge können wir diese Meldungen nur zur Kenntnis nehmen, denn „...an der Grenze unseres Wissens beginnt der Glaube" (ALBERT EINSTEIN).

Wer sich nicht damit begnügen will, die Welt um sich herum nur staunend wahrzunehmen, wird sich diese Kenntnisse verschaffen wollen, um – als Staatsbürger wie als Anleger, als Arbeitnehmer wie als Konsument – die Zusammenhänge auf den Märkten zu verstehen.

Dieses Buch vermittelt in übersichtlicher Weise die Inhalte einer allgemeinen Volkswirtschaftslehre. Dabei werden
- im 1. Teil – Ausgangsfragen – die grundlegenden Fragen beantwortet, die in Verbindung mit dem Thema Volkswirtschaft zu stellen sind;
- im 2. Teil – Schlüsselthemen – die Themen aktuellen wirtschaftspolitischen Geschehens vermittelt;
- im 3. Teil – Herausforderungen – wichtige aktuelle wie zukünftige Problemfelder beschrieben, deren Aktualität sich zukünftig weiter verschärfen wird.

Udo Schmitz und Bernd Weidtmann
im Oktober 1999

Lesehinweis

Dieser Titel aus der Reihe „Grundwissen" weist einige besondere Gestaltungsmerk-
male auf:

- **Kurztexte in einer fortlaufenden Randspalte** beleuchten schlaglichtartig die auf
  der jeweiligen Seite behandelte Thematik, zum Beispiel mit
  - pointierten Nebenbemerkungen,
  - kurzen Zitaten und Aphorismen,
  - Verweisen und gedanklichen Brücken,
  - Zahlen, Daten, Fragen…

- **Beispieltexte** sind durchgehend mit dem Symbol ⬤ gekennzeichnet.

- **Wichtig-Texte** sind an diesem Zeichen zu erkennen: ◇
  Sie heben Wesentliches hervor, bündeln Vorhergehendes oder ziehen eine Schluss-
  folgerung.

I. Ausgangsfragen

Es ist wichtiger,
Fragen zu stellen,
als auf alles eine Antwort zu haben

JAMES THURBER

1. Was ist Volkswirtschaftslehre?

Eine Auswahl von Schlagzeilen aus einer deutschen Tageszeitung: „Bauwirtschaft streicht bis zu 100.000 Stellen", „Regierung bleibt bei kostenneutraler Arbeitsmarktpolitik", „Währungskurs des Dollar hat für Verbraucher erhebliche Konsequenzen", „Ökobilanz soll volkswirtschaftliche Gesamtrechnung ergänzen", „Kaufkraftverluste in vielen Ferienländern: Urlaubsmark weniger wert", „Verbraucherpreise gegenüber dem Vorjahr um 1,2 % gestiegen", „Bundesbank lässt Leitzinsen trotz europäischen Drucks unverändert", „Konzentrationswelle im Handel ungebrochen", „VW plant größere Motoren bei Übernahme von Rolls Royce".

Diese Schlagzeilen belegen anschaulich, dass eine Vielzahl aktueller Problemstellungen unseres Lebens mit volkswirtschaftlichen Inhalten gefüllt ist.

Viele Menschen müssen sich mit diesen Fragen täglich beruflich befassen: Auf die Tätigkeit eines Bankmitarbeiters wirken sich Wechselkurse und Leitzinssätze aus. Der Einkäufer eines Unternehmens wird aufmerksam die tägliche Veränderung von Weltmarktpreisen für Rohstoffe oder den Abschluss von Handelsabkommen registrieren. Aber auch der „Normalverbraucher" wird immer wieder mit volkswirtschaftlichen Fragen konfrontiert:

- Wenn der Benzinpreis um 5 % gestiegen ist und die Kaffeepreise um 6 % gesunken sind: wieso verkündet die Nachrichtensprecherin dann einen vom Statistischen Bundesamt errechneten Preisniveauanstieg von 1,2 % gegenüber dem Vorjahr?
- Welche Auswirkungen auf die Zinsen bei einer Kontoüberziehung hat die Meldung, dass die Bundesbank die Leitzinsen verändert?
- Bringt die Einführung des EURO mehr Vorteile als Nachteile, und um welche Vorteile handelt es sich? Muss der Verbraucher sich in diesem Zusammenhang um sein erspartes Geld Sorgen machen?
- Wie sicher sind Arbeitsplätze vor dem Hintergrund zunehmender Konzentration, niedrigerer Löhne in anderen Ländern und weltweiter Aktivitäten der großen Unternehmen sowie der anhaltenden Rationalisierung durch den technischen Fortschritt?

Ein Heimwerker, der sich mit der Hauselektrik auseinandersetzt, kann seine Fertigkeit gewiss zu einem Teil durch „learning by doing" oder „Versuch und Irrtum" beziehen. Er wird jedoch auf Dauer nur unzureichende Ergebnisse erzielen, wenn er sich nicht zumindest in Grundzügen mit den Erkenntnissen der Physik über die Elektrizität auseinandersetzt. Wer als Zeitungsleser den Wirtschaftsteil der Tageszeitung verstehen will, sollte sich sowohl mit den Grundzügen und Grundbegriffen der Theorie als auch den wirtschaftspolitischen Mechanismen vertraut machen.

1.1 Begriff und Teilgebiete der Volkswirtschaftslehre

◆ Die Volkswirtschaftslehre, auch als **Nationalökonomie** bezeichnet, ist neben der Betriebswirtschaftslehre ein Teilgebiet der Wirtschaftswissenschaften, die wiederum zu den Sozial- oder Gesellschaftswissenschaften zählt. Im Gegensatz zur Betriebswirtschaftslehre beschäftigt sich die Volkswirtschaftslehre nicht mit einzelwirtschaftlichen, sondern mit gesamtwirtschaftlichen Erscheinungen und Zusammenhängen.

ALS WISSENSCHAFTLICHE DISZIPLIN GILT DIE VOLKSWIRTSCHAFTSLEHRE SEIT ERSCHEINEN DES WERKES „NATUR UND URSACHEN DES VOLKSWOHLSTANDES" VON ADAM SMITH IM JAHRE 1776.

Wirtschaftswissenschaften	
Volkswirtschaftslehre	**Betriebswirtschaftslehre**
▷ Volkswirtschaftstheorie	▷ Unternehmensführung
▷ Volkswirtschaftspolitik	▷ Materialwirtschaft
▷ Finanzwirtschaft	▷ Absatzwirtschaft
▷ Wirtschaftskunde	▷ Personalwesen
	▷ Finanzwesen

Volkswirtschaftstheorie

Die Volkswirtschaftstheorie versucht Zusammenhänge und Gesetzmäßigkeiten der Wirtschaft einer Nation oder eines Wirtschaftsraumes zu erkennen und aufzuzeigen.

⬤ *Was sind die Aufgaben und Wirkungsweisen des Preismechanismus, der Beschäftigung, des Angebots- und Nachfrageverhaltens, der Einkommensverteilung?*

Um die Zusammenhänge aufzuzeigen, bedient sich die Volkswirtschaftstheorie für die Analyse verschiedener ökonomischer Modelle.

VERGLEICHE HIERZU SEITE 12.

Volkswirtschaftspolitik

Gegenstand der Volkswirtschaftspolitik ist es, zu analysieren, wie bestimmte volkswirtschaftliche Ziele durch den Einsatz geeigneter Maßnahmen erreicht werden können. Sie befasst sich also mit den Wirkungsweisen wirtschaftspolitischer Maßnahmen und hat somit eine Beratungsfunktion gegenüber den politischen Entscheidungsträgern dieser Maßnahmen, wie Parlamentariern und Regierungen. So waren und sind viele namhafte amerikanische Ökonomen Berater von Präsident und Regierung.

Beispiele für wirtschaftspolitische Maßnahmen: Änderung des Kartellgesetzes, um Wettbewerbsbeschränkungen durch Unternehmenskonzentrationen zu verhindern; geeignete Veränderung der Geldmenge, um zu hohe Preissteigerungen zu verhindern; steuerliche Maßnahmen, um den Beschäftigungsstand zu erhöhen.

Finanzwissenschaft

Die Finanzwissenschaft beschäftigt sich mit den Ein- und Ausgaben des Staates und den damit verbundenen volkswirtschaftlichen Auswirkungen. Zu den Aufgaben des Staates gehören dabei insbesondere die Versorgung der Wirtschaft mit öffentlichen Gütern zur Befriedigung der Kollektivbedürfnisse, die Umverteilung der Einkommen und die Beeinflussung des Konjunkturverlaufes.

Der Staat stellt Menschen, die aus dem Erwerbsleben ausgeschieden sind oder die sozial bedürftig sind, finanzielle Mittel (Renten, Sozialhilfe) zur Verfügung, die er durch Steuern und Sozialabgaben der Wirtschaftssubjekte finanziert, oder er schafft und unterhält infrastrukturelle Einrichtungen wie Straßen, Kanäle, Schulen und Energieversorgungsbetriebe, die er ebenfalls durch Steuern und Gebühren finanziert.

Wirtschaftskunde

Die Wirtschaftskunde umfasst folgende Teilgebiete:
Die **Wirtschaftsgeografie** sammelt Erkenntnisse über wirtschaftlich bedeutsame geografische Bedingungen:

Welche Auswirkungen haben Wetter und Klima auf die wirtschaftliche Entwicklung bestimmter Regionen? Wie müssen nationale und internationale Verkehrswege (Schifffahrtswege, Flughäfen, Straßen) beschaffen sein, um den Transport von Gütern zu gewährleisten?

Die **Wirtschaftsgeschichte** stellt die geschichtlich bedeutsamen wirtschaftlichen Entwicklungen dar und erklärt deren Zustandekommen und Zusammenhänge:

Welche Vorgänge zum Beispiel führten maßgeblich zu dem Zusammenbruch der Finanzmärkte in Asien und Russland im Jahre 1998?

Die **Wirtschaftsstatistik** stellt Kennziffern zur Beurteilung volkswirtschaftlicher Entwicklungen zur Verfügung, z. B. Preiserhöhungen gegenüber dem Vorjahr, Berechnung des Bruttosozialprodukts, Entwicklung der Anzahl und der Struktur der Beschäftigten.

WER WISSEN WILL, WIE VIEL DIE DEUTSCHEN 1996 FÜR REISEN NACH ÖSTERREICH AUSGEGEBEN HABEN (9,7 MRD.DM) ODER WO IN DEUTSCHLAND PRO KOPF GERECHNET AM MEISTEN WEIN GETRUNKEN WIRD (IN BREMEN), SCHAUT IN DAS JAHRBUCH DES STATISTISCHEN BUNDESAMTES.

1.2 Aufgaben der Volkswirtschaftslehre

Generell befasst sich die Volkswirtschaftslehre mit der Analyse der verschiedensten wirtschaftlichen Entscheidungen einer Gesellschaft: Wie werden knappe Produktionsmittel für die Herstellung verschiedener Güter verwendet? Wie wird die Verteilung und der Verbrauch dieser Güter vorgenommen?
Es geht hierbei also um die Erfassung der Zustände sowie der Abläufe und der Abhängigkeiten volkswirtschaftlicher Prozesse.

Darstellung: Die Volkswirtschaftslehre strebt an, gesamtwirtschaftliche Entwicklungen in ihrem Prozess darzustellen und darüber Informationen zu liefern: Wie haben sich z. B. Preisniveau, Sozialprodukt und Lohnniveau von einem zum anderen Jahr entwickelt?
Zu diesem Zweck werden zunächst verschiedene Begriffe festgelegt, über deren Inhalte Übereinstimmung bestehen muss, z. B. Einkommen, Preisniveau oder Sozialprodukt. Sodann werden Methoden geliefert, um sowohl die absolute Höhe als auch die Veränderung dieser Größen durch Kennziffern zu berechnen und zu beschreiben.

Erklärung: Die Volkswirtschaftslehre versucht, auf der Basis der Darstellung volkswirtschaftlicher Größen die bisherigen Entwicklungen zu erläutern. Sie versucht herauszufinden, warum bestimmte Veränderungen eingetreten sind oder nicht. Beispiel: Welche Ursachen hat das ständige Sinken des Beschäftigungsstandes? Um dieser Aufgabe gerecht zu werden, ist es wichtig, die Ursachen und Abhängigkeiten von Wirtschaftsabläufen zu kennen.

Vorhersage: Auf der Basis dieser Erklärungen wird versucht, zukünftige gesamtwirtschaftliche Entwicklungen vorherzusagen, um der Wirtschaftspolitik Hilfestellungen zu geben. Insbesondere die Prognose über die Arbeitslosigkeit, das Wachstum und die Preisentwicklung sind wichtig, um wirtschaftspolitische Ziele und Maßnahmen festzulegen. Die Vorhersage ist zweifellos eine der schwierigsten Aufgaben der Volkswirtschaftslehre, da ein Wirtschaftsprozess nur einmalig auf ein und dieselbe Art und Weise abläuft und nicht ständig gleichmäßig auf Grund von Naturgesetzen. Steigende Investitionen führen z. B. zu einer sinkenden Beschäftigung und nicht – wie in der Vergangenheit – zu einer Zunahme der Arbeitsplätze.

ICH HABE KEINEN ZWEIFEL, DASS DIE ZUKUNFT IN WIRKLICHKEIT VIEL ÜBERRASCHENDER SEIN WIRD, ALS ALLES, WAS ICH MIR VORSTELLEN KANN. ICH HABE SOGAR DEN VERDACHT, DASS DAS UNIVERSUM NICHT NUR SONDERBARER IST, ALS WIR VERMUTEN, SONDERN VIEL SONDERBARER, ALS WIR VERMUTEN KÖNNEN.
—
JOHN SCOTT HALDANE

1.3 Volkswirtschaftliche Methodik

Da die in der Realität sehr vielfältigen und komplizierten Zusammenhänge von wirtschaftlichen Prozessen sich nicht überschauen lassen, müssen Denkinstrumente gebildet werden, die sich an der Wirklichkeit orientieren, sich aber auf wesentliche Elemente der Problemstellung beschränken.

Einfacher Wirtschaftskreislauf

Grafische Darstellung

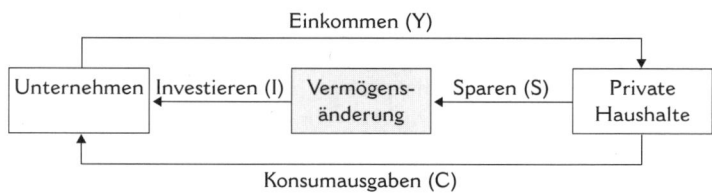

Mathematische Darstellung

$y = c + s$	wobei gilt:
(Verwendung des Einkommens)	y = Einkommen
$y = c + i$	c = Konsumausgaben
(Entstehung des Einkommens)	s = Sparen der Haushalte
	i = Investitionen der Unternehmen

Denkmodelle

DAS DENKEN FÜR SICH ALLEIN BEWEGT NICHTS, SONDERN NUR DAS AUF EINEN ZWECK GERICHTETE DENKEN.

—

ARISTOTELES

Denkmodelle stellen verkleinerte Abbilder der Wirklichkeit dar, die sich zum Zweck der Analyse und Bearbeitung eines Problems auf die wesentlichen Strukturen des Originals beschränken. Modelle können niemals vollständig mit der Realität übereinstimmen (Globus als Modell der Erde, Modell eines Bauwerkes im Maßstab 1:100).

Die wesentlichen volkswirtschaftlichen Modelle sind das **Marktmodell** und das **Modell des Wirtschaftkreislaufes**.

GRAU, TEURER FREUND, IST ALLE THEORIE, UND GRÜN DES LEBENS GOLDNER BAUM

—

JOHANN WOLFGANG VON GOETHE

Bei der Konstruktion derartiger Modelle ist es wichtig, festzulegen, welchem Zweck das Modell dienen soll. Aus diesem Grund werden bestimmte Voraussetzungen, **Prämissen**, festgelegt: Die Straßenkarte soll Autofahrern dienen, einen bestimmten Ort über Straßen, Bundesstrassen oder Autobahnen zu erreichen. Wanderwege wird diese Karte nicht enthalten.

Modelle entstehen also durch Vereinfachung bestimmter Sachverhalte sowie durch die Beschränkung auf den Untersuchungszweck.

2. Warum und unter welchen Bedingungen wirtschaften Menschen?

Jemand, befragt, warum er jeden Morgen aufsteht und zur Arbeit geht, sagt: „Ich lebe, um zu arbeiten." Ein anderer wiederum behauptet von sich: „Ich arbeite, um zu leben."

Die Psychologie mag sich beim Vergleich beider Aussagen dafür interessieren, welche persönlichen Hintergründe zu diesen unterschiedlichen Lebens- und Arbeitsauffassungen geführt haben. Soziologen werden den gesellschaftlichen Hintergrund dieser beiden Feststellungen untersuchen. Die Volkswirtschaft interessiert sich für eine anderen Zusammenhang:
Beide Personen sind – wie viele andere Millionen Menschen auch – in ein arbeitsteiliges System eingebunden und tragen mit ihrer Arbeit zur Herstellung von Gütern und Dienstleistungen bei. Beide Personen sind andererseits aber auch Individuen mit zum Teil völlig unterschiedlichen Wünschen, die sie sich erfüllen möchten.

Aus welchem Grund auch immer Menschen zur Arbeit gehen, sie bewegen weltweit täglich Millionen von Tonnen Waren: sie stellen sie her, sie transportieren sie, sie verkaufen sie an die Konsumenten. Dabei werden sie von Rechtsanwälten, Steuerberatern und anderen Dienstleistungsunternehmen unterstützt.
Andererseits sind es eben diese Menschen, die Waren und Dienstleistungen nachfragen und dabei Preise vergleichen, die Qualität prüfen und sich ganz nach persönlicher Einstellung entscheiden. Sie bauen Häuser und nehmen dafür Kredite auf, sie legen das nicht verwendete Geld in Sparguthaben oder Wertpapieren an. Kurz: Der wirtschaftliche Teilaspekt menschlichen Daseins wirft eine Reihe von Fragen auf, denen sich jeder interessierte Mensch über kurz oder lang stellen muss:

– Nahezu jeder Mensch hat zahlreiche Wünsche. Welche davon sind wirtschaftlich bedeutsam? Welche Überlegungen stellen die Menschen an, um sich diese Wünsche möglichst umfassend zu befriedigen? Welche Rahmenbedingungen müssen erfüllt sein, damit diese Wünsche realisiert werden können?
– Die Warenvielfalt in den Geschäften ist verwirrend groß. Welche Güter werden wann und in welchen Mengen produziert, um die unterschiedlichen Wünsche der Menschen zu befriedigen? Wer entscheidet, welche Güter produziert werden?
– Viele empfinden sich im Arbeitsleben oft als kleine Rädchen im Getriebe. Warum ist es sinnvoll, dass sich Menschen die zu erledigende Arbeit aufteilen – familiär, beruflich, national und international – , und welche Nachteile können dadurch für den Einzelnen und die gesamte Gesellschaft entstehen?
– Wir arbeiten, um uns von dem verdienten Lohn Güter zur Befriedigung unserer Bedürfnisse zu kaufen. Welche Beziehungen entstehen zwischen den Produzenten und den Konsumten von Gütern? Wie funktioniert der Kreislauf der Güter und des Geldes?

2.1 Bedürfnisse und ihre Befriedigung

Nahezu jeder Mensch hat eine unbegrenzte Anzahl von Bedürfnissen. Ein Bedürfnis wird vom Menschen als **Mangel** empfunden, und je nach Dringlichkeit strebt der Einzelne danach, dieses Bedürfnis zu befriedigen und damit den Mangelzustand zu beseitigen.

Wer Hunger hat, will etwas essen; wer etwas über die Bundesliga erfahren will, muss den Sportteil der Tageszeitung studieren oder das Radio bzw. das Fernsehen einschalten; wer sich künstlerisch betätigen will, kauft sich einen Malkasten und eine Staffelei oder ein Musikinstrument.

Bereits diese kleine Auswahl lässt ahnen, dass die Bedürfnisse der Menschen sehr unterschiedlich sind. Hinzu kommt, dass jeder Mensch eine andere Vorstellung davon hat, *wie* sein konkretes Bedürfnis zu befriedigen ist. So kann jemand seinen Hunger ebenso durch eine Currywurst stillen wie durch ein Seezungenfilet, ein Politikinteressierter bevorzugt möglicherweise die „Tagesthemen" vor der „Bildzeitung". Bedürfnisse sind in qualitativer und quantitativer Hinsicht wandelbar: Wer als Schüler noch für ein Wurstbrot schwärmte, hat bei einem späterem hohen Einkommen vielleicht eine Vorliebe für geräucherten Lachs zum Frühstück entwickelt.

Bedürfnisse sind hinsichtlich ihrer Dringlichkeit individuell verschieden: Während ein Gourmet stärker den Speisen und Getränken zugewandt lebt, verbringt ein Sportler den größten Teil seiner Zeit mit dem Training, Essen hat für ihn eine andere Bedeutung als für einen Obdachlosen.

Bedürfnisse in ihrer Bedeutung für den Einzelnen sind ferner von verschiedenen Umweltbedingungen abhängig. So stellt für den Mitteleuropäer eine Klimaanlage im Auto einen relativen Luxus dar; für jemanden, der in den USA in einer Wüste lebt, ist so eine Einrichtung existenziell notwendig. Zwischen den individuellen Bedürfnissen einer Person und den Kollektivbedürfnissen einer Gesellschaft können Konflikte entstehen: Während **Individualbedürfnisse** auf den Vorstellungen des einzelnen Menschen vom Leben beruhen, richten sich die **Kollektivbedürfnisse** vorwiegend auf Güter, die nur von der Gesellschaft zur Verfügung gestellt werden können, weil die Herstellung dieser Güter und Dienstleistungen von einer einzelnen Person nicht aufgebracht werden können, z. B. Schulausbildung, innere Sicherheit, öffentliche Sportstätten.

Bedürfnis – Bedarf – Nachfrage

Für den Psychologen spielt beim Verständnis eines Menschen die ganze Bandbreite möglicher Motive und Bedürfnisse eine Rolle. Ein Volkswirtschaftler interessiert sich seiner Aufgabe gemäß nur für diejenigen Befürfnisse, die sich auf Güter oder Dienstleistungen richten (materielle Bedürfnisse).

Die zur Befriedigung der Bedürfnisse notwendigen Güter stehen bis auf wenige Ausnahmen (Sonnenlicht, Luft) allerdings nicht unbegrenzt zur Verfügung. Das ökonomische Interesse richtet sich deshalb auf jene Güter, mit denen Menschen wirtschaften müssen. Solche Güter werden als **wirtschaftliche Güter** bezeichnet und sind wie folgt gekennzeichnet:

– Sie dienen der Bedürfnisbefriedigung;
– bei ihrer Produktion entstehen Kosten;
– sie sind begehrt und werden nachgefragt;
– sie sind marktfähig und haben einen Preis.

Der Mensch kann nur einen bestimmten Teil seiner Bedürfnisse befriedigen. Dieser Rahmen wird primär durch seine persönliche Leistungsbereitschaft, seine Leistungsfähigkeit und seine verfügbaren Mittel (z. B. Einkommen) bestimmt. Als **Bedarf** wird deshalb nur derjenige Teil der Bedürfnisse bezeichnet, den der Mensch mit den ihm zur Verfügung stehenden Mitteln befriedigen kann.

Der Teil des Bedarfs, der – mit Kaufkraft ausgestattet – am Markt wirksam wird, wird als **Nachfrage** nach Gütern bezeichnet. Setzt ein Mensch in seiner Freizeit Arbeitskraft ein, um Bedürfnisse zu befriedigen, spricht man von Eigenleistung. Die Bedarfsdeckung des Einzelnen kann durch Nachfrage nach Gütern und/oder Eigenleistungen erfolgen. Nachfrage kann nur wirksam werden, wenn ihr am **Markt** ein entsprechendes Angebot an Gütern gegenübersteht. Durch diesen Vorgang werden marktfähige Güter zu Waren.

Bedürfnisse (unbegrenzt)		
Bedarf (durch Kaufkraft konkretisierte Bedürfnisse)		unbefriedigte Bedürfnisse
Nachfrage (Bedarf, der am Markt wirksam wird)	Eigenleistung	

◇ Güter sind alle Mittel, die der Bedürfnisbefriedigung dienen. Dabei ist es unwesentlich, ob diese der Bedürfnisbefriedigung unmittelbar dienen (z. B. ein belegtes Brötchen gegen den Hunger) oder mittelbar (z. B. ein Backofen, in dem das Brötchen gebacken wurde).

Die verwirrende Vielfalt von Gütern bedarf aus Sicht des Ökonomen jedoch einer Klassifizierung, um z. B. Warenstatistiken über Nachfrageveränderungen oder Preisentwicklungen anzufertigen oder zu interpretieren.

Aus wirtschaftlicher Sicht ist zunächst folgende Unterscheidung geboten:

Wirtschaftliche (knappe) Güter		
Sachgüter z. B. Maschinen	Dienstleistungen z. B. Beratung	Rechte z. B. Lizenzen

Konsumgüter	Produktionsgüter
finden in Haushalten Verwendung als Verbrauchsgüter (z. B. Milch) oder als Gebrauchsgüter (z. B. Waschmaschine)	finden in Betrieben Verwendung als Verbrauchsgüter z. B. Span-platten) oder als Gebrauchsgüter (z. B. eine Bandsäge).

In der volkswirtschaftlichen Betrachtung kommt es nicht auf die Anzahl der verschiedenen Güterarten an, sondern darauf, welche Beziehungen zwischen den einzelnen Gütern bestehen und ob diese miteinander vergleichbar sind. Die Unterscheidung spielt eine wichtige Rolle bei der Untersuchung von Angebot und Nachfrage.

Nach den Beziehungen zwischen Gütern werden unterschieden

– **Substitutionsgüter,** die sich gegenseitig ersetzen können, z.B. Gas und Öl als Energieträger;

– **komplementäre Güter,** die sich gegenseitig ergänzen. Sie können nur zusammen nachgefragt oder hergestellt werden und sind deshalb in der Nachfrage oder im Angebot verbunden, z. B. CD-Player und CD.

Hinsichtlich der Vergleichbarkeit werden unterschieden

– **homogene Güter,** wenn zwischen ihnen aus Sicht des Verbrauchers keinerlei Unterschiede bestehen, z. B. genormte Schrauben; Mehl Type 405;

– **heterogene Güter,** die nach Qualität und Ausstattung mehr oder weniger große Unterschiede aufweisen, z. B. PKW einer bestimmten Größenklasse.

2.2 Ökonomisches Handeln

Die Wirtschaft verdankt ihre Entstehung offensichtlich einer mengenmäßigen Beziehung:
- der Unbegrenztheit menschlicher Bedürfnisse und
- der Knappheit der Güter andererseits.

Daraus ergibt sich folgender Zielkonflikt:
Die Bedürfnisse und Erwartungen der Wirtschaftssubjekte, damit sind Haushalte und Betriebe gemeint, sind nahezu unbegrenzt.

- Menschen müssen Wahlentscheidungen treffen zu Gunsten einer weitgehenden Bedürfnisbefriedigung. Sie streben mit den Gütern einen möglichst hohen Nutzen an.
- Die Betriebe müssen für die Produktion von Gütern Arbeitskraft, Maschinen und Werkstoffe einsetzen. Sie treten damit als Nachfrager von Gütern auf und streben nach dem maximalen Gewinn oder einer optimalen Bedarfsdeckung.

Andererseits sind die auf der Erde vorhandenen Güter knapp. Dies zeigt sich sich in zweifacher Hinsicht:

- Absolut knapp sind Güter, die sich nicht mehr reproduzieren lassen (z. B. Rohstoffreserven).
- Relativ knapp sind Güter, die wieder hergestellt werden können. Dabei werden jedoch Kosten verursacht, und diese Güter haben folglich einen Preis.

NICHT JEDES HANDELN IST WIRTSCHAFTLICHES HANDELN, ABER NAHEZU JEDES MENSCHLICHE HANDELN WIRKT SICH WIRTSCHAFTLICH AUS.

WÄHREND DIE DEUTSCHEN 1960 NOCH 43,5 % IHRER MONATLICHEN KONSUMSUMME FÜR NAHRUNGS- UND GENUSSMITTEL AUSGABEN, WAREN ES 1996 NUR NOCH 21,2 %.

Ökonomisches Prinzip

Die Lösung dieses Dilemmas liegt für Haushalt und Betriebe im Handeln nach dem ökonomischen Prinzip (Wirtschaftlichkeitsprinzip). Dieses Prinzip tritt in zwei Formen auf:

Maximalprinzip	Minimalprinzip
Die Beteiligten versuchen, mit gegebenen Mitteln einen möglichst großen (maximalen) Erfolg zu erzielen:	Die Beteiligten versuchen, einen vorgegebenen Erfolg mit möglichst geringen (minimalen) Mitteln zu erreichen.
▷ Haushalte versuchen, mit gegebenem Einkommen die Güter zu kaufen, die einen großen Nutzen versprechen **(Nutzenmaximierung)**.	▷ Haushalte kaufen die benötigten Güter nach Preisvergleichen bei den preisgünstigsten Anbietern **(Ausgabenminimierung)**.
▷ Betriebe setzen vorhandene Mittel so ein, dass der erzielbare Gewinn möglichst hoch ist **(Gewinnmaximierung)**.	▷ Betriebe versuchen, einen geplanten Gewinn mit möglichst geringen Kosten zu erzielen **(Kostenminimierung)**.

17

2.3 Einzelwirtschaft und Gesamtwirtschaft

Eine Einzelwirtschaft ist jede abgegrenzte Einheit eines Landes, die unter Berücksichtigung ihrer individuellen Zielsetzungen für sich einen Wirtschaftsplan aufstellt und danach handelt.

Haushalte

Haushalte sind private Wirtschaftseinheiten, in denen sich der Konsum von Gütern vollzieht.

Hauptziel der Mehrzahl der Haushalte ist die Nutzenmaximierung. Dieses Ziel versucht der Haushalt durch die Maximierung seines Einkommens und die Erzielung einer maximalen Freiheit zu erreichen.

Haushalte haben deshalb Wahlentscheidungen zu treffen. Solche Entscheidungen müssen täglich gefällt werden und lauten z. B.: „Wie verteile ich meine tägliche Zeit auf Arbeit und Freizeit? Wie verteile ich mein Einkommen auf Konsum und Sparen? Welche Güter kaufe ich mir von dem zum Konsum verfügbaren Einkommen?"

Betriebe

Betriebe sind Wirtschaftseinheiten, die für die Haushalte und andere Betriebe Güter bereitstellen.

Hauptziele von Betrieben sind die Gewinnmaximierung (private Betriebe) oder die Deckung des Bedarfs (öffentliche Betriebe). Dieses Ziel versuchen die Betriebe zu erreichen durch die Maximierung der Einnahmen (Erlöse) einerseits und die Minimierung der Kosten andererseits. Betriebe haben deshalb Wahlentscheidungen zu treffen hinsichtlich der marktgerechten Erstellung von Gütern („Was soll produziert werden?") und der Kombination von Produktionsfaktoren („Auf welche Weise soll das geschehen?").

Staat

Der Staat ist die Gesamtheit aller öffentlichen Haushalte. Dazu gehören die Kommunen, die Länder und der Bund. Hauptziel des Staates soll die Maximierung des Wohlstandes der gesamten Volkswirtschaft sein. Dieses Ziel versuchen Regierungen und Verwaltungen durch politische Entscheidungen zu erreichen. Dabei stehen vor allem Ziele wie ein hoher Beschäftigungsstand, die Stabilität des Preisniveaus und ein angemessenes Wachstum der Wirtschaft im Vordergrund. Staatliche Stellen haben deshalb Entscheidungen zu treffen im Bereich der Wirtschaftspolitik und der Finanzpolitik.

Arbeitsteilung

◈ Arbeitsteilung ist die Auflösung von Arbeit in Teilverrichtungen, die von verschiedenen Personen oder Wirtschaftseinheiten ausgeführt werden. Das Gegenteil der Arbeitsteilung ist die vollständige Selbstversorgung einer einzelnen Person (Autarkie).

Sofern in einer Gesellschaft alle Menschen die Tätigkeiten verrichten würden, die notwendig sind, um sich selbst zu versorgen, würde die Summe der hergestellten Güter und Leistungen nur ein Bruchteil dessen darstellen, was die Gesellschaft insgesamt an Leistungen erbringen kann, wenn sie die Arbeit nach den Fähigkeiten und Neigungen der einzelnen Mitglieder dieser Gemeinschaft aufteilen würde.

Das ökonomische Prinzip verlangt geradezu eine Arbeitsteilung, um bei gleicher Arbeitsleistung einen höheren Ertrag zu erzielen. Allerdings setzt die Arbeitsteilung immer die Tauschwirtschaft voraus, damit die verschiedenen Leistungen gegeneinander ausgetauscht werden können.

◐ *Ein Bauer baut Weizen an, der Müller mahlt aus dem Weizen Mehl, aus dem der Bäcker wiederum Brot backt. In der Selbstversorgung müsste ein Mensch alle diese Tätigkeiten ausführen, um das Brot zu erhalten.*

EIN PKW VOM TYP GOLF BENÖTIGT EINE MONTAGEZEIT VON 20 STUNDEN: ERGEBNIS EINES IN KLEINSTE VERRICHTUNGEN ZERLEGTEN PRODUKTIONSPROZESSES, AN DEM TAUSENDE VON ARBEITERN BETEILIGT SIND.

Arten der Arbeitsteilung

– Die **familiäre Arbeitsteilung** ist die ursprünglichste Form der Arbeitsteilung. Sie fand in der Rollenverteilung zwischen Mann und Frau statt, als es noch keinen Austausch von Gütern gab und die Familien sich durch Jagen und Sammeln noch selbst versorgten.

– Die **berufliche Arbeitsteilung** erfolgte zunächst in Form der Berufsbildung. Personen spezialisieren sich auf bestimmte Tätigkeitsfelder nach Neigung und Fähigkeit. So begann in der ursprünglich reinen Agrarwirtschaft irgendwann der Austausch von Gütern. Dies geschah dadurch, dass sich bestimmte Personen die Gerätschaften, die sie für die Bewirtschaftung des Bodens benötigten, von anderen Personen herstellen ließen. Es entwickelten sich erste Berufe, wie Bauer, Schmied, Tischler, Müller, Händler etc.

– Im Rahmen der **Berufsspaltung** entwickelten sich innerhalb der ursprünglichen Grundberufe weitere Spezialberufe heraus. Der Grundberuf Händler spaltete sich z. B. in Berufe wie Einzelhändler, Großhändler und Außenhändler. Innerhalb dieser Berufe ist heute eine weitere Spezialisierung eingeführt.

DER MANN MUSS HINAUS INS FEINDLICHE LEBEN; UND DRINNEN WALTET DIE ZÜCHTIGE HAUSFRAU, DIE MUTTER DER KINDER

—

FRIEDRICH SCHILLER

ALLEINE IM BEREICH
DER BERUFSGRUPPE
DER ELEKTRIKER
GIBT ES HEUTE 22
VERSCHIEDENE AUS-
BILDUNGSBERUFE.

– Die **betriebliche Arbeitsteilung** führte zu einer Arbeitszerlegung einer Tätigkeit auf mehrere Teilleistungspro-
zesse, die jeweils auf eine Person oder Personengruppe
zugeschnitten waren. So werden die Tätigkeiten eines
Einzelhändlers z. B. weiter aufgeteilt in Einkaufen, Verkaufen, Kassieren, Buchen, usw.

– Die **gesellschaftliche Arbeitsteilung** erstreckt sich nicht
mehr nur auf Menschen und Betriebe, sondern auf die gesamte Volkswirtschaft. Die Volkswirtschaft zerfällt dabei
in verschiedene Wirtschaftsbereiche. Jeder Wirtschaftsbereich mit den darin vertretenen Unternehmen hat ganz
bestimmte Aufgaben. So lassen sich folgende Wirtschaftsbereiche unterscheiden: Die Urerzeugung (z. B.
Land- und Fortwirtschaft, Bergbau), die Weiterverarbei-
tung (z. B. Industrie- oder Handwerksbetriebe) und der
Dienstleistungsbereich (z. B. Handel, Telekommunikation).

SIEHE HIERZU AUCH
SEITE 24 F.

– **Internationale Arbeitsteilung** entsteht, wenn sich jedes
Land auf die Produktion derjenigen Waren oder Dienstleistungen spezialisiert, die sich in diesem Land besonders
lohnt.

Bedeutung der Arbeitsteilung

	Vorteile der Arbeitsteilung	Nachteile der Arbeitsteilung
für den Arbeit- nehmer	▷ Steigerung der Produktivität einzelner Mitarbeiter ▷ Verkürzung der Arbeitszeit ▷ Einkommenssteigerungen	▷ physische und psychische Schä- den durch einseitige Arbeit ▷ eingeschränkte berufliche Mobi- lität
für die Betriebe	▷ kürzere Ausbildungs- und An- lernzeiten ▷ verbesserte Maschinennutzung ▷ Erhöhung der Produktivität geringere Kosten	▷ wirtschaftliche Abhängigkeit von anderen Unternehmen ▷ Entstehung sozialer Spannun- gen durch unzufriedene und frustrierte Mitarbeiter
für die Volkswirt- schaft	▷ bessere Versorgung mit Gütern ▷ Spezialkenntnisse dienen der Allgemeinheit, Erhöhung des Lebensstandards	▷ internationale wirtschaftliche Abhängigkeit ▷ Konzentration von Unterneh- men ▷ Strukturkrisen durch einseitige regionale Wirtschaftsentwick- lung

Zusammenwirken der Wirtschaftsbereiche

Ein Wirtschaftsbereich ist der Bereich einer Volkswirtschaft, dem bei der Herstellung, dem Umlauf, der Verteilung und dem Verbrauch von Gütern klar abgegrenzte Funktionen im Rahmen der Gesamtwirtschaft zukommen.

Die Wirtschaftsbereiche werden auch als Sektoren bezeichnet. Als fünften Sektor bezeichnet man die Haushalte, obwohl dieser primär keine Leistungen erbringt, sondern den anderen Bereichen lediglich die Produktionsfaktoren zur Verfügung stellt, z. B. Arbeit. Alle fünf Sektoren zusammen stellen die Gesamtwirtschaft dar.

Wirtschafts-bereich	Inhalte	Beispiele
Primärer Sektor (Urerzeugung)	Rohstoff- und Energiegewinnung ▷ Land- und Forstwirtschaft ▷ Fischerei ▷ Bergbau ▷ Öl-/Gasgewinnung	In einem Bergwerk wird Eisenerz abgebaut. In einem Wald werden Bäume abgeholzt. Auf einem Feld werden Kartoffeln geerntet.
Sekundärer Sektor (Weiterverarbeitung)	Industrie ▷ Grundstoffe ▷ Investitionsgüter ▷ Konsumgüter Handwerk	Aus dem Erz wird Stahl gewonnen. Das Holz wird beim Bau eines Hauses verwendet. Die Kartoffeln werden zu Pommes frites verarbeitet.
Tertiärer Sektor	Handel ▷ Großhandel ▷ Einzelhandel ▷ Außenhandel Dienstleistungen ▷ Kreditgewerbe ▷ Versicherungen ▷ Verkehrsbetriebe ▷ Nachrichten ▷ Beratung	Eine Stahlhandlung verkauft Stahlträger an eine Maschinenfabrik. Pommes frites werden vom Einzelhändler an Kunden verkauft. Eine Spedition transportiert Stahlträger. Ein Architekturbüro entwirft Pläne.
Quartärer Sektor (öffentliches Gemeinwesen = öffentliche Haushalte)	Einrichtungen ▷ des Bundes ▷ der Länder ▷ der Kommunen	Eine Stadtgemeinde beauftragt ein Bauunternehmen, das Dach der Schule zu reparieren.
Quintärer Sektor (= private Haushalte)	▷ Mehrpersonenhaushalte ▷ Einpersonenhaushalte	Eine Familie isst zum Mittagessen Pommes frites.

Gesamtwirtschaft

Die Gesamtwirtschaft eines Landes ist die Summe aller Wirtschaftssubjekte und der Wirtschaftsbeziehungen, die sich zwischen den vorgenannten Wirtschaftseinheiten ergeben.

In Deutschland nehmen 32 Mio. Haushalte und ca. 2,5 Mio. Betriebe der unterschiedlichsten Größen am Wirtschaftsprozess teil; der Staat mit seinen vielen verschiedenen Einrichtungen noch nicht dazugerechnet.

Einfacher Wirtschaftskreislauf

An einem einfachen Modell lassen sich bereits erste Beziehungen zwischen den einzelnen Wirtschaftssubjekten einer Gesamtwirtschaft analysieren. Wie bei jedem Modell, so gelten auch bei diesem Modell eine Reihe von Annahmen:

- Es bestehen nur zwei Sektoren (Haushalte und Unternehmen). Der Staat greift nicht in die Wirtschaft ein. Zum Ausland gibt es keine Beziehungen.
- Das gesamte Einkommen der Haushalte wird konsumiert. Damit kann auch nicht gespart und folglich nicht investiert werden. Die aufgezeigte Volkswirtschaft verändert sich damit nicht (= **stationäre Wirtschaft**).
- Das in der Wirtschaft vorhandene Kapital verändert sich nicht. Es werden keine Investitionen getätigt.

An dem Modell können zwei Ströme aufgezeigt werden, die zwischen Haushalten und Unternehmen fließen:

Güterstrom	Geldstrom
Die Haushalte stellen den Unternehmen Produktionsfaktoren zur Verfügung: Arbeit, Boden und Kapital. Die Unternehmen produzieren damit Güter und stellen diese den Haushalten zur Verfügung.	Die Haushalte beziehen von den Unternehmen Einkommen aus der Überlassung von Produktionsfaktoren. Für die von den Unternehmen gekauften Güter geben die Haushalte ihr Einkommen aus.

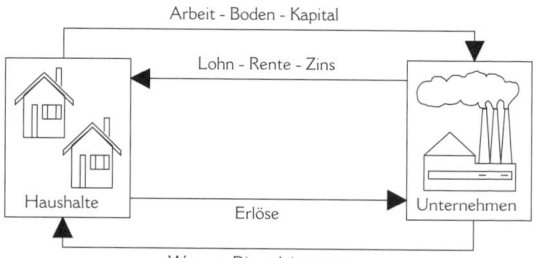

22

Erweiterter Wirtschaftskreislauf

Der erweiterte Wirtschaftskreislauf ist die bildhafte Darstellung (Modell) der zusammengefassten Beziehungen zwischen den Unternehmen, den Banken (= Kapitalsammelstellen), dem Staat, dem Ausland und den Haushalten einer Volkswirtschaft.

Zusätzlich zu den Güterströmen des einfachen Kreislaufmodells gehen Güterströme in das Ausland (Export), vom Ausland in das Inland (Import) und an den Staat (öffentlicher Verbrauch). Um die Übersicht zu behalten, verzichtet die folgende Darstellung auf die Güterströme und stellt nur die Geldströme dar: Zahlungen für Güter leisten die Unternehmen, der Staat und das Ausland. **Transferzahlungen** beinhalten Gelder, für die der Empfänger keine konkrete Gegenleistung erbringen muss (Übertragungen).

IM KREISLAUF DER WIRTSCHAFT BEWEGTEN DIE DEUTSCHEN 1997 DIE GEWALTIGE SUMME VON 3.641,8 MRD. DM AN WAREN UND DIENSTLEISTUNGEN, DAS ENTSPRACH PRO KOPF EINER SUMME VON 44.400 DM.

Beispiele für Transferzahlungen

Staat an Haushalte	Sozialhilfe, Pensionen, Wohngeld
Staat an Unternehmen	Subventionen
Haushalte an Ausland	Überweisungen von ausländischen Arbeitnehmern an ihre Familien im Ausland
Staat an Ausland	Entwicklungshilfe

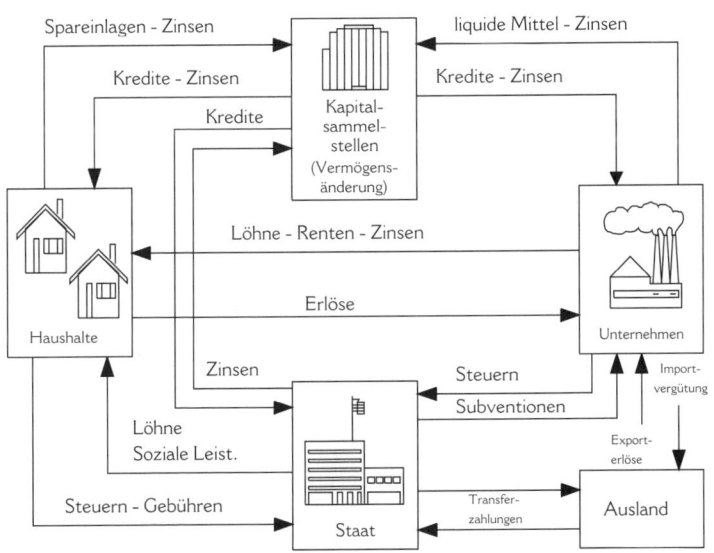

Geldkreislauf

23

2.4 Volkswirtschaft und Weltwirtschaft

◆ Eine Volkswirtschaft ist die Gesamtheit der wirtschaftlichen Einrichtungen und Aktivitäten der Einwohner eines unter einheitlicher Rechts- und Wirtschaftsordnung stehenden Gebietes.

Merkmale einer Volkswirtschaft

– In einer Volkswirtschaft handeln Personen nach zumeist wirtschaftlichen Gesichtspunkten, z. B. Haushalte, Betriebe, staatliche Stellen, Vereinigungen von Personen wie Gewerkschaften oder Arbeitgeberverbände.
– Die Wirtschaftseinheiten pflegen untereinander vielfältige Beziehungen, arbeiten z. B. gegen Lohn in einem Betrieb, zahlen Steuern oder nehmen einen Kredit auf.
– Die Personen der Volkswirtschaft handeln unter einer einheitlichen **Rechtsordnung**, z. B. Grundgesetz, Bürgerliches Gesetzbuch, Handelsgesetzbuch, Aktiengesetzbuch, Einkommensteuergesetz.
– Die Volkswirtschaft ist durch eine **Wirtschaftsordnung** geprägt. Darin werden die Regeln festgelegt, nach denen sich das Wirtschaften vollziehen soll.

◆ Die Weltwirtschaft ist die Gesamtheit der miteinander verflochtenen Wirtschaften aller Staaten der Welt.

Merkmale der Weltwirtschaft

– **Austausch von Gütern** (Welthandel): Die Volkswirtschaften der Welt tauschen untereinander Waren aus. Dieser Handel ist die Folge einer internationalen Arbeitsteilung. Diese ist umso größer, je weiter die technische und wirtschaftliche Entwicklung fortgeschritten ist. So verarbeitet z. B. ein holländischer Kupferverarbeiter Rohkupfer aus Chile zu Kabeln und liefert diese an ein deutsches Unternehmen. Dieses stellt daraus Kabelbäume her und liefert sie an einen spanischen Automobilhersteller, der seine Fahrzeuge weltweit exportiert.
– **Austausch von Dienstleistungen**: Dieser liegt immer dann vor, wenn Wirtschaftseinheiten in einem Land für Wirtschaftseinheiten in einem anderen Land Dienstleistungen erbringen. So transportiert z. B. ein Schiff unter japanischer Flagge Waren von Brasilien nach Kanada.
– **Kapitalverkehr**: Mit dem Austausch von Waren wird die Übertragung von Geld von einer Volkswirtschaft in eine andere erforderlich. So gewährt z. B. eine französische Bank einem deutschen Unternehmen einen Kredit.

Ursachen der internationalen Arbeitsteilung

Jedes Land spezialisiert sich auf die Produktion von Waren oder Dienstleistungen, die sich in diesem Land besonders lohnt. Die Gründe liegen darin, dass einzelne Länder

- über günstigere Standortbedingungen im Anbau landwirtschaftlicher Erzeugnisse oder beim Abbau von Rohstoffen verfügen; z. B. Schafwolle aus Schottland;
- über günstigere Produktionsbedingungen verfügen; z. B. wird eine Produktion von einem Unternehmen in Deutschland nach Polen verlagert, weil dort die Lohnstückkosten wesentlich niedriger sind als hier;
- über ein höheres technisches *know-how* verfügen; z. B. Gen-Technik aus USA.

Wissenschaftlich begründet wird die internationale Arbeitsteilung durch den Vergleich der Kosten für die Produktion vergleichbarer Güter in verschiedenen Ländern.

KEIN WIDERSPRUCH?: JEMAND, DER ETWAS GEGEN AUSLÄNDER HAT, SITZT BEKLEIDET MIT AMERIKANISCHEN JEANS, EINEM MAROKKANISCHEN HEMD UND ITALIENISCHEN SCHUHEN IN EINEM FRANZÖSISCHEN AUTO UND BESTELLT MIT EINEM SCHWEDISCHEN HANDY TELEFONISCH EINEN TISCH IN EINEM TÜRKISCHEN RESTAURANT.

Absolute Kostenvorteile

Das Land, das die absolut geringeren Kosten (= Arbeitsaufwand) für die Produktion eines Gutes hat, spezialisiert sich auf die Produktion dieses Gutes und importiert das Gut, bei dem es höhere Kosten hat.

Nicaragua kann Bananen billiger produzieren als die USA, die USA können Mais billiger produzieren als Nicaragua. Nicaragua produziert folglich nur noch Bananen und exportiert einen Teil davon in die USA. Die USA produzieren nur noch Mais und exportieren einen Teil davon nach Nicaragua.

Komparative Kostenvorteile

Selbst wenn ein Staat zwei Güter billiger herstellt als ein anderes Land, kann Spezialisierung sinnvoll sein, wenn die Kostendifferenzen unterschiedlich hoch ausfallen.

Japan produziert Drucker mit einem Arbeitsaufwand von 4,5, Deutschland mit 8,0 Stunden. Japan produziert Stereoanlagen mit einem Arbeitsaufwand von 5,5, Deutschland mit 6,5. Japan hat also einen absoluten Kostenvorteil bei beiden Gütern. Ohne Außenhandel beträgt der Aufwand Japans für eine Stereoanlage und einen Drucker 10, für Deutschland hingegen 14,5. Produzieren beide Staaten nur noch jeweils das Gut, bei dem Sie einen absoluten Kostenvorteil haben, wendet Japan für die Produktion von 2 Druckern 10 Arbeitsstunden, Deutschland für die Produktion von 2 Stereoanlagen 13 Arbeitsstunden auf. Werden diese Waren nun getauscht, spart Japan gegenüber der Produktion beider Güter 1, Deutschland 1,5 Arbeitsstunden ein.

25

3. Wie werden Güter und Dienstleistungen erzeugt?

Nehmen Sie eine Kasserole und lösen Sie darin bei mittlerer Hitze 60 g Butter auf. Schwitzen Sie 1 Zwiebel, 1 kleine Möhre und 1/8 Sellerieknolle an, nachdem sie diese klein gehackt haben. Geben Sie 30 g Mehl zu und lassen dieses ebenfalls anschwitzen. Danach 20 g Tomatenmark, 200g Tomatenstücke sowie etwas Majoran und schwarzen Pfeffer hinzugeben und 20 Minuten bei mittlerer Hitze kochen lassen. Die Suppe durch ein Sieb passieren, 0,2 l Sahne hinzugeben und mit Salz, Zucker und Essig abschmecken.
– Arbeitsanweisung zur Herstellung von Tomatenrahmsuppe –

Ob Tomatensuppe, neue Schuhe oder ein neues Haus: Menschen arbeiten ununterbrochen daran, diese Welt mit Gütern für ihren tatsächlichen oder vermeintlichen Bedarf auszustatten. Diese Bereitstellung von Gütern für den Markt bezeichnet die Volkswirtschaftslehre als **Produktion.**

Die Produktion ist notwendig, weil nur wenige Güter in einer so großen Zahl vorhanden sind, dass alle Menschen ohne jede Tätigkeit ihre Bedürfnisse befriedigen können. Hinzu kommt, dass der große Teil der Güter, der vorhanden ist, sich in der natürlichen Form nicht zur Bedürfnisbefriedigung eignet. Dem Gast im Restaurant ist es nicht damit getan, wenn ihm die „natürlichen" Zutaten gereicht werden, die Herstellung der Suppe bedarf noch des Einsatzes von Arbeit und Geräten. Vor dem Konsum der meisten Güter muss ein Leistungsprozess in Gang gesetzt werden.

An diesem Prozess, sind verschiedene Faktoren beteiligt: Natur (Tomaten, Sellerie, Gewürze), Arbeitskraft (zerlegen, rühren, passieren) und Geräte (Herd, Kasserole, Sieb). Um den Produktionsprozess zu untersuchen, erscheint es jedoch zunächst geboten, sich ausführlich mit den Produktionsfaktoren zu befassen. Bei der Untersuchung des Produktionsprozesses und der beteiligten Faktoren drängen sich folgende Fragen auf:

– Welche besonderen Eigenschaften zeichnen die einzelnen Produktionsfaktoren aus? In welchen Formen können diese auftreten, um für die Produktion nutzbar gemacht zu werden?

– Waren alle Produktionsfaktoren seit Menschengedenken auf der Erde vorhanden oder gibt es solche, die erst durch menschliches wirtschaftliches Handeln entstanden sind?

– Muss der Mensch stets alle Produktionsfaktoren einsetzen, um seine Bedürfnisse zu befriedigen, oder existieren Güter, die nur durch einen oder zwei Produktionsfaktoren entstehen?

– Stehen diese Faktoren in unbegrenztem Ausmaß zur Verfügung? Lassen sie sich vermehren? Was passiert, wenn sie nicht mehr benötigt werden?

– Gibt es bestimmte Voraussetzungen für die Produktion? In welchem Zusammenhang steht dazu der Begriff der Investition?

– Welche Formen der Kombination der Produktionsfaktoren gibt es? Welche Besonderheiten sind dabei zu beachten?

– Wie viel kostet eigentlich die Produktion von Gütern? Wovon ist die Höhe und das Verhalten der Kosten abhängig? Wann ist eine Produktion Gewinn bringend?

3.1 Produktionsfaktor Natur

Der Produktionsfaktor Natur umfasst die zu wirtschaftlichen Zwecken genutzte Natur mit Ausnahme der menschlichen Arbeit. Dazu gehört die gesamte Erdoberfläche (Land- und Wasserflächen), die Bodenschätze, der Luftraum, das Sonnenlicht, die Schätze des Meeres und das Klima.

Die Natur war der erste Produktionsfaktor, der auf der Erde vorhanden war. Insofern wird er als ursprünglicher oder **originärer Produktionsfaktor** bezeichnet. Diese Originalität zeichnet sich durch folgende wesentliche Merkmale aus:

- Die Erdoberfläche und die darunter befindlichen Bodenschätze sind nicht vermehrbar und damit ein absolut knappes Wirtschaftsgut.
- Der Boden ist nicht transportierbar. Damit sind die Produktionsvorgänge beim Anbau und Abbau bestimmter Güter an spezifische Orte gebunden, z. B. bei Kohle- und Ölförderung, Hopfen- oder Weinanbau.
- Sonnenlicht und Wind als Energielieferanten haben die besondere Eigenschaft, nicht verbraucht zu werden.
- Das Klima als Produktionsfaktor ist nicht kalkulierbar.

ZUR PROBLEMATIK DER VOLKSWIRT-SCHAFTLICHEN NUTZUNG DES PRODUKTIONSFAKTORS NATUR VERGL. KAPITEL 11.

WER DIE ZUKUNFT DER NATUR LIEBT, MUSS MEHR INVESTIEREN KÖNNEN ALS SCHULDGEFÜHLE UND ÄNGSTLICHE ETHIK
—
GERD GEERKEN, ZUKUNFTSFORSCHER

So nutzen wir unseren Boden
Bodenfläche in Deutschland insgesamt 35,7 Millionen Hektar

davon in %:

Gebäude- und Freiflächen (Wohnhäuser, Bürogebäude, Fabriken, Lagerhäuser, unbebaute Grundstücke u. a.)
6,1

Straßen, Wege, Plätze
4,7

Wasserflächen (Seen, Flüsse)
2,2

Gewerbliche Flächen (Halden, Lagerplätze, Entsorgung u. a.)
0,7

Erholungsflächen (Sportplätze, Grünanlagen, Parks, Friedhöfe u. a.)
0,7

Wald-flächen
29,4

2,1
sonstige Flächen (Felsen, Dünen, Übungsgelände u. a.)

54,1 %
Landwirtschaftsflächen (Acker- u. Weideland, Obstanlagen, Baumschulen, Weinberge, Moor, Heide u. a.)

5128 © Globus

Quelle: Statistisches Bundesamt

27

Boden als Anbauboden

Als Anbauboden dient Boden der Land- und Forst-wirtschaft für den Anbau von Pflanzen. Diese bildet die natürliche Grundlage für die Ernährung der Menschheit.

1995 WURDEN IN DEUTSCHLAND 39,9 MIO. TONNEN GETREIDE GEERNTET. PRO KOPF WAREN DAS 486 ZENTNER.

Folgende Merkmale kennzeichnen die Nutzungsform des Bodens als Anbauboden:

- Pflanzen, die der Boden als Produkte hergibt und die in regelmäßigen Zeiträumen geerntet werden können, sind erneuerbar und wachsen ständig nach.
- Boden regeneriert seine Kräfte im Zeitablauf selbst. Diese Fähigkeit ist allerdings von Art und Umfang der angebauten Pflanzen abhängig, da diese dem Boden Aufbaustoffe für ihr Wachstum entziehen.
- Die Ertragsfähigkeit des Bodens ist abhängig von seiner Fruchtbarkeit. Diese wird in Bodenpunkten gemessen. Eckpunkt sind die fruchtbaren Schwarzerdeböden mit dem höchsten erzielbaren Reinertrag in der Magdeburger Börde. Hier beträgt die Bodenzahl 100 Punkte.

IN DEUTSCHLAND WERDEN JE HA LANDWIRTSCHAFTLI-CHER NUTZFLÄCHE PRO JAHR 100 KG STICKSTOFFDÜNGER UND 2 KG PFLAN-ZENSCHUTZMITTEL AUSGEBRACHT.

- Die Ertragsfähigkeit des Bodens kann kurzfristig durch Düngemittel erhöht werden. Dies erfolgt durch den Eintrag von organischem und mineralischem Dünger (z. B. Stickstoff, Phosphat).

Aus dieser Art der Nutzung des Produktionsfaktors Natur ergeben sich eine Reihe von Problemfeldern:

- Die intensive Nutzung des Bodens führt zu Bodenerosion. Im Normalfall wachsen Pflanzen über lange Zeiträume an einem Ort und bilden Wurzeln, die den Boden festhalten. Bei landwirtschaftlicher Nutzung wird der Boden jedoch mindestens einmal im Jahr aufgebrochen, gerodet und neu bepflanzt. Regen und Wind tragen die wertvolle Humusschicht ab; der Boden versteppt.
- Die Verwendung von Pflanzenschutzmitteln führt zur langfristigen Vergiftung des Bodens, weil dieser nicht in der Lage ist, die eingebrachten Schadstoffe abzubauen. Die nicht abbaubaren Stoffe gelangen in das Grundwasser.
- Die Bewirtschaftung landwirtschaftlicher Flächen folgt nicht den Anforderungen eines ökologischen Gleichgewichts. So führt die im industriellen Ausmaß angelegte Massentierhaltung u. a.dazu, dass die Anzahl der gehaltenen Tiere nicht mit den jeweils bewirtschafteten Flächen übereinstimmt.

VERGLEICHE HIERZU KAPITEL 11.1 DIE ÜBERNUTZUNG DES PRODUKTIONS-FAKTORS NATUR.

- Änderungen der Nutzungsform des Bodens führen langfristig zu unüberschaubaren Veränderungen in der Umwelt.

Boden als Abbauboden

Als Abbauboden dient der Boden zur Gewinnung von Rohstoffen (z. B. Kohle, Erze, Kupfer, Uran, Gold, Diamanten, Erdgas- und Erdöl), die Grundlage für die Güterproduktion und die Energieerzeugung sind.

Diese Art der Nutzung des Bodens muss folgende Ausgangstatsachen berücksichtigen:

- Stoffe, die der Boden hergibt, sind das Ergebnis eines 600 Millionen Jahre dauernden Entwicklungsprozesses. Durch den Verbrauch sind sie unwiederbringlich verloren.
- Die Vorräte an Rohstoffen und Primärenergieträgern (z. B. Kohle, Erdgas, Erdöl) sind absolut begrenzt und nicht regenerierbar. Es ist abzusehen, dass ein Ende der Vorräte erreicht werden wird.
- Rohstoffreserven sind nicht gleichmäßig nach Art und Menge über die Erde verteilt, vielmehr gibt es mehrere Schwerpunkte der Rohstoffvorkommen (z. B. Erdöl am Persischen Golf, Kupfer in Chile).

Aus diesen Tatsachen ergeben sich zwei Problemfelder:

- Die ungleiche Verteilung der Rohstoffe führt in den einzelnen Ländern zu völlig unterschiedlichen Wirtschaftsstrukturen. So sind zahlreiche europäische Industrieländer arm an Rohstoffen, die folglich in hohem Umfang importiert werden müssen. Die dafür erforderlichen Devisen werden durch entsprechende Exporte von Fertigprodukten eingenommen. Ein typischer Fall dafür ist die Einfuhr von Eisenerzen und die Ausfuhr von Maschinen. Umgekehrt sind eine Reihe von Staaten am Persischen Golf weltweit die Hauptlieferanten von Rohöl. Die eingenommenen Devisen werden verwendet, um industriell gefertigte Produkte zu importieren, da diese Länder nur über eine relativ geringe Industrieproduktion verfügen.
- Die Tatsache, dass auch die Vorräte der wichtigsten Primärenergieträger zur Neige gehen, wird zu technologischen Umstrukturierungen im Bereich der Energiewirtschaft führen müssen. Es wird geschätzt, dass die Reserven an Erdöl und Erdgas noch etwa 50 bzw. 70 Jahre reichen. Beide Energieträger liefern zusammen etwa 60 % der weltweit verbrauchten Nutzungsenergie. Die Menschheit muss sich deshalb bereits jetzt darüber Gedanken machen, mit welchen regenerierbaren Energiequellen die auftretende Lücke geschlossen werden soll oder welche Anstrengungen unternommen werden müssen, um den Verbrauch an Energie drastisch zu senken.

FÜR DIE MEISTEN DER ABBAUBAREN ROHSTOFFE (Z. B. FÜR KUPFER, BLEI, ZINN, NICKEL UND SILBER) SCHÄTZEN EXPERTEN NOCH EINE REICHWEITE VON MAX. 50 JAHREN, ALSO WENIGER ALS EIN MENSCHENALTER.

DERZEIT WERDEN FÜR DEN WELTENERGIEVERBRAUCH 7,3 % AUS KERNENERGIE UND 3,2 % AUS WASSER- UND SOLARENERGIE BEREITGESTELLT.

29

Boden als Standortboden

Als Standortboden dient Boden für Betriebe wie Haushalte als Basis für menschliches Dasein und den Vollzug der Produktion. Auf dem Boden werden Wohnungen und Fabriken errichtet sowie Verkehrswege, Sport- und Freizeitanlagen angelegt.

Die Nutzung des Bodens als Standort ist durch folgende Merkmale gekennzeichnet:

– Boden ist ein absolut knappes Wirtschaftsgut. Je nach Grad der Knappheit führt dies zu starken Preisunterschieden.
– Boden ist nicht transportierbar. Daraus ergeben sich Lagevorteile (Preisvorteile im Immobiliengeschäft, Ertragsvorteile in der Landwirtschaft) für bestimmte Grundstücke.

Standortfaktoren

Ein Unternehmer wird die Wahl des optimalen Standortes in Abhängigkeit von den Zielen seines Unternehmens nach bestimmten Standortfaktoren entscheiden.

Bei einem **gebundenen Standort** ist die Anzahl der möglichen Standorte stark eingegrenzt, weil bestimmte Voraussetzungen zwingend erforderlich sind, z. B. Anbaubetriebe für Bananen in tropischen Gebieten.

Der **freie Standort** kann vom Unternehmer ohne völlige Abhängigkeit vom Unternehmensziel gewählt werden, z. B. bei einer Maschinenfabrik oder einem Spielwarenhersteller. Dennoch müssen auch diese Unternehmen eine Reihe von Faktoren berücksichtigen, um den optimalen Standort herauszufinden. Dazu gehören:

– die Nähe zum Kunden (Absatzorientierung);
– die Nähe zum Lieferanten für Betriebe mit hohen Beschaffungskosten (Transportkostenorientierung);
– Verkehrswege für alle großen Handels- und Speditionsunternehmen (Verkehrsorientierung);
– das Angebot an qualifizierten Arbeitskräften und das Lohnniveau für arbeitsintensive Industriebetriebe (Arbeitskräfte- und Lohnkostenorientierung);
– die Handelsverkehrseinrichtungen (Börsen- und Bankplätze) für den internationalen Handel;
– die Energie- und Bodenpreise;
– die Abgabenquote (Steuern, Gebühren).

Außerwirtschaftliche Einflussfaktoren sind die politischen Rahmenbedingungen, wie Recht- und Wirtschaftsordnung, sowie die Tradition einer Branche (z. B. Lederwarenindustrie in Offenbach).

EIN QUADRATMETER BAULAND IST IN DEUTSCHLAND IN EINIGEN LÄNDLICHEN GEGENDEN SCHON AB 50 DM ZU HABEN, DAGEGEN SIND IN DEN ZENTREN DEUTSCHER GROSSSTÄDTE QUADRATMETERPREISE VON 15.000 DM KEINE SELTENHEIT.

3.2 Produktionsfaktor Arbeit

Arbeit im volkswirtschaftlichen Sinn ist die zielgerichtete, planmäßige und bewusste Tätigkeit eines Menschen unter Einsatz seiner geistigen und körperlichen Fähigkeiten zur Erlangung von Einkommen. Arbeit ist ebenso wie Boden ein ursprünglicher Produktionsfaktor.

Nach dieser Definition fallen unter den Begriff Arbeit nicht Freizeitbeschäftigungen oder die unentgeltliche Arbeit (z. B. im Haushalt).

Merkmale des Produktionsfaktors Arbeit
Der Produktionsfaktor Arbeit ist ebenso wie die Natur ein originärer Produktionsfaktor.

Arbeit darf, obwohl sie wirtschaftlich auf dem Arbeitsmarkt bewertbar ist, nicht uneingeschränkt dem ökonomischen Prinzip untergeordnet werden, da sie untrennbar mit der Persönlichkeit des arbeitenden Menschen verbunden ist. Soziale, psychologische und ethische Gesichtspunkte sind ebenfalls zu berücksichtigen.

Arten von Arbeit
Keine Arbeit ist gleich einer anderen. In jeder Tätigkeit sind z. B. sowohl körperliche als auch geistige Elemente, stets sich wiederholende Ausführungen und neue Aufgabenstellungen enthalten.

Nach dem **Inhalt der Tätigkeit** unterscheidet man in
- vorwiegend geistige Arbeit (z. B. Architekt, Journalist) und vorwiegend körperliche Arbeit (z. B. Maurer);
- vorwiegend leitende Arbeit (z. B. Abteilungsleiter, Meister) und vorwiegend ausführende Arbeit (z. B. Sachbearbeiter, Handwerksgeselle);
- vorwiegend schöpferische Arbeit (z. B. Werbegrafiker, Bildhauer) und vorwiegend repetitive Arbeit (z. B. Fließbandarbeit, Akkordarbeit).

Nach der **Rechtsstellung** kann unterschieden werden in selbstständige Arbeit (z. B. Unternehmer, Freiberufler) und unselbstständige Arbeit (z. B. Arbeiter, Angestellte).

Nach dem **Grad der Ausbildung** wird differenziert in
- angelernte Arbeit, die einfachste Tätigkeiten ohne Anlernzeiten beinhaltet (z. B. Putzfrau, Handlanger);
- angelernte Arbeit, die für Tätigkeiten mit einer geringen Anlernzeit vorausgesetzt wird (z. B. Fließbandmonteur);
- gelernte Arbeit, die eine mehrjährige Berufsausbildung erforderlich macht (z. B. Maurer, Bürokauffrau).

ES GIBT NICHTS BESSERES, ALS VON SEINER ARBEIT ZU LEBEN

—

ANATOLE FRANCE

DER „ARBEITSWERT" EINER HAUSFRAU UND MUTTER WURDE VON EINEM ZIVILRICHTER ANLÄSSLICH EINER VERHANDLUNG ÜBER EINE VERKEHRSSTRAFSACHE AUF 4.500 DM BEZIFFERT. ER HATTE DIESE MONATLICH ZU ZAHLENDE SCHADENSERSATZSUMME AUS VERSCHIEDENEN BERUFEN UND DEREN RELATIVEN ANTEILEN ZUSAMMENGERECHNET.

ARBEIT IST KEINE WARE WIE JEDE ANDERE

—

ULF FINK, SOZIALPOLITIKER

Einflussfaktoren auf die Arbeitsleistung

Arbeitsleistung ist die vom Arbeitnehmer in einem bestimmten Zeitraum erreichte Arbeitsmenge, gemessen an der Zahl der gefertigten Leistungseinheiten.

Jeder Mensch hat bestimmte Stärken und Schwächen aufzuweisen, die ihn für eine bestimmte Arbeit geeignet sein lassen.

Die **individuellen Einflussfaktoren** sind:

– **Leistungsfähigkeit:** Die Fähigkeit des Menschen, eine bestimmte Leistung zu erbringen, lässt sich an der körperlichen und der psychischen Leistungsfähigkeit festmachen. Ferner gehören dazu die Begabung sowie charakterliche Eigenschaften.

– **Leistungswille:** Der Leistungswille wird zum einen durch äußere Arbeitsbedingungen bestimmt, z. B. eine leistungsgerechte Entlohnung und angemessene Arbeitsräume. Andererseits spielt auch die Motivation eine wichtige Rolle. Sie wird z. B. durch persönlichen Erfolg, Anerkennung von erbrachten Leistungen und Übernahme von Verantwortung gefördert.

Die **gesamtgesellschaftlichen Faktoren** führen zu einer gesamtvolkswirtschaftlichen Leistung:

– **Bevölkerungsentwicklung:** Die Anzahl der arbeitenden Menschen ist abhängig von der Anzahl der in einer Volkswirtschaft lebenden Menschen (Wohnbevölkerung) sowie dem Wachstum der Bevölkerung. Arbeit im volkswirtschaftlichen Sinn leisten nach der Erwerbsstatistik nur die Erwerbspersonen. Das sind grundsätzlich alle Menschen zwischen dem 16. und 65. Lebensjahr. Nicht in dieser Gruppe enthalten sind Schüler, Studenten und Rentner. Die **Erwerbsquote** gibt Auskunft darüber, wie viel Prozent der Wohnbevölkerung tatsächlich arbeitet bzw. arbeiten kann:

$$\text{Erwerbsquote} = \frac{(\text{Erwerbspersonen} \times 100)}{\text{Wohnbevölkerung}}$$

Dabei gilt: Erwerbspersonen sind Erwerbstätige (Selbstständige, mithelfende Familienangehörige und abhängig Beschäftigte) sowie Erwerbslose.

– **Bildungsstand:** Der Bildungsstand der Menschen ist der qualitative Einflussfaktor auf die Arbeitsleistung. Er wird ausgedrückt durch Art und Umfang der allgemeinbildenden und berufsbildenden Abschlüsse an Schulen und Hochschulen.

Die Beschäftigung ist der tatsächliche Einsatz des Produktionsfaktors Arbeit in einer bestimmten Periode.

Absolut gemessen wird die Beschäftigung durch die in einer Volkswirtschaft jährlich geleisteten Arbeitsstunden sowie die im Jahresdurchschnitt beschäftigte Zahl der Erwerbspersonen (Anzahl der Erwerbstätigen zuzüglich der Arbeitslosen). In absoluten Zahlen ist die Anzahl der Erwerbspersonen seit 1960 in Deutschland ständig gestiegen.

Relativ gemessen wird die Beschäftigung durch den **Beschäftigungsgrad**. Das ist die Zahl der im Inland beschäftigten Personen, ausgedrückt in Prozent der Erwerbspersonen.

Theoretisch liegt eine **Vollbeschäftigung** vor, wenn jede Erwerbsperson, die für eine Tätigkeit geeignet und ausgebildet ist, auch eine entsprechende Beschäftigung findet. Diese Definition der Vollbeschäftigung ist jedoch nicht haltbar, da es immer wieder Personen geben wird, die aus verschiedenen Gründen arbeitslos werden (z. B. durch Kündigungen) und ggf. auch bleiben (z. B. wegen mangelnder Arbeitsplätze). Praktisch wird als Vollbeschäftigung im Sinne des Stabilitätsgesetzes eine Situation bezeichnet, in der die Arbeitslosenquote unter 3 % liegt.

WEGEN DER BESONDEREN AKTUELLEN BEDEUTUNG IST DEM PROBLEMKREIS ARBEITSLOSIGKEIT EIN BESONDERES KAPITEL GEWIDMET (SIEHE KAPITEL 10).

Arbeitslosigkeit

Arbeitslosigkeit entsteht dadurch, dass angebotene Arbeitsleistung von den Betrieben nicht nachgefragt wird. Es kommt zu einer Unter- bzw. Nichtbeschäftigung von Teilen der Arbeitnehmerschaft.

Dabei lassen sich nach den möglichen Ursachen verschiedene Arten der Arbeitslosigkeit unterscheiden:

- **Fluktuationsarbeitslosigkeit** entsteht durch einzelwirtschaftliche Entscheidungen von Betrieben oder einzelnen Arbeitnehmern, das Arbeitsverhältnis zu beenden.
- **Saisonale Arbeitslosigkeit** entsteht durch jahreszeitliche Schwankungen, von denen jeweils nur bestimmte Wirtschaftsbereiche betroffen sind.
- **Konjunkturelle Arbeitslosigkeit** entsteht durch Schwankungen in der gesamtwirtschaftlichen Entwicklung. Nahezu alle Wirtschaftsbereiche sind davon betroffen.
- **Strukturelle Arbeitslosigkeit** entsteht immer in bestimmten Wirtschaftsbereichen oder Regionen. Diese Arbeitslosigkeit kann im nachhaltigen Rückgang der Nachfrage, in technologischen Umwälzungen oder einer schwachen Wirtschaftsstruktur begründet liegen.

DIE TRAURIGSTE ERSCHEINUNG DER ZIVILISATION UND MEINER ANSICHT NACH DAS GRÖSSTE EINGESTÄNDNIS IHRES SCHEITERNS SIND MENSCHEN, DIE ARBEITEN KÖNNEN, DIE ARBEITEN WOLLEN UND DENEN MAN NICHT ERLAUBT ZU ARBEITEN

—

ROBERT LOUIS STEVENSON

3.3 Produktionsfaktor Kapital

Kapital im volkswirtschaftlichen Sinn ist die Summe aller im Produktionsprozess eingesetzten Produktionsgüter, die ihrerseits in einem anderen Produktionsprozess hergestellt worden sind.

Dieser Produktionsfaktor ist durch folgende Merkmale gekennzeichnet:
- Kapital ist ein aus dem Zusammenwirken von Boden und Arbeit entstandener Produktionsfaktor. Er wird deshalb als abgeleiteter (derivativer) Produktionsfaktor bezeichnet.
- Kapital besteht aus erzeugten Gütern, die nicht dem Konsum, sondern der Produktion dienen. Kapital kann deshalb nur entstehen, wenn die Wirtschaftssubjekte auf Konsum verzichten.

Ein Obstbauer pflückt jeden Tag vier Ztr. Äpfel. Er muss zu diesem Zweck auf den Apfelbaum klettern. Will der Bauer sich zur Erleichterung eine Leiter bauen, muss er die Arbeit unterbrechen. Mit seinen Händen (= Arbeit) baut er aus Holz (= Boden) eine Leiter (= Kapital). Zu diesem Zweck muss er auf die Einnahmen von zwei Tagen verzichten (= Konsumverzicht). Kombiniert er jedoch Arbeit, Boden und Kapital, kann er jeden Tag acht Ztr. Äpfel pflücken.

Folgende Arten des Kapitals werden unterschieden:

Sachkapital (Realkapital) ist die Summe aller Güter, die im Rahmen der Güterproduktion neben Boden und Arbeit als Produktionsfaktor eingesetzt werden. Dauerhaft werden Gebäude, Maschinen und andere Ausstattungsgegenstände als produzierte Produktionsmittel für den Produktionsprozess benötigt. Nicht dauerhaft werden Vorräte an Roh-, Hilfs- und Betriebsstoffen sowie hergestellte, aber noch nicht abgesetzte Fertigerzeugnisse als betriebliche Lagerbestände gehalten. Wenn in der Volkswirtschaftslehre im Zusammenhang mit der Produktion von Kapital die Rede ist, ist stets Sachkapital gemeint.

Geldkapital ist die Summe der Mittel, die dem Unternehmen zwecks Umformung in Realkapital zur Verfügung gestellt werden müssen. Es stellt die Vorstufe der Kapitalbildung dar. In der Bilanz des Unternehmens wird es ausgewiesen als **Eigenkapital**, das dem Unternehmen von den Eigentümern zur Verfügung gestellt wird oder als **Fremdkapital**, das den Unternehmen von Banken, Lieferanten oder anderen Personen zur Verfügung gestellt wird.

Kapitalbildung

Als **Produktionsumweg** wird die Tatsache bezeichnet, dass die Wirtschaftssubjekte zunächst auf Konsum verzichten, um Produktionsgüter herzustellen, wodurch die Herstellung weiterer Güter erhöht werden kann.

Die Voraussetzungen für die Kapitalbildung sind damit
1. Konsumverzicht (Sparen),
2. die produktive Anlage des Gesparten (Investieren).

Eine Volkswirtschaft ist umso weiter entwickelt, je länger der Produktionsumweg ist, d. h. je differenzierter die Produktionsgüterindustrie gestaffelt ist.

REICH WIRD MAN NICHT VON DEM, WAS MAN AUSGIBT, SONDERN VON DEM, WAS MAN SPART
—
DEUTSCHES SPRICHWORT

Das **verfügbare Einkommen** des Haushaltes ergibt sich aus dem Bruttoeinkommen abzüglich der Abgaben an den Staat (Steuern, Versicherungen) und ggf. zu leistender Unterhaltszahlungen.

Konsum ist der Verbrauch und/oder die Nutzung von materiellen oder immateriellen Gütern durch die Haushalte.
Von seinem Einkommen verwendet der Haushalt einen mehr oder weniger hohen Anteil für den Konsum. Die Höhe des Konsums ist von folgenden Faktoren abhängig:
▷ Höhe des Einkommens,
▷ konjunkturelle Situation,
▷ derzeitige Preise der Güter, zukünftige Preis- und Einkommmenserwartungen.

Sparen ist der Verzicht auf die konsumtive Verwendung eines Teiles des verfügbaren Einkommens.
Ist das verfügbare Einkommen
▷ gleich dem Konsum, so ist die Sparquote gleich null,
▷ größer als der Konsum, so spart der Haushalt,
▷ kleiner als der Konsum, so entspart der Haushalt. Dies ist nur möglich, indem er Erspartes vergangener Perioden oder Einkommensteile zukünftiger Perioden verwendet (Kreditaufnahme).

Fazit:
▷ Konsumieren, Sparen und Investieren stehen in einem engen Zusammenhang.
▷ Sparen ist eine der wichtigsten Voraussetzungen für wirtschaftliches Wachstum.
▷ Würden die Haushalte ihr gesamtes verfügbares Einkommen konsumieren, könnte nicht gespart werden.
▷ Wird nicht gespart, kann den Betrieben für ihre Investitionen kein Geld zur Verfügung gestellt werden.

Investieren ist die Umwandlung von vorhandenen finanziellen Mitteln in Sachgüter.
Die Mittel für Investitionen erhalten die Betriebe
▷ aus dem Konsumverzicht der Eigentümer der Betriebe (Eigenfinanzierung),
▷ aus den Sparguthaben, die den Betrieben von den Banken als Kredit zur Verfügung gestellt werden (Fremdfinanzierung),
▷ aus den Abschreibungen, die über den Preis zurückfließen.

Sparen und Investieren

Sparen ist eine der wichtigen Voraussetzungen in einer Volkswirtschaft, um investieren zu können.

freiwilliges Sparen	Zwangssparen
Privates Sparen: Die privaten Haushalte stellen den Teil des Einkommens, den sie nicht konsumieren, den Banken oder den Unternehmen direkt als Einlagen zur Verfügung (Sparbuch, Festgeld, Wertpapiere). Unternehmerisches Sparen: Die Unternehmen entnehmen Teile der entstehenden Gewinne und bilden Rücklagen.	Werden Haushalte oder Unternehmen gezwungen, einen Teil ihres Einkommens abzugeben und somit auf den entsprechenden Teil des möglichen Konsums oder der möglichen Investition zu verzichten, liegt Zwangssparen vor. Dazu gehören vom Staat erhobene Steuern und Gebühren, Zölle und Sozialversicherungsbeiträge.

Eine Übersicht über die möglichen Investitionen, die sich dem Sparvorgang anschließen können, gibt die folgende Infografik.

Bruttoinvestitionen
Sie umfassen den Wert des Zuwachses an Sachgütern in allen Bereichen einer Volkswirtschaft in einer Periode. Es handelt sich dabei um eine Stromgröße, die den Bestand an Kapital verändert.

Anlageinvestitionen (Realinvestitionen)
- Ausrüstungsinvestitionen sind Produktionsmittel, wie Maschinen, Fahrzeuge.
- Bauinvestitionen sind Produktions-, Verwaltungs- und Wohnbauten sowie Straßen, Brücken, Schulen, Krankenhäuser.
- Rationalisierungsinvestitionen sind Anlageinvestitionen, die der Verbesserung und Modernisierung des Produktionsapparates dienen, z. B. eine Computersteuerung.

Vorratsinvestitionen
Sie entstehen durch eine Veränderung der Lagerbestände an Roh-, Hilfs- und Betriebsstoffen, Handelswaren sowie den produzierten, aber nicht verkauften Erzeugnissen.

Ersatzinvestitionen
dienen dazu, ausgeschiedene Anlagegüter zu ersetzen (Reinvestitionen).

Erweiterungsinvestitionen
dienen der Erweiterung und Verbesserung des Produktionsapparates.

Nettoinvestitionen
Nur diese Investitionen führen zu einer Veränderung des Bestandes an Sachkapital.

Kapitalstock
Der Kapitalstock ist die Summe des Sachkapitals (produzierte Produktionsmittel) einer Volkswirtschaft zu einem bestimmten Stichtag. Es handelt sich dabei um eine Bestandsgröße. Diese Größe wird nur durch die Nettoinvestitionen einer Periode verändert.

3.4 Produktion

Produktion im volkswirtschaftlichen Sinn beinhaltet die Herstellung von Gütern sowie alle Tätigkeiten, um diese produzierten Sachgüter und Dienstleistungen dem Verbraucher zugänglich zu machen.

Im Produktionsprozess werden die Produktionsfaktoren Arbeit, Boden und Kapital in der Weise kombiniert, dass ein Ertrag entsteht.

In einem landwirtschaftlichen Betrieb ergibt das Zusammenwirken von Boden als Anbauboden, Arbeit des Landwirts und Kapital (Landmaschinen, Saatgut) eine bestimmte Menge Roggen. In einer Papierfabrik ergibt die Kombination von Boden als Standort, Arbeit der Arbeitnehmer und Kapital (z. B. Maschinen) eine bestimmte Menge Papier.

Die **Produktion im engeren Sinne** beinhaltet die eigentliche Gütererzeugung, d. h. die Herstellung von Produktions- und Konsumgütern durch die stoffliche Umwandlung anderer Güter, z. B. den Bau einer Maschine.

Die **Produktion im weiteren Sinne** beinhaltet alle Tätigkeiten, also neben der direkten Gütererzeugung auch die Tätigkeiten, die die eigentliche Gütererzeugung unterstützen. Dazu zählen u. a. Handel, Versicherung, Transport, aber auch andere Dienstleistungsbereiche.

Produktionsmenge und Faktoreinsatz

In der Produktion erfolgt der gemeinsame Einsatz der Produktionsfaktoren. Bei dieser planmäßigen Kombination entsteht durch den Faktoreinsatz ein **Ertrag**, das ist das mengenmäßige Ergebnis des Produktionsprozesses. Er wird auch als Produktionsmenge bezeichnet. Bei jedem Produktionsprozess fallen Kosten an. **Kosten** sind der in Geldeinheiten gemessene Verbrauch von Produktionsfaktoren. Sie werden auch als Faktoreinsatz oder Input bezeichnet.

Produktionspotenzial

Das Produktionspotenzial umschreibt die gesamtwirtschaftliche Produktionsleistung, die mit den verfügbaren Produktionsfaktoren bei normaler Nutzung erbracht werden kann. Sie stellt eine theoretische Größe dar, an der die tatsächliche Produktionsauslastung gemessen werden kann. Dabei ist ein normaler Nutzungsgrad der Anlagen zu unterstellen, bei dem ein möglichst hoher Beschäftigungsstand sowie ein stetiges und angemessenes Wirtschaftswachstum gewährleistet ist.

DER AUSLASTUNGSGRAD DER DEUTSCHEN INDUSTRIE SCHWANKTE IN DEN LETZTEN 10 JAHREN ZWISCHEN 75 UND 85 %. EINE ENORME LEISTUNG, VERGLICHEN MIT EINEM DURCHSCHNITTLICHEN AUSLASTUNGSGRAD EINES PRIVATPKW VON 2,4 %.

3.5 Kombination der Produktionsfaktoren

EINE GENAUERE UNTERSUCHUNG ZU DIESEM THEMA IST IM KAPITEL 6 ARBEITSPRODUKTIVI-TÄT UND RATIONALI-SIERUNG ZU FINDEN.

Die Kombination kann auf zweierlei Weise geschehen. Es kommt dabei auf die Art der Produktionsfaktoren und ihr Verhältnis zueinander an.

Substitutionale Produktionsfaktoren

Sie werden eingesetzt, wenn eine bestimmte Menge eines Faktors durch eine bestimmte Menge eines anderen Faktors ersetzt werden kann, ohne das Produktionsergebnis zu beeinflussen. Der Ertrag bleibt gleich, obwohl das Verhältnis der eingesetzten Produktionsfaktoren zueinander sich ändert. Die Produktionsfaktoren sind untereinander austauschbar (substituierbar).

In einer Leuchtenfabrik kann mit einem hohen Einsatz von Arbeit und einem geringen Einsatz von Kapital (z. B. Handschleifmaschinen) oder aber mit einem geringen Einsatz an Arbeit und einem hohen Einsatz an Kapital (z. B. Schleifautomaten) die gleiche Leistung erzielt werden.

VOR DIESEM HINTER-GRUND IST DAS BESTREBEN DER UNTERNEHMER ZU VERSTEHEN, ALS FOLGE VON LOHNER-HÖHUNGEN STETS WEITERE RATIONALI-SIERUNGSANSTREN-GUNGEN ZU UNTER-NEHMEN. DENN AUTOMATISIERUNG BEZEICHNET NUR DEN VORGANG DER SUBSTITUTION VON ARBEIT DURCH MASCHINEN, D. H. KAPITAL.

Technisch gesehen hat ein Unternehmer mehrere Möglichkeiten, substitutionale Produktionsfaktoren zu kombinieren. Unter wirtschaftlichen Gesichtspunkten betrachtet, bestimmen die Kosten, welche Faktorkombination ausgewählt wird. Handelt der Unternehmer nach dem ökonomischen Prinzip, so ist folglich die Faktorkombination mit den geringsten Kosten zu wählen (**Minimalkostenkombination**). Dabei ersetzt der Unternehmer einen Faktor so lange durch einen anderen, wie ihm dies eine Kostenersparnis bringt. Sobald die Kostenersparnis bei dem einen Faktor gleich dem Kostenzuwachs durch den anderen Faktor ist, wird die Substitution beendet.

Limitationale Produktionsfaktoren

Sie liegen vor, wenn zur Erzielung eines bestimmten Ertrages die Produktionsfaktoren nur in einem bestimmten Verhältnis (lat. *limitatio* = Festsetzung) zueinander eingesetzt werden können. Ein bestimmter Ertrag kann bei limitationalen Produktionsfaktoren also nur durch eine festgelegte Kombination erreicht werden.

In einem Warenhaus kann eine Kassiererin nur eine Kasse bedienen. In einem Industriebetrieb wird eine Fräse durch nur einen Arbeiter bedient.

Eine Minimalkostenkombination ist hier nicht möglich, da nicht zwischen verschiedenen Faktorkombinationen gewählt werden kann, es sei denn, es werden andere, leistungsfähigere Maschinen eingesetzt.

3.6 Kosten und Erlöse

Kosten sind der in Geldeinheiten bewertete Verbrauch von Produktionsfaktoren, der zur Erstellung einer betrieblichen Leistung in einer Periode dient.

Für den Produktionsfaktor Arbeit zahlt der Betrieb Löhne. Für den Produktionsfaktor Kapital fallen Kosten in Form von eingekauften Vorleistungen oder Zinsen für Kredite sowie Abschreibungen an. Für den Produktionsfaktor Boden fallen Pachten oder Mieten an.

Die Gesamtkosten einer Leistung oder eines ganzen Betriebes setzen sich zusammen aus den Mengen der verbrauchten Produktionsfaktoren (Faktormengen = r) multipliziert mit den dafür bezahlten Faktorpreisen (Faktorpreis = q).

$$K = r_1 \cdot q_1 + r_2 \cdot q_2 \ldots + r_n \cdot q_n$$

Die Gesamtkosten (K) eines Betriebes werden durch verschiedene Arten von Verbrauchsgütern verursacht. Sie werden deshalb unterschieden in **fixe Kosten** (Kf) und **variable Kosten** (k_v). Die Kostenfunktion lässt sich deshalb auch wie folgt darstellen.

$$K = K_f + (m \cdot k_v)$$

Die sinnvolle Kombination der Produktionsfaktoren führt zu Erträgen (= produzierte Güter). Die Menge der erzeugten Güter (m) ist dabei u. a. abhängig von der Menge der eingesetzten Produktionsfaktoren.

$$m = f(r_1 + r_2 \ldots + r_n)$$

Die erzeugten Produktionsmengen verkauft der Betrieb auf den Märkten zu den jeweiligen Marktpreisen (p).

Der Erlös für ein Produkt ist die Absatzmenge multipliziert mit dem erzielten Verkaufspreis. Der Gesamterlös eines Betriebes ergibt sich als Summe der für die einzelnen Produkte erzielten Verkaufserlöse.

$$E = m_1 \cdot p_1 + m_2 \cdot p_2 \ldots + m_n \cdot p_n$$

Der Erfolg eines Unternehmens wird ermittelt, indem die Erlöse aller verkauften Erzeugnisse einer Periode den Kosten gegenübergestellt werden. Ist die Summe der Erlöse (= Gesamterlös) größer als die Summe der Kosten (= Gesamtkosten), hat der Betrieb wirtschaftlich gearbeitet und einen Gewinn (G) erzielt. Sind die Gesamtkosten größer als der Gesamterlös, hat der Betrieb mit Verlust gearbeitet (-G):

$$G = E - K$$

DIESER ZUSAMMENHANG WIRD DEUTLICH AN DER EIGENEN TELEFONRECHNUNG: SIE SETZT SICH ZUSAMMEN AUS DER GRUNDGEBÜHR (FIXE KOSTEN) UND DEN KOSTEN EINER JEDEN TELEFONIERTEN EINHEIT (VARIABLE KOSTEN). BEI EINER GRUNDGEBÜHR VON 25,- DM UND 10 EINHEITEN JE 12 PFENNIG IST EINE EINHEIT TEURER (2,62 DM) ALS BEI 100 TELEFONIERTEN EINHEITEN (0,37 DM), DA SICH DIE GRUNDGEBÜHR AUF EINE GRÖSSERE ANZAHL VON EINHEITEN VERTEILT.

Für einen Betrieb wird die nachstehende Kosten- und Erlössituation angenommen. Dabei wird unterstellt, dass der Betrieb nur ein Produkt produziert und maximal 300 Stück herstellen kann (Kapazitätsgrenze). Am Markt erzielt er für sein Produkt einen Preis von 40,– DM.

Absatz-menge	gesamte Fixkosten	gesamte variable Kosten	Gesamt-kosten	Stück-kosten	Gesamt-erlös	Gesamt-gewinn
1	3.000,–	20,–	3.020,–	3.020,–	40,–	– 2.980,–
10	3.000,–	200,–	3.200,–	320,–	400,–	– 2.800,–
100	3.000,–	2.000,–	5.000,–	50,–	4.000,–	– 1.000,–
200	3.000,–	4.000,–	7.000,–	35,–	8.000,–	+ 1.000,–
300	3.000,–	6.000,–	9.000,–	30,–	12.000,–	+ 3.000,–

Fixe Kosten fallen in gleichbleibender Höhe an und sind unabhängig von der produzierten Stückzahl. Da diese Kosten auch anfallen, wenn nur wenig oder überhaupt nicht produziert wird, werden sie auch als Kosten der Betriebsbereitschaft bezeichnet, z. B. Mieten. Die Fixkosten pro Stück sinken mit jeder weiteren produzierten Einheit.

Variable Kosten sind abhängig von der Menge der erbrachten Leistungen. Da sie von der Auslastung abhängig sind, werden sie auch als Kosten der Inanspruchnahme bezeichnet, z. B. Akkordlöhne, Fertigungsmaterial. Die proportionalen Kosten entsprechen den Grenzkosten K' (= Kosten der letzten produzierten Einheit).

Gewinnmaximum: Jeder Unternehmer wird versuchen, ein Gewinnmaximum zu erreichen. Dieses liegt dort, wo die Differenz zwischen Erlösen und Kosten am größten ist. In jedem Fall muß der Unternehmer versuchen, die Gewinnschwelle zu erreichen. Das ist der Punkt, wo die Erlöse gleich den Kosten sind. Ab diesem Punkt erzielt der Unternehmer mit jeder weiteren verkauften Einheit Gewinn (Gewinnzone).

Sofern die Gesamtkosten einen linearen Verlauf nehmen, wie für die obige Darstellung angenommen wird, wird ein Unternehmer stets versuchen, die Kapazität möglichst hoch auszulasten. Erst an der Kapazitätsgrenze erreichen die Stückkosten ihr Minimum **(Gesetz der Massenproduktion)**, und der Gewinn wird maximal.

4. In welcher Form werden Güter und Leistungen getauscht?

Frau Lodde will Spargel kaufen. Sie geht früh auf den Markt, um aus dem reichhaltigen Angebot den besten und günstigsten auswählen zu können. Als sie jedoch mittags, kurz bevor die Händler ihre Stände abbauen, noch einmal zum Markt geht, sieht sie, dass die Händler den gleichen Spargel wesentlich preiswerter anbieten. „Deshalb", so denkt sie, „gehe ich nächstes Mal erst gegen Mittag einkaufen. Aber was mache ich, wenn die Händler dann zu wenig Spargel anbieten?"

In einer arbeitsteiligen Welt ist es notwendig, Austauschprozesse durchzuführen. Wir sind täglich an einer Vielzahl derartiger Vorgänge beteiligt. Die Prinzipien, die diesen Prozessen zu Grunde liegen, haben wir in der Regel bereits verinnerlicht. Aber welche Mechanismen sind es, die das Funktionieren dieser Tauschvorgänge in einer Marktwirtschaft ermöglichen?

Der Wochenmarkt ist natürlich nicht der einzige Ort, an dem Güter getauscht werden. Alle Orte, an denen Angebot und Nachfrage zusammentreffen, werden als **Markt** bezeichnet.

Der Markt ist in gewisser Weise das „Nervenzentrum" der Wirtschaft. Hier treffen die unterschiedlichen Bedürfnisse und Absichten von Produzenten und Konsumenten, von Arbeitnehmern und Arbeitgebern, von Kreditgebern und Kreditnehmern, von Vermietern und Mietern zusammen. Die Absichten dieser verschiedenen Partner bei einem Geschäft bezeichnet die Volkswirtschaftslehre als Angebot und Nachfrage. Anbieter und Nachfrager haben naturgemäß unterschiedliche Interessen, die sich in ihren jeweiligen individuellen Wirtschaftsplänen ausdrücken. Diese Wirtschaftspläne werden wie durch eine „unsichtbare Hand" über den Preis ausgeglichen. Dabei ist der Markt nicht unbedingt an einen bestimmten Ort oder an eine bestimmte Zeit gebunden: Er kann auch nur durch die Bestimmung einer Güterart (z. B. den Markt für Bücher) ohne Bindung an Raum und Zeit existieren.

Die eingangs dargestellte Situation macht deutlich, dass sich in einer Marktwirtschaft die Bedingungen des Marktes schnell verändern können und dass eine Vielzahl von Einflussfaktoren existieren.
- Welche Einflussfaktoren wirken sich auf das Marktverhalten der Verkäufer/Anbieter aus? Wie kann sich dieses Verhalten ändern?
- Welche Bedingungen beeinflussen die Käufer/Nachfrager?
- Welche Bedeutung und welchen Einfluss auf die Tauschvorgänge hat der Staat in einer Marktwirtschaft?
- Wie werden die Bedingungen der Austauschprozesse festgelegt?
- Welche Voraussetzungen müssen erfüllt werden, damit der Mechanismus funktioniert?

4.1 Volkswirtschaftliche Nachfrage

Die Nachfrage wird als der am Markt auftretende Bedarf bezeichnet, d. h. die Menge an Gütern, die ein Wirtschaftssubjekt zu kaufen beabsichtigt, um seine Bedürfnisse zu befriedigen.

In Anlehnung an den Wirtschaftskreislauf werden folgende Nachfragearten unterschieden:

- **Haushaltsnachfrage**: die Menge an Konsumgütern, die ein Haushalt zu kaufen beabsichtigt
- **Unternehmensnachfrage**: der Bedarf an Produktionsgütern, den ein Unternehmen am Markt deckt.
- **Staatsnachfrage**: Die öffentlichen Haushalte treten als Nachfrager auf dem Markt auf, um ihren Bedarf an Gütern zu decken.
- **Auslandsnachfrage**: Alle Güter, die Wirtschaftssubjekte aus anderen Volkswirtschaften im Inland kaufen wollen, zählen zur Auslandsnachfrage.

Jede dieser Nachfragearten ist durch unterschiedliche Bedingungen und Einflussfaktoren gekennzeichnet. Die folgenden Betrachtungen beziehen sich vorwiegend auf die Haushaltsnachfrage.

Gesamtnachfrage

Die Gesamtheit aller in einer Volkswirtschaft nachgefragten Mengen eines Gutes wird als Gesamtnachfrage bezeichnet. Beispiel: die gesamte Menge an Personenkraftwagen, die in Deutschland nachgefragt wird, unabhängig davon, ob Unternehmen oder Haushalte diese kaufen.

Ermittlung der Gesamtnachfrage

Die volkswirtschaftliche Gesamtnachfrage wird ermittelt durch Addition aller von den einzelnen Wirtschaftssubjekten (=individuelle Nachfrage) auf dem Markt nachgefragten Mengen eines Gutes zu den jeweils konstanten Preisen.

Auf dem Mineralwassermarkt sind drei Nachfrager mit folgenden Preis-Mengen-Vorstellungen zu registrieren:

Preis pro Kiste	Individuelle Nachfrage in Kisten			Gesamt-nachfrage
	Haushalt 1	Haushalt 2	Haushalt 3	
0 DM	11	9	12	32
2 DM	9	7	10	26
4 DM	7	5	8	20
6 DM	5	3	6	14
8 DM	3	1	4	8

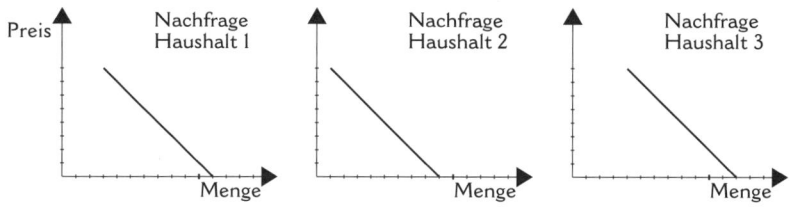

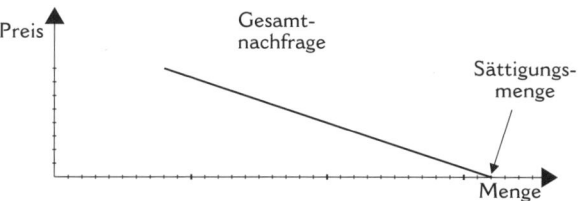

Einflussfaktoren der Nachfrage

Betrachtet man jeden einzelnen Nachfrager, so lassen sich unermesslich viele Faktoren finden, die die Nachfrage beeinflussen. Gesamtwirtschaftlich betrachtet sind dies insbesondere folgende Einflussfaktoren:

1. Preis des Gutes

Verringert sich der Preis des Gutes, steigt die Nachfrage und umgekeht. Grafisch betrachtet ergibt sich eine neue Preis-Mengen-Kombination auf der Nachfragekurve. Die Lage der Kurve bleibt unverändert. Folgende Grafik verdeutlicht den Zusammenhang:

MIT SCHARFEM BLICK, NACH KENNERWEISE, SCHAU ICH ZUNÄCHST MAL NACH DEM PREISE. DOCH BEI GENAUERER BETRACHTUNG STEIGT MIT DEM PREISE AUCH DIE ACHTUNG

—

WILHELM BUSCH

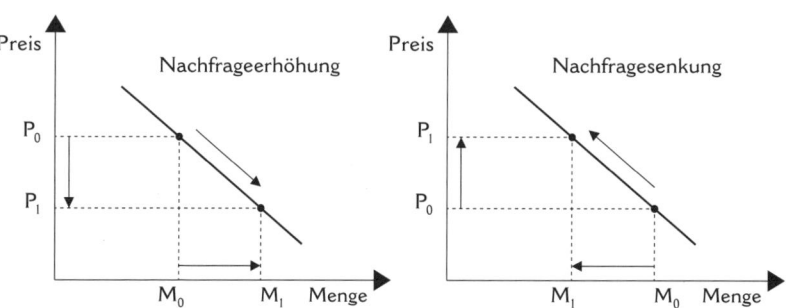

Sinkt der Preis, erhöht sich die Nachfrage   *Steigt der Preis, verringert sich die Nachfrage*

In welchem Umfang sich die Nachfrage verändert, wenn der Preis des Gutes steigt oder fällt, wird durch die **Preiselastizität der Nachfrage** (E_N) gemessen. Sie ergibt sich aus dem Quotient der prozentualen Mengenveränderung und der prozentualen Veränderung des Preises für das betreffende Gut. Für das normale Nachfrageverhalten müsste sich daher rein mathematisch eine negative Elastizität ergeben. Allgemein wird sie jedoch in diesem Fall als positiver Wert dargestellt. Ist der Wert kleiner als 1, spricht man von einer unelastischen Nachfrage, deren Grenzfall $E_N=0$ die vollkommen unelastische, also starre Nachfrage darstellt. Ergibt der Quotient einen Wert über 1, so ist die Nachfrage elastisch bzw. im Grenzfall unendlich, also vollkommen elastisch. $E_N=1$ bezeichnet man als proportionalelastische Nachfrage.

Ein Händler stellt fest, dass bei einer Preisänderung von DM 1,50 auf DM 1,65 (+ 10 %) die Absatzmenge von 1200 Stück auf 1140 Stück zurückgeht (- 5 %). Der Elastizitätsquotient ergibt damit einen Wert von 0,5, d. h. die Nachfrage ist unelastisch.

2. Nachfrageverhalten bei Veränderung anderer Einflussgrößen

Bei einer nachfrageerhöhenden Veränderung eines anderen Einflussfaktors verschiebt sich die Nachfragefunktion nach rechts oder nach links, wenn der Einfluss auf die Nachfrage diese verringert.

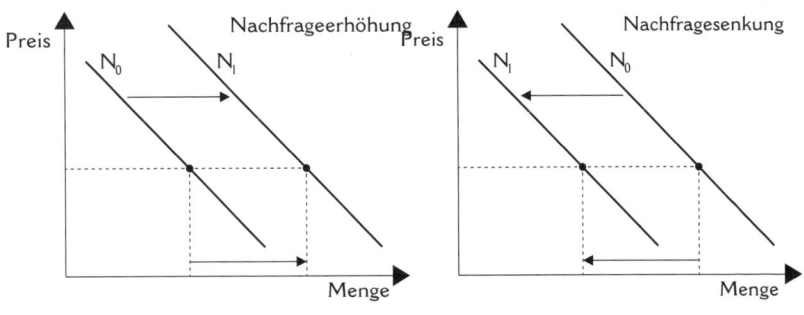

Preis anderer Güter

Je nach Art des anderen Gutes wird die Nachfrage nach einem Gut sich verändern, wenn der Preis des anderen Gutes sich verändert. Dies gilt nur unter sonst gleichen Bedingungen. Dies ist der Fall bei Substitutions- oder Komplementärgütern, während bei Preisänderungen eines indifferenten, also beliebigen anderen Gutes kein Einfluss auf die Nachfrage des zu betrachtenden Gutes stattfindet.

– Preisänderung eines Substitutionsgutes

Da Substitutionsgüter sich gegenseitig ersetzen, wie z. B. Butter und Margarine, führt ein Preisanstieg des Substitutionsgutes zu einer Nachfrageerhöhung des zu betrachtenden Gutes und somit zu einer Rechtsverschiebung der Nachfragekurve dieses Gutes, da bei konstantem Preis nun eine größere Menge des Gutes nachgefragt wird. Steigt z. B. der Preis für Tee, substituieren die Haushalte bei einem normalen Nachfrageverhalten Tee gegen Kaffee. Die Haushalte fragen also mehr Kaffee nach.

– Preisänderung eines Komplementärgutes

Komplementärgüter wie Auto und Reifen oder Fotoapparat und Film ergänzen sich, d. h. sie stiften nur beim gemeinsamen Gebrauch einen Nutzen. Steigt der Preis eines Komplementärgutes, so geht dessen Nachfrage zurück, was eine gleichzeitige Nachfragesenkung beim anderen Gut zur Folge hat. Dies führt zu einer Linksverschiebung der Nachfragefunktion des Gutes I, da bei konstanten Preis für dieses Gut weniger nachgefragt wird. Steigt z. B. der Preis für CD-Player, dann werden weniger CD-Player nachgefragt und damit werden auch weniger CDs nachgefragt.

ES IST UNMITTELBAR EINSEHBAR, DASS DIE NACHFRAGE NACH SAHNE IN EINER EISDIELE ZURÜCKGEHT, WENN DER PREIS FÜR EISCREME STEIGT.

– Preisänderung eines indifferenten Gutes

Bei indifferenten Gütern (unverbundenen Gütern), z. B. Bleistifte und Äpfel oder Computer und Kühlschränke, besteht kein Zusammenhang beim Konsum, d. h. sie stiften unabhängig voneinander einen Nutzen.

Einkommen der Haushalte

In Normalfall wird davon ausgegangen, dass eine Einkommenserhöhung unter sonst gleichen Bedingungen zu einer Erhöhung der Konsumsumme und damit zu einer Erhöhung der Nachfrage nach einem Gut führt und umgekehrt. Es existieren jedoch andere Güter, bei denen dies nicht der Fall ist, so z. B. **Sättigungsgüter** und **inferiore Güter**.

Bei Gütern ohne Sättigungsgrenze bzw. wenn diese noch nicht erreicht ist, führt ein steigendes Einkommen zu einer

Erhöhung der Nachfrage. Zu diesen Gütern gehören z. B. Textilien, Bücher und Fernreisen. Hier führt die Einkommenserhöhung zu einer Rechtsverschiebung der Nachfragekurve. Beispiel: Bei steigender Konsumsumme (Ursache) steigt die Nachfrage nach Software für PC's (Wirkung).

Ist bei einem Gut die Sättigungsgrenze erreicht, so führt eine Einkommenserhöhung zu keiner weiteren Nachfrageerhöhung, da jeder weitere Konsum dieses Gutes keinen Nutzenzuwachs erbringt. Solche Güter sind z. B. Nahrungsmittel. Bei steigender Konsumsumme (Ursache) steigt z. B. zunächst die Nachfrage nach Waschpulver, stagniert aber, sobald die Sättigungsgrenze erreicht ist (Wirkung).

Als **inferiore Güter** bezeichnet man untergeordnete Güter, deren Konsum bei zunehmendem Einkommen zu Gunsten so genannter superiorer, d. h. übergeordneter Güter abnimmt. Dies kennzeichnet ein anomales Nachfrageverhalten, während das Nachfrageverhalten bzgl. der superioren Güter als normal anzusehen ist. So werden z. B. Fahrräder durch Motorräder oder Gemüse durch Fleisch ersetzt.

Erwarteter Nutzen eines Gutes

Jeder Haushalt ist bestrebt, mit gegebenem Einkommen ein Maximum an Nutzen zu erzielen. Folglich werden die Güter nachgefragt, die den größten Nutzen besitzen. Güter mit einem geringen oder keinem Nutzen werden demzufolge nicht nachgefragt. Verändert sich nun – unter sonst gleichen Bedingungen – die Nutzenerwartung bzgl. eines Gutes, z. B. auf Grund von Mode- oder Trenderscheinungen, so wird sich die Nachfrage nach diesem Gut erhöhen bzw. verringern und es kommt zu einer Rechts- oder Linksverschiebung der Nachfragekurve. Beispiel: Nimmt der Trend zu vegetarischer Kost zu, steigt die Nachfrage nach Gemüse; gleichzeitig sinkt die Nachfrage nach Fleisch. Der Nutzen von Gemüse steigt und der von Fleisch sinkt.

Gossensche Gesetze

Der Nationalökonom HEINRICH GOSSEN versuchte zu zeigen, wie die Nutzenerwartungen auf die Konsumentscheidungen der Nachfrager Einfluss nehmen können und wie ein Haushalt ein Nutzenmaximum erzielen kann. Seine Ergebnisse sind in zwei Gesetzen zusammengefasst.

Voraussetzungen für die hier unterstellten Modelle sind homogene und beliebig teilbare Güter, Konstanz aller übrigen Einflussfaktoren, ein gegebenes Einkommen sowie die Tatsache, dass sich der Nutzen der Gütereinheiten durch Nutzeneinheiten in Zahlen ausdrücken lässt.

1. Gossensches Gesetz (Sättigungsgesetz)

Der Grenznutzen eines Gutes nimmt bei fortlaufendem Konsum mit jeder konsumierten Gütereinheit ständig ab, bis schließlich die Sättigung eintritt.
Darüber hinaus konsumierte Einheiten können theoretisch in Abneigung übergehen (**negativer Grenznutzen**).

Jemand geht vier Stunden bei großer Hitze spazieren. Er hat keine Verpflegung mit und ist froh, als er endlich eine Gaststätte erreicht. Das erste Glas Saft hat nun den größten Grenznutzen, denn mit jedem weiterem Glas Saft wird der Durst geringer und der Grenznutzen nimmt ab.

2. Gossensches Gesetz (Genussausgleichsgesetz)

Mit einem gegebenen Einkommen ist dann ein Nutzenmaximum erreicht, wenn der Grenznutzen aller zuletzt beschafften Güterteilmengen gleich groß ist. Die so mit dem begrenzten Budget erlangten Gütereinheiten stellen den optimalen Verbrauchsplan dar. Der Grenznutzen für alle noch verbleibenden Güterteilmengen ist ebenfalls gleich groß, d. h. hätte das Wirtschaftssubjekt noch die Möglichkeit, eine Teilmenge zu konsumieren, wäre der zusätzliche Nutzengewinn bei allen Gütern gleich groß.

SO STARK DER ANPASSUNGSDRUCK DES MARKTES AUCH WIRD – KUNDENNÄHE UND KUNDENWÜNSCHE BLEIBEN ENTSCHEIDEND
—
LUDGER THEILMEIER

Zwei Personen besuchen eine Sportveranstaltung und nehmen für den Verzehr DM 15,- mit. Auf dem Sportplatz werden Würstchen, Eis und Limonade zu einem Preis von jeweils DM 2,50 angeboten. Für die Konsumenten besitzen diese Güter folgende Grenznutzen:

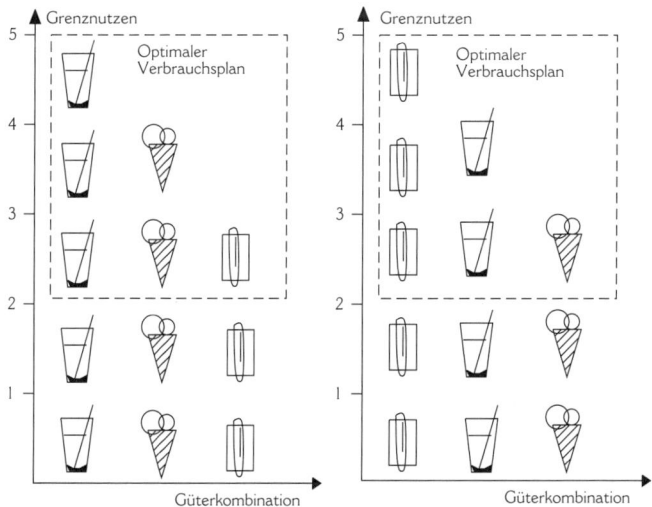

Der optimale Verbrauchsplan besteht für die erste Person aus drei Limonaden, zwei Eis und einem Würstchen, da hierbei mit DM 15,- der maximale Gesamtnutzen von 22 Nutzeneinheiten erzielt wird. Alle anderen Güterkombinationen würden bei gleichem Budget einen geringeren Gesamtnutzen ergeben. Für die zweite Person ergibt sich ein anderer Verbrauchsplan, da andere Nutzenpräferenzen vorliegen.

Wirtschaftliche Zukunftserwartungen der Haushalte

Je nach Einschätzung ihrer zukünftigen wirtschaftlichen Situation verhalten sich die Haushalte mehr oder weniger ausgabenfreundlich. Wird die Zukunft als positiv angesehen, z. B. weil mit steigendem Einkommen gerechnet wird, wird die Konsumsumme erhöht, d. h. die Nachfrage nach einem Gut steigt. Die gleiche Situation tritt ein, wenn mit steigenden Preisen gerechnet wird. Die Erwartung, dass die Preise fallen, hat die gegensätzliche Wirkung auf die Nachfrage. Rechnet man z. B. mit steigenden Preisen in der Automobilindustrie, werden mehr Autos nachgefragt.

Zahl der Nachfrager

Eine veränderte Zahl der Nachfrager bedingt auch, unter sonst gleichen Bedingungen, eine Veränderung der Nachfrage. Erhöht sich die Anzahl der Nachfrager, hat dies eine Nachfrageerhöhung zur Folge. Die Nachfragekurve verschiebt sich nach rechts. Eine Verringerung der Nachfrager führt zu einer Nachfragesenkung bzw. zu einer Linksverschiebung der Nachfragekurve. Ein Anstieg der Geburtenrate bewirkt z. B. eine erhöhte Nachfrage nach Babynahrung.

4.2 Volkswirtschaftliches Angebot

Als Angebot werden die auf dem Markt zum Kauf bereitgestellten Leistungen bezeichnet, d. h. die Menge der Güter, die die Wirtschaftssubjekte zu verkaufen bereit sind.

Anbieter auf dem Gütermarkt sind im wesentlichen Unternehmen. Aber auch Wirtschaftssubjekte aus anderen Sektoren können als Anbieter auftreten. Beispiel: Ein privater Haushalt bietet einen Teil der Apfelernte zum Kauf an.
Auch das Ausland oder der Staat treten als bedeutende Anbieter auf, z. B. im Bildungs- und Gesundheitswesen.
Das volkswirtschaftliche **Gesamtangebot** wird ermittelt durch die Addition aller von den einzelnen Wirtschaftssubjekten (= individuelles Angebot) auf dem Markt angebotenen Mengen eines Gutes zu jeweils konstanten Preisen.

Einflussfaktoren des Angebotes

Bei Betrachtung des individuellen Angebotes lassen sich eine Vielzahl von Faktoren finden, die die Bereitschaft der Anbieter beeinflussen, bestimmte Mengen eines Gutes zum Verkauf auf den Markt zu bringen. Gesamtwirtschaftlich betrachtet sind folgende Einflussfaktoren von Bedeutung:

1. Preis des Gutes

Veränderungen des Preises für ein Gut führen, wie bei der Nachfrage, zu einer neuen Preis-Mengen-Kombination auf der Angebotskurve. Die Lage der Kurve bleibt unverändert.

2. Angebotsveränderungen bei Veränderungen anderer Einflussfaktoren

Bei Veränderung eines anderen Einflussfaktors kommt es immer zu einer Verschiebung der Angebotsfunktion, entweder nach links für den Fall einer Angebotssenkung oder nach rechts bei einer Angebotserhöhung.

Preise anderer Güter

Ändert sich der Preis anderer Güter, so kann dies – unter sonst gleichen Bedingungen – zu einer Angebotssenkung oder -erhöhung eines Gutes führen.

– **Preisänderung eines Substitutionsgutes**

Steigt der Preis eines Substitutionsgutes (Gut 2), werden die Anbieter in Erwartung der steigenden Nachfrage des zu betrachtenden Gutes (Gut 1) ihr Angebot erhöhen und umgekehrt. Steigt z. B. der Preis für Rindfleisch, erwarten die Metzger, das die Nachfrager Rind durch Schwein ersetzen; sie erhöhen ihr Angebot an Schweinefleisch.

– **Preisänderung eines Komplementärgutes**

Für den Fall, dass der Preis eines Komplementärgutes steigt, erwarten die Anbieter ein Sinken der Nachfrage des zu betrachtenden Gutes und werden ihr Angebot senken. Im umgekehrten Fall verhält sich das Angebot entgegengesetzt. Beispiel: Steigt der Preis für Kaffee, werden die Anbieter von Filtertüten mit einer sinkenden Nachfrage nach Kaffee rechnen und ihr Angebot an Filtertüten senken.

– **Preisänderung eines indifferenten Gutes**

Verändert sich der Preis eines indifferenten Gutes, so hat dies keine Auswirkung auf das Angebot des zu betrachtenden Gutes: Eine Benzinpreiserhöhung hat keine Veränderung des Angebotes an Staubsaugern zur Folge.

Kosten der Produktionsfaktoren

Steigen für die Herstellung eines Gutes die Kosten für die Produktionsfaktoren, z. B. Löhne, Zinsen oder Mieten, sin-

DAS ANGEBOT SCHAFFT SICH SEINE NACHFRAGE. GANZ SALOPP GESAGT: WO EIN KRANKENHAUS IST, LIEGT AUCH EIN KRANKER DRIN

—

NORBERT BLÜM

DIE UNSICHERHEIT IN DER BEVÖLKERUNG ÜBER DIE MÖGLICHE VERSEUCHUNG VON RINDFLEISCH MIT DEM BSE-ERREGER FÜHRTE 1994/95 ZU EINEM PREISANSTIEG DER SCHWEINEFLEISCHPREISE

49

ken bei konstantem Preis für das Gut und auch sonst unveränderten Bedingungen die Ertragsaussichten der Anbieter. Einige Anbieter werden dann ihr Produktionsprogramm zu Gunsten von ertragsversprechenderen Produkten ändern, andere Anbieter müssen eventuell die Produktion ganz einstellen. Steigende Kosten der Produktionsfaktoren führen also zu einer Angebotssenkung. Im Falle sinkender Kosten kommt es zu einer Angebotserhöhung.

Ziele der Anbieter
Eine Vielzahl unterschiedlicher Zielsetzungen beeinflussen die unternehmerischen Entscheidungen. Als wesentliches ökonomisches Unternehmensziel wird die **Gewinnmaximierung** angesehen. Daneben spielen aber auch die Erlangung von Marktanteilen oder bestimmte Marketingstrategien eine besondere Rolle.

Stand des technischen Wissens
Eine Verbesserung des Know-how führt zu einer größeren Konkurrenzfähigkeit bzw. zu einem Sinken der Produktionskosten. Aus diesem Grund ist anzunehmen, dass eine technische Verbesserung der Produktion eines Gutes oder des Gutes selbst zu einer Angebotserhöhung führt.

Zahl der Anbieter
Nimmt die Anzahl der Anbieter eines Gutes bei sonst unveränderten Bedingungen zu, steigt auch die zum Kauf angebotene Menge des Gutes.

4.3 Modell der Preisbildung bei vollständiger Konkurrenz

Als Voraussetzung für die Bildung eines Gleichgewichtspreises müssen die Bedingungen der vollständigen Konkurrenz als Marktmodell vorliegen:
1. Auf dem Markt befinden sich unendlich viele Nachfrager und Anbieter mit minimalen Marktanteilen, sodass der einzelne Marktteilnehmer keinen Einfluss auf den Marktpreis besitzt (atomistischer Markt).
2. Es liegt ein vollkommener Markt vor, d. h. auf dem Markt werden homogene Güter angeboten, die Marktteilnehmer haben vollständige Markttransparenz, es existieren weder bei den Nachfragern noch bei den Anbietern bestimmte Präferenzen, die Marktreaktionen finden ohne zeitliche Verzögerungen (*time lags*) statt und alle Marktteilnehmer handeln nach dem ökonomischen Prinzip.

Preismechanismus

Unter den Prämissen der vollkommenen Konkurrenz bildet sich ein Marktpreis, der zum Ausgleich zwischen der angebotenen Menge eines Gutes und der nachgefragten Menge des Gutes führt. Angebot und Nachfrage werden stets in Richtung dieses **Gleichgewichtspreises** gelenkt.

Kurslimit in DM	Kaufoptionen		Verkaufsoptionen	
	Käufer	Stück	Verkäufer	Stück
106	A	90	F	160
107	B	80	G	130
108	C	60	H	100
109	D	40	I	85
	E	155 (billigst)	J	50 (bestens)

Kurs in DM	Gesamtnachfrage in Stück	Gesamtangebot in Stück
106	430 A–E	210 F, J
107	340 B–E	340 F, G, J
108	260 C–E	440 F–H, J
109	200 D–E	525 F–J

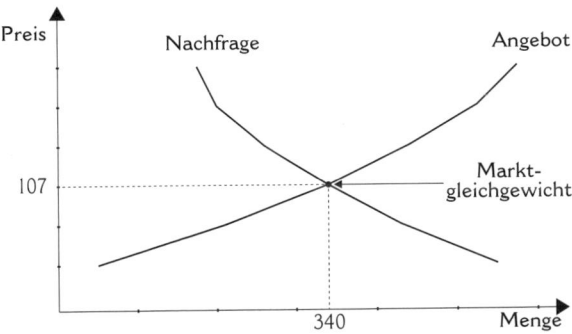

Bei vollständiger Konkurrenz bildet sich durch Angebot und Nachfrage der **Marktpreis**. Bei diesem Gleichgewichtspreis ist das Angebot gleich der Nachfrage. Er liegt im Schnittpunkt zwischen der Angebots- und der Nachfragefunktion und muss bei vollständiger Konkurrenz von allen Marktteilnehmern als Datum hingenommen werden. Der mengenmäßige Umsatz ist beim Gleichgewichtspreis maximal. Die im Marktgleichgewicht umgesetzte Menge eines Gutes wird als Gleichgewichtsmenge bezeichnet.

WER SICH DEM MARKT WIDERSETZT, WIRD VOM MARKT BESTRAFT

—

MARGARET THATCHER

Funktionen des Gleichgewichtspreises

Entscheidungen der Marktsubjekte richten sich im Wesentlichen nach dem Marktpreis. Dabei erfüllt der Gleichgewichtspreis wichtige Funktionen:

1. Lenkungsfunktion (Allokationsfunktion)

Der Preis dient der Verteilung der Produktionsfaktoren auf die einzelnen Wirtschaftsbereiche, da diese dort eingesetzt werden, wo sie am produktivsten bzw. am rentabelsten sind. Ein steigender Preis führt zu zunehmender Produktion und damit zu zusätzlichem Einsatz der Produktionsfaktoren und umgekehrt. Die steigende Rentabilität führt zu steigendem Einkommen, das zum Ausgleich des höheren Preises notwendig ist. So werden z. B. steigende Preise für Schweinefleisch die Landwirte dazu veranlassen, die Produktionsfaktoren verstärkt für die Mast von Schweinen einzusetzen.

2. Markträumungsfunktion (Ausgleichsfunktion)

Der Gleichgewichtspreis führt zu einer Räumung des Marktes. Nicht kaufkräftige Nachfrage oder Nachfrager, die nicht bereit sind, zu diesem Preis zu kaufen sowie nicht konkurrenzfähige Anbieter werden ausgeschaltet. Somit kommt es bei der Preisbildung zu einem Ausgleich der gegensätzlichen Interessen von Anbietern und Nachfragern. Zum Gleichgewichtspreis wird die gesamte angebotene Menge eines Gutes abgesetzt und die gesamte Nachfrage befriedigt. Beispiel: Auf dem Devisenmarkt bildet sich ein Kurs, bei dem alle Anbieter, die bereit sind, zu diesem Kurs ihre Devisen anzubieten, ihre Devisen verkaufen können und alle Nachfrager, die zu diesem Kurs Devisen kaufen wollen, diese auch erhalten.

3. Signalfunktion

Der Gleichgewichtspreis signalisiert die Knappheit eines Gutes. Veränderungen der Nachfrage führen zu Preiserhöhungen, die den Anbietern zeigt, dass das Angebot zu gering ist, oder sie führen zu Preissenkungen, welche ein zu hohes Angebot kennzeichnen. Die Unternehmen werden ihre Ausbringungsmenge anpassen. Beispiel: Plötzlich gestiegene Preise für Microchips waren darauf zurückzuführen, dass das Chemiewerk des führenden japanischen Herstellers von Epoxylharz abgebrannt war. Die Marktverknappung führte kurzfristig zu einer Verdreifachung des Marktpreises.

Marktungleichgewichte

Stimmen Angebot und Nachfrage zu einem bestimmten Preis nicht überein, liegt ein Marktungleichgewicht vor.

Auf dem Markt mit vollständiger Konkurrenz führt dies sehr rasch zu einem neuen Geichgewichtspreis, der Angebot und Nachfrage wieder aneinander anpasst.

1. Angebotsüberhang (Käufermarkt)

Wenn das Angebot größer ist als die Nachfrage, werden bei vollständiger Konkurrenz die Anbieter den Preis solange senken, bis ein neuer Gleichgewichtspreis entstanden ist: Bei einem Kurs von 108,– DM kommt es im obigen Beispiel zu einem Angebotüberhang von 180 Stück.

2. Nachfrageüberhang (Verkäufermarkt)

Ist das Angebot geringer als die Nachfrage, finden solange Preiserhöhungen statt, bis ein neues Gleichgewicht entsteht. Beispiel: Bei einem Kurs von 106,– DM entsteht ein Nachfrageüberhang von 220 Stück.

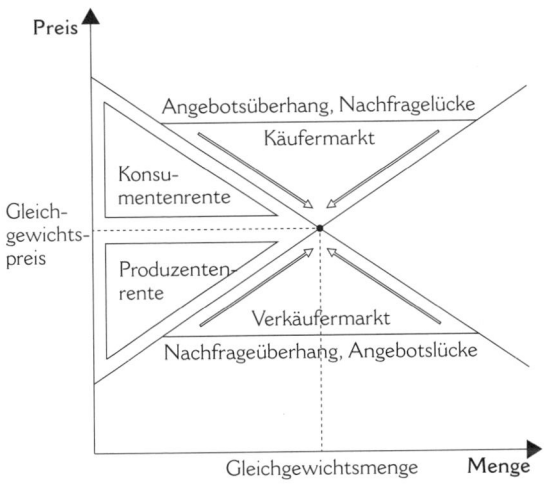

DIE ERDÖLPRODUKTION IST VON 3150 MIO. TONNEN IN 1991 AUF RUND 3475 MIO. TONNEN IN 1997 GESTIEGEN. DER PREIS IST IM SELBEN ZEITRAUM VON ÜBER 40 US-DOLLAR PRO BARREL AUF 14,02 US-DOLLAR GESUNKEN. AUF DEM MARKT FÜR ROHSTAHL HAT DIE ÜBERPRODUKTION EBENFALLS ZUM PREISVERFALL GEFÜHRT.

Konsumentenrente

Die Differenz zwischen dem Betrag, den ein Nachfrager zahlen will und dem tatsächlichen Marktpreis, multipliziert mit der Menge, ist die Konsumentenrente.

Grenznachfrager

Grenznachfrager ist derjenige, dessen Konsumentenrente gleich Null ist. Der Betrag, den dieser Nachfrager höchstens zu zahlen bereit ist, entspricht dem Marktpreis. Eine noch so geringfügige Erhöhung des Marktpreises hätte ein Ausscheiden dieses Nachfragers zur Folge.

Produzentenrente

Anbieter, deren geplanter Preis unter dem Marktpreis liegt, erzielen eine Produzentenrente in Höhe der Differenz zwi-

53

schen dem niedrigsten Preis, zu dem dieser Anbieter noch anbieten würde und dem Marktpreis multipliziert mit der angebotenen Menge.

Ein Landwirt ist bereit, 10 Kisten Äpfel zu jeweils DM 40,- anzubieten. Der Marktpreis, zu dem er die Äpfel tatsächlich verkaufen kann, liegt jedoch bei DM 50,-. Seine Produzentenrente beträgt somit DM 100,-

Grenzanbieter

Grenzanbieter ist der Anbieter, der zum Marktpreis gerade noch anbietet, da seine Gesamtkosten soeben noch gedeckt sind. Seine Produzentenrente ist gleich Null. Bei einer noch so geringen Preissenkung würde er als Anbieter ausscheiden.

Veränderungen des Gleichgewichtpreises

Durch die ständigen Veränderungen der Einflussfaktoren des Angebotes bzw. der Nachfrage kommt es zu Anpassungsprozessen. In der Folge ergibt sich ein neues Marktgleichgewicht, dessen Gleichgewichtspreis über oder unter dem ursprünglichen Preis liegen kann. Eine Erhöhung des Marktpreises ist Resultat einer Angebotssenkung, einer Nachfrageerhöhung oder einer Situation, in der die Nachfrageerhöhung größer ist als die Angebotserhöhung. In allen diesen Fällen entsteht ein Nachfrageüberhang beim ursprünglichen Gleichgewichtspreis, sodass sich ein neuer Gleichgewichtspreis bildet, der über dem ursprünglichen Preis liegt.

Erhöhung des Marktpreises	
Angebotserhöhung (A0 → A1)	Nachfragesenkung (N0 → N1)
– Preis eines Substitutionsgutes sinkt	– Preis eines Substitutionsgutes steigt
– Preis eines Komplementärgutes steigt	– Preis eines Komplementärgutes sinkt
– Kosten der Produktionsfaktoren steigen	– Einkommen der Haushalte steigt
– Veränderung der Unternehmensziele mit angebot-senkender Wirkung, z. B. Reduzierung der Vertriebswege	– Nutzeneinschätzung gegenüber dem Gut steigt
	– Zukunftserwartungen der Nachfrager sind positiv
– Zahl der Anbieter sinkt	– Zahl der Nachfrager steigt

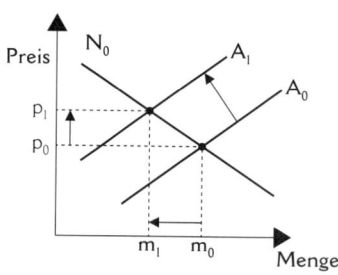

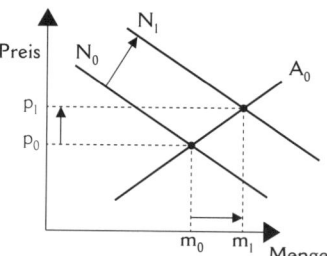

Ein Angebotsüberhang löst einen Anpassungsprozess aus, der zu einem geringeren Marktpreis führt. Dieses Marktungleichgewicht ist die Folge einer Angebotserhöhung, einer Nachfragesenkung oder einer Situation, in der eine Angebotserhöhung stärker ist als die Nachfrageerhöhung.

Verringerung des Marktpreises	
Angebotserhöhung (A0 → A1)	Nachfragesenkung (N0 → N1)
– Preis eines Substitutionsgutes steigt – Preis eines Komplementärgutes sinkt – Kosten der Produktionsfaktoren sinken – Veränderung der Unternehmensziele mit angebotserhöhender Wirkung – Stand des technischen Wissens steigt – Zahl der Anbieter steigt	– Preis eines Substitutionsgutes sinkt – Preis eines Komplementärgutes steigt – Einkommen der Haushalte sinkt – Nutzeneinschätzung gegenüber dem Gut sinkt – Zukunftserwartungen der Nachfrager verschlechtern sich – Zahl der Nachfrager sinkt

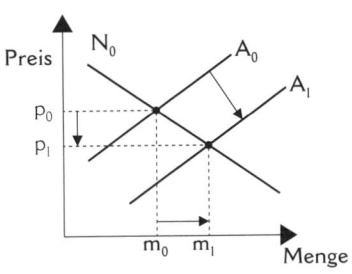 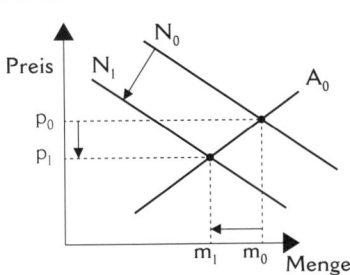

Spinnwebtheorem (Cobweb-Theorem)

Das Spinnwebtheorem beschreibt den Anpassungsprozess an ein neues Gleichgewicht nach einer Nachfrageveränderung unter Berücksichtigung einer zeitlichen Verzögerung durch das Angebot. Das Angebot reagiert hierbei kurzfristig unelastisch, da eine Erhöhung der Produktion Zeit erfordert bzw. bereits produzierte Mengen eines Gutes zunächst auf dem Markt verbleiben. Ursache für die zeitlichen Verzögerungen ist die Tatsache, dass sich das Angebot nach den Preisen der Vorperiode richtet, während sich die Nachfrage nach den aktuellen Preisen richtet. Somit kommt es bei einer Verschiebung der Nachfragefunktion laufend zu wechselnden Preis- und anschließenden Mengenreaktionen.

Ist das Angebot elastischer als die Nachfrage, d. h. die Steigung der Angebotskurve ist größer als die Steigung der Nachfragekurve, so ergibt sich langfristig nach einigen Anpassungsreaktionen ein neues Gleichgewicht (**implodierendes Modell**). Dieser Sachverhalt wurde für den Schweinemarkt festgestellt (**Schweinezyklus**).

DA TREIBT'S IHN, DEN KÖSTLICHEN PREIS ZU ERWERBEN, UND STÜRZT HINUNTER AUF LEBEN UND STERBEN

—

FRIEDRICH SCHILLER

4.4 Realität der Preisbildung auf dem unvoll-
kommenen Markt

Ein unvollkommener Markt liegt vor, wenn eine oder mehrere Bedingungen des vollkommenen Marktes nicht gegeben sind. Dies trifft für nahezu alle realen Märkte zu.

Ursache hierfür ist, dass Anbieter insbesondere auf Käufermärkten auf Grund ihres Marketings diese Bedingungen zerstören, um sich gegenüber den Mitbewerbern behaupten und eine autonome Preispolitik betreiben zu können. Folgende Übersicht verdeutlicht die Unterschiede:

Vollkommener Markt	Unvollkommener Markt
Homogenität der Güter	Anbieter schaffen durch Veränderungen (Produkt-differenzierung) heterogene Güter, die die Bedürfnisse der Abnehmergruppen gezielter befriedigen sollen. Unterstützt wird dies durch geeignete Werbemaßnahmen.
Fehlen von Präferenzen	Anbieter schaffen bewußt persönliche und sachliche Präferenzen durch den Einbau von Markenartikeln, durch räumliche und zeitliche Präferenzen oder durch ihre Vertriebspolitik.
Vollständige Markt-transparenz	Aufgrund der Größe der realen Märkte, der Anzahl der verschiedenen Produktvarianten, der technisch komplizierten Produkte und der fehlenden Informationszeit ist eine vollständige Markttransparenz für Anbieter und Nachfrager nicht erreichbar.
Fehlen von Time-Lags (zeitlichen Verzögerungen)	Reale Märkte sind i.d.R. keine Punktmärkte. d. h. Angebot und Nachfrage fallen zeitlich und räumlich auseinander. Die Produktionsfaktoren sind nicht mobil genug, um ohne zeitliche Verzögerung auf der Angebotsseite auf Marktveränderungen zu reagieren. Außerdem lassen sich Güter nicht oder unzureichend substituieren, so daß eine unendlich schnelle Anpassung an geänderte Marktdaten unmöglich ist.

Auf unvollkommenen Märkten bildet sich kein Gleichgewichtspreis, den alle Marktteilnehmer als Datum hinnehmen müssen. Dadurch entfallen in der Regel auch die Funktionen des Gleichgewichtspreises, d. h. die Märkte werden nicht geräumt, die Preise signalisieren nicht unbedingt die Knappheit eines Gutes und zu teure Anbieter werden nicht in jedem Fall ausgeschaltet.

Zur Verringerung der negativen Folgen des unvollkommenen Marktes für die Nachfrager ist es notwendig, die Markttransparenz dieser Marktteilnehmer zu erhöhen.

Preisdifferenzierung

Auf unvollkommenen Märkten können Anbieter ihre Leistungen zu unterschiedlichen Preisen anbieten mit dem Ziel, die Konsumentenrente abzuschöpfen und dadurch ihre Gewinne zu maximieren.

Preisdifferenzierung ist nur auf unvollkommenen Märkten durchführbar, inbesondere die fehlende Markttransparenz und die Existenz von Präferenzen sind dabei bedeutsam. Außerdem muss die Bildung von Marktsegmenten möglich und ökonomisch sinnvoll sein.

1. **Räumliche Preisdifferenzierung:** An unterschiedlichen Orten wird eine Leistung zu unterschiedlichen Preisen angeboten, z. B. bietet ein Autohersteller seine Personenwagen im Ausland günstiger an als im Inland.

2. **Zeitliche Preisdifferenzierung:** Eine Leistung wird zu unterschiedlichen Zeitpunkten zu unterschiedlichen Preisen angeboten. So sind z. B. Telefongespräche mit einer bestimmten Dauer tagsüber teurer als in der Nacht.

3. **Persönliche Preisdifferenzierung:** Bestimmte Personengruppen, z. B. Schüler, Studenten und Rentner, können eine Leistung günstiger beziehen als andere, z. B. bei der Bahn.

4. **Preisdifferenzierung nach Verwendungszweck:** Je nach Verwendungszweck eines Gutes werden unterschiedliche Preise erhoben, z. B. für Heizöl und Diesel.

5. **Preisdifferenzierung nach Käuferschicht:** Die Produkte werden von den Anbietern je nach Käuferschicht zum Teil nur sehr geringfügig verändert, um sie dann zu verschiedenen Preisen anzubieten. So bietet ein Waschpulverhersteller sein Produkt zum bekannten Markennamen wesentlich teurer an als in der „No-Name"-Verpackung.

6. **Preisdifferenzierung nach Absatzmenge:** Je mehr ein Nachfrager zu kaufen bereit ist, desto niedriger wird der Stückpreis eines Gutes, z. B. durch Mengenrabatt.

VERBRAUCHERZENTRALEN UND VERBRAUCHERBERATUNGSSTELLEN, UNABHÄNGIGE WARENTESTS UND DIE VERGABE VON GÜTEZEICHEN SIND MASSNAHMEN, UM DIE MARKTTRANSPARENZ ZU ERHÖHEN UND INSBESONDERE DIE PRODUKTDIFFERENZIERUNG UND DIE WERBEAUSSAGEN DER ANBIETER KRITISCHER BEURTEILEN ZU KÖNNEN.

Marktformen

Auf einem Markt können Anbieter und Nachfrager in unterschiedlicher Anzahl auftreten. Man spricht je nach der zahlenmäßigen Struktur von einer bestimmten Marktform, auf der wir auf Grund der Machtstrukturen ein unterschiedliches Preisverhalten der Marktteilnehmer vorfinden. Die volkswirtschaftlich bedeutsamen Marktformen hat der Ökonom HEINRICH VON STACKELBERG in der folgenden Matrix dargestellt.

Angebot Nachfrage	*atomistisch* *(viele Anbieter)*	*oligopolitisch* *(wenige Anbieter)*	*monopolistisch* *(ein Anbieter)*
atomistisch *(viele Nachfrager)*	Atomistische Konkurrenz *Beispiel:* viele Bäckereien/ viele Konsumenten	Angebotsoligopol *Beispiel:* wenige Benzinanbieter/ viele Autofahrer	Angebotsmonopol *Beispiel:* Deutsche Bahn AG für Bahnfernreisen
oligopolitisch *(wenige Nachfrager)*	Nachfrageoligopol *Beispiel:* wenige Molkereien/ viele Landwirte	Bilaterales Oligopol *Beispiel:* wenige Fluglinien/ wenige Flugzeughersteller	Beschränktes Angebotsmonopol *Beispiel:* Hersteller eines Spezialstoffes/ Chemieunternehmen
monopolistisch *(ein Nachfrager)*	Nachfragemonopol *Beispiel:* Bahn/ viele Anbieter von Bahnschwellen	Beschränktes Nachfragemonopol *Beispiel:* Staat/ wenige Straßenbauunternehmen	Bilaterales Monopol *Beispiel:* Staat/ Hersteller eines Waffensystems

AUF DEM MARKT FÜR HERRENSCHUHE HAT MAN FESTGESTELLT, DASS IN DER PREISKLASSE ZWISCHEN DM 60,– UND DM 100,– DIE NACHFRAGE SEHR UNELASTISCH IST. PREISVERÄNDERUNGEN WIRKEN SICH HIER ALSO KAUM AUF DIE NACHFRAGE AUS.

Preisbildung im unvollkommenen Polypol

Treffen viele Anbieter und viele Nachfrager auf einem unvollkommenen Markt zusammen, so spricht man von einem unvollkommenen Polypol oder von einer unvollkommenen bzw. monopolistischen Konkurrenz. Beispiel: In einer Stadt gibt es viele Frisöre, die einen Haarschnitt zu unterschiedlichen Preisen anbieten.

Auf Grund der fehlenden Markttransparenz der Marktteilnehmer, der Produktdifferenzierung und der Schaffung von Präferenzen durch die Anbieter entstehen Preisklassen, in denen der Polypolist einen gewinnmaximierenden Preis festsetzen kann. Er muss nicht mit größeren Reaktionen der anderen Marktteilnehmer rechnen, insbesondere nicht den Verlust von Käufern befürchten. Da sich der Anbieter hier wie ein Monopolist verhalten kann, spricht man auch vom monopolistischen Absatzbereich.

Diese monopolistische Konkurrenz führt zu höheren Gewinnen, aber auch zu kreativeren Leistungen der Anbieter, da diese versuchen, kurzfristige Monopolstellungen und Monopolgewinne zu erlangen.

Preisbildung im unvollkommenen Oligopol

Das unvollkommene Oligopol ist eine durch Unternehmenskonzentration verursachte Marktform, bei der wenige Anbieter auf viele Nachfrager in einem unvollkommenen Markt treffen. Beispiele dafür sind der Waschpulver-, Automobil-, Zigaretten-, Computer- und Kaffeemarkt.

Ein Oligopolist muss bei seinen absatzpolitischen Maßnahmen mit der Reaktion der Nachfrager und der anderen Anbieter rechnen, da seine Maßnahmen unmittelbar im Absatzbereich der Konkurrenten spürbar werden. Die häufige Folge ist eine relative Starrheit der Preise.

Preisstrategien im Oligopol

Hier sind folgende Preisstrategien der Anbieter denkbar:

1. Ruinöse Konkurrenz

Der Oligopolist kann unter kurzfristigem Verzicht auf das Gewinnmaximierungsziel versuchen, durch Preissenkungen die Marktanteile seiner Konkurrenten zu gewinnen. Die anderen Anbieter werden darauf ihrerseits mit Preissenkungen reagieren müssen. Dies setzt sich solange fort, bis auf Grund der Kostensituation einzelne Oligopolisten vom Markt ausscheiden. Eventuell entsteht eine Monopolstellung, die allerdings bei späteren Preissteigerungen nicht haltbar ist, da der aggressive Oligopolist in der Regel selbst Verluste durch die von ihm eingeleitete Strategie erleidet. Aus diesem Grund ist dieses Verhalten kaum vorzufinden.

2. Preisführerschaft

Häufig meiden Oligopolisten die Kampfsituation und schließen sich einem Preisführer an. Dieser Preisführer erhöht bzw. senkt seinen Preis und die anderen Oligopolisten folgen ihm. Der Preisführer wird von den anderen Anbietern, z. B. auf Grund seiner Größe, seines Managements oder seiner Tradition anerkannt. Gelegentlich findet man auch einen ständigen Wechsel der Preisführerschaft vor, z. B. auf dem Benzinmarkt. Der Konkurrenzkampf wird hierbei auf die Qualitäts-, Service- und Werbepolitik verlagert.

3. Preisabsprachen

Vereinzelt werden die Preis auch vertraglich oder mündlich („Frühstückskartelle") unter den Anbietern abgesprochen. Dies führt zu Kartellen, die als Kollektivmonopol gelten und bis auf wenige Ausnahmen gesetzwidrig sind.

Unvollkommenes Monopol

Treffen auf einem unvollkommenen Markt ein Anbieter und viele Nachfrager aufeinander, so spricht man von einem unvollkommenen Monopol.

Die Preis-Absatz-Funktion des Monopolisten ist gleichzeitig die Gesamtnachfragefunktion. Folglich kann der Monopolist entweder den Preis autonom bestimmen, muss dann aber die Menge, die die Nachfrager zu diesem Preis kaufen wollen, hinnehmen; die Menge bestimmen, die er absetzen will, dann muss er den Preis hinnehmen, zu dem diese Menge nachgefragt wird.

In welchem Umfang und mit welcher Zielsetzung Preis und Menge bestimmt werden, hängt von der Art des Monopols ab.

Monopolarten		
Unterscheidung nach	Formen	Beschreibung
Zielsetzung der Monopole	Gewinnmaximierungsmonopol	Privatwirtschaftliche Unternehmen bestimmen einen Preis, der zum maximalen Gewinn führt.
	Bedarfsdeckungsmonopol	Einrichtungen der öffentlichen Hand streben eine bestmögliche Befriedigung der Bedürfnisse an.
Eigentümer	Privates Monopol	Monopol, bei dem der Anbieter eine privatrechtliches Unternehmen ist.
	Öffentliches Monopol	Bund, Länder und Gemeinden treffen als alleinige Anbieter auf viele Nachfrager.
Entstehung	Natürliches Monopol	Monopol aufgrund des alleinigen Eigentums an Naturschätzen oder aufgrund einer Fähigkeit.
	Gesetzliches Monopol	Monopol entsteht durch das gesetzliche Recht der alleinigen Verwertung von Erfindungen oder künstlerischen Leistungen (z. B. Patentrecht).
	Vertragliches Monopol	Monopol entsteht durch vertraglichen Zusammenschluss mehrerer Anbieter, z. B. beim Kartell.
Zahl der Unternehmen	Einzelmonopol	Als Anbieter eines Gutes existiert nur ein Unternehmer oder eine Person.
	Kollektivmonopol	Mehrere Anbieter treten abgestimmt auf dem Markt auf.

Preisbildung im Gewinnmaximierungsmonopol

In einem Gewinnmaximierungsmonopol wird der Monopolist den Preis so bestimmen, dass er den größtmöglichen Gewinn erzielt. Der Monopolist kann die Erlöse und die Gesamtkosten so gegenüberstellen, dass er die gewinnmaximale Preis-Mengen-Kombination bestimmen kann.

4.5 Staatliche Eingriffe in den Marktmechanismus

Kennzeichen des reinen marktwirtschaftlichen Systems ist, dass sich der Preis eines Gutes frei, d. h. ohne staatliche Eingriffe, durch das Zusammentreffen von Angebot und Nachfrage auf dem Markt bildet. In einer sozialen Marktwirtschaft kann es jedoch notwendig sein, dass der Staat aus einkommens-, gesellschafts- oder sozialpolitischen Gründen in das Marktgeschehen eingreift. Zum einen können derartige Eingriffe zum Einkommensschutz der Anbieter bestimmter Wirtschaftsbereiche bei zu niedrigen Preisen dienen. Andererseits schützt der Staat durch derartige Eingriffe auch die Nachfrager vor zu hohen Preisen, insbesondere bei lebensnotwendigen Gütern, um den Nachfragern die Möglichkeit zu geben, ihren Bedarf an diesen Gütern zu decken. Allgemein muss dabei unterschieden werden, ob es sich um marktkonforme oder um nichtmarktkonforme Staatseingriffe handelt.

Marktkonforme Maßnahmen

Alle Staatseingiffe, die den Preismechanismus des Marktes nicht aufheben, sondern die Marktteilnehmer durch Veränderung der Marktbedingungen in ihrem Verhalten beeinflussen, werden als marktkonform bezeichnet. Bei marktkonformen Interventionen bildet sich also ebenfalls ein Gleichgewichtspreis und alle Funktionen des Gleichgewichtspreises werden erfüllt.

Zum Schutz der Marktteilnehmer kann der Staat marktkonforme Preis- oder Mengenbeeinflussung durchführen.

1. Preisbeeinflussung
Der Staat versucht, die Anbieter über die Kosten oder die Nachfrager über das Einkommen in ihrem Marktverhalten zu beeinflussen.

2. Mengenbeeinflussung
Durch die Veränderung der Angebots- bzw. Nachfragemengen kann der Staat das Marktgeschehen ebenfalls beeinflussen. Als Maßnahmen sind dabei zu nennen:
- Erhöhung der Nachfrage bei zu niedrigem Preis (Anbieterschutz) durch staatliche Käufe und Vorratshaltung
- Erhöhung des Angebotes bei zu hohen Preisen (Nachfragerschutz) durch Verkauf aus staatlichen Beständen
- Eingriffe der Deutschen Bundesbank durch Kauf oder Verkauf von Devisen am Devisenmarkt, um bedrohliche Wechselkursveränderungen zu beheben.

Im Juni 1998 legte die Regulierungsbehörde für Post und Telekommunikation die Gebühren für den dauerhaften Wechsel eines Telefonkunden von der Telekom zu einem anderen Anbieter im sog. Preselection-Verfahren auf eine Einmalzahlung von 28,- DM für 1998, 20,- DM für 1999 und danach mit 10,- DM fest.

Nicht marktkonforme Maßnahmen

Wird der Preismechanismus des Marktes durch staatliche Eingriffe aufgehoben, spricht man von nicht marktkonformen Maßnahmen. Die Folge ist in der Regel, dass auf dem Markt kein Gleichgewicht entsteht und dadurch die Selbststeuerung des Marktes nicht mehr gegeben ist.

Bei nichtmarktkonformen Eingriffen diktiert der Staat dem Markt einen Preis oder eine Menge, die vom Marktgleichgewicht abweicht, um die Anbieter vor zu niedrigen oder die Nachfrager vor zu hohen Preisen zu schützen. Als Preismaßnahmen sind hierbei Höchst-, Mindest- oder Festpreise (Preisstopp) anzusehen. Zu den Mengenmaßnahmen zählen Investitionsverbote, Devisenbewirtschaftung, Export- oder Importverbote sowie Produktionsauflagen.

1. Höchstpreise

Durch den Höchstpreis legt der Staat einen Preis fest, der unterhalb des Gleichgewichtspreises liegt, um die Nachfrager vor zu hohen Preisen zu schützen. Dieser Preis darf von den Anbietern nicht überschritten werden, er ist also eine Preisobergrenze. Anwendung können Höchstpreise dann finden, wenn auf Grund zu hoher Preise, verglichen mit den Einkommen, die Bedarfsdeckung der privaten Haushalte mit lebensnotwendigen Gütern gefährdet ist. Beispiel: Zu hohe Mieten würden bedeuten, dass einkommensschwache Haushalte sich keinen oder nicht ausreichenden Wohnraum leisten könnten. Durch den sozialen Wohnungsbau bindet der Staat hier die Anbieter an eine Höchstmiete je qm Wohnfläche.

Folge des Höchstpreises ist ein Nachfrageüberhang, da der Höchstpreis stets unter dem Gleichgewichtspreis liegt und somit der Preis seine Ausschaltungs- bzw. seine Markträumungsfunktion verliert. Dieser Nachfrageüberhang zwingt den Staat zu einer Mengenregulierung.

Folgende mengenregulierende Maßnahmen sind dabei denkbar:

– Der Staat überlässt dem Markt die Mengenregulierung nach dem Prinzip: „Wer zuerst kommt, mahlt zuerst." Diese Art, den Nachfrageüberhang zu beseitigen, würde zu Warteschlangen und Schwarzmärkten führen und wäre zudem sozial ungerecht, da die sozial Schwachen wie Rentner und Kranke hierbei in aller Regel leer ausgingen. Aus diesem Grund ist diese Art der Mengenregulierung ungeeignet.

– Der Staat überlässt es den Anbietern, die Mengenregulierung vorzunehmen. Dies würde zu einem „Verkauf unter der Hand" führen, d. h. die Gefahr wäre sehr gross, dass die Anbieter bestimmte Personengruppen wie Verwandte und Freunde bevorzugen oder von den Nachfragern bestimmte verdeckte Sonderleistungen verlangen. Somit ist auch diese Mengenregulierung relativ ungeeignet.

– Bei der administrativen Verteilung versucht der Staat durch Bezugsscheine wie Wohnberechtigungsscheine oder mit Hilfe von Wartelisten eine sozial gerechte Verteilung vorzunehmen. Das Problem ist, dass durch diese Maßnahme ein gewaltiger Verwaltungs- und Kontrollapparat und damit enorme Kosten für die Allgemeinheit entstehen. Außerdem besteht die Gefahr, dass durch die zunehmende Bindung von Personal im öffentlichen Dienst „immer mehr Personen immer weniger verteilen".

Eine besondere Form der Höchstpreise zur Bekämpfung einer anhaltend hohen Inflation besteht darin, dass der Staat sämtliche Preise einfriert bzw. unter dem Gleichgewichtspreis festsetzt. Dies ist sehr bedenklich, da es nur die Folge der relativen Knappheit an Gütern bekämpft und nicht die Ursachen. Außerdem umgehen die Anbieter den Preisstopp durch Veränderung der Produkte. Ferner bilden sich Schwarzmärkte, was eine Wirkungslosigkeit dieser Maßnahme zur Folge hat. Aus diesem Grund wird man einen Preisstopp in den westlichen Industrieländern kaum vorfinden.

2. Mindestpreise

Zum Schutz der Anbieter vor zu niedrigen Preisen kann der Staat einen Preis oberhalb des Gleichgewichtspreises festsetzen, d. h. der Mindestpreis entspricht einer Preisuntergrenze, z. B. Märkte für landwirtschaftliche Erzeugnisse.

Auch hier verliert der Preis seine Ausschaltungsfunktion, sodass der Markt nicht geräumt wird und ein Angebotsüberhang entsteht, der den Staat zwingt, die Nachfragelücke zu schließen. Folgende Maßnahmen sind möglich:

– Der Staat begrenzt das Angebot durch Quotierung der Angebotsmenge (Milchquote) oder Zahlung von Prämien für freiwillige Angebotseinschränkung durch die Anbieter (Schlachtprämien). Die Gefahr besteht jedoch darin, dass die Anbieter ihre Überproduktion illegal zu einem niedrigeren Preis verkaufen, was zu einem weiteren Nachfragerückgang auf dem legalen Markt führt, weil ein Teil der Nachfrage bereits befriedigt ist. Einen solchen illegalen Markt bezeichnet man als „grauen Markt".

DURCH DIE FESTSETZUNG VON MINDESTPREISEN FÜR AGRARPRODUKTE BEFANDEN SICH 1992 IN DEN LAGERHALLEN DER EU RUND 41 MIO. T GETREIDE, 400000 T KÄSE UND 30000 T BUTTER. MITTLERWEILE SIND DER KÄSE- UND DER BUTTERBERG NAHEZU ABGEBAUT.

- Der Staat versucht durch Abnahmezwang oder Werbemaßnahmen die Nachfrage zu erhöhen.
- Der Staat kauft die Überschüsse auf und lagert sie ein. Wenn nun keine wesentliche Nachfrageerhöhung eintritt, führt dies dazu, dass der Staat die Überschüsse auf dem heimischen Markt nicht verkaufen kann und „Milchseen", „Butter- und Schweinefleischberge" entstehen. Dies führt zu enormen Kosten, was langfristig bewirkt, dass der Staat die gelagerten Güter vernichtet oder zu einem extrem niedrigen Preis auf dem Weltmarkt verkauft. Dies führt zu einem Verfall des Weltmarktpreises und einem Verdrängen anderer Weltmarktanbieter, worunter insbesondere Entwicklungsländer zu leiden haben. Da der Staat auf jeden Fall mehr Geld für den Erwerb und die Behandlung der Überschussmengen aufbringen muss als er bei Verkauf oder bei Vernichtung einnimmt, spricht man bei Mindestpreisen auch von staatlich subventionierten Preisen.

4.6 Staatliche Wettbewerbspolitik

Um den freien Wettbewerb als grundlegendes Steuerungsprinzip der Marktwirtschaft zu sichern, sind staatliche Maßnahmen notwendig, die als Wettbewerbspolitik bezeichnet werden. Die Wettbewerbspolitik ist wesentlicher Bestandteil der sogenannten **Ordnungspolitik**. d. h. Teil der rechtlich-organistorischen Maßnahmen zur Aufrechterhaltung der Wirtschaftsverfassung. Die drei grundlegenden Elemente der Wettbewerbspolitik sind das Kartellverbot, die Missbrauchsaufsicht über marktbeherschende Unternehmen und die Fusionskontrolle. Als Grundlage dient das **Gesetz gegen Wettbewerbsbeschränkungen (GWB)** von 1957, das 1973 um die Fusionskontrolle über marktbeherschende Unternehmen erweitert wurde. Es wird auch kurz als Kartellgesetz bezeichnet.

Kartellverbot
Das Gesetz gegen Wettbewerbsbeschränkungen erklärt Kartelle grundsätzlich für verboten, weil Kartelle den Wettbewerb zum Nachteil Dritter beschränken.

Als Kartell bezeichnet man alle Vereinbarungen von Unternehmen oder Vereinigungen von Unternehmen, die geeignet sind, die Erzeugung oder den Verkehr von Waren oder gewerblichen Leistungen durch Beschränkungen des Wettbewerbs zu beeinflussen.

Diese Vereinbarungen sind auch verboten, wenn sie nicht schriftlich, sondern mündlich (Frühstückskartelle) oder auf der Grundlage von Treu und Glauben, d. h. auf Basis eines „gentlemen's agreement" getroffen wurden.

Grundsätzlich untersagt sind folgende Kartelle:

- Bei einem **Preiskartell** verpflichten sich Unternehmen eines Produktionszweiges, einheitliche Preise einzuhalten oder Mindestpreise nicht zu unterschreiten.
- Bei einem **Quotenkartell** einigen sich die Mitglieder darauf, den Absatz einheitlich zu organisieren, d. h. die Bestellungen zu sammeln und nach einer Quote zu verteilen.
- Bei einem **Gebietskartell** wird der Wettbewerb der Kartellmitglieder durch Zuteilung bestimmter Verkaufsgebiete außer Kraft gestellt. Ausnahme hierbei sind Energie- und Versorgungsunternehmen.

Im Kartellrecht existieren jedoch einige Ausnahmen, welche Kartelle unter bestimmten Umständen zulassen.

Anmeldekartelle

Anmeldekartelle werden durch ordnungsgemäße Anmeldung beim Kartellamt wirksam. Hierzu gehören:

- **Normen- und Typenkartelle:** Diese Kartelle beinhalten die Festlegung einheitlicher Normen und Typen. Sie sind erlaubt, weil sie der Steigerung der Leistungs- und Wettbewerbsfähigkeit der Industrie und des Handels dienen.
- **Exportkartell ohne Inlandswirkung:** Hierbei handelt es sich um reine Exportkartelle; enthalten sind Vereinbarungen über Absatzquoten, Grundpreise und einzuräumende Konditionen bezüglich einzelner Auslandsmärkte.

Widerspruchskartelle

Widerspruchskartelle werden wirksam, nachdem sie ordnungsgemäß angemeldet wurden und ein Widerspruch nicht stattgefunden hat.

- **Konditionenkartelle:** Sie umfassen die einheitliche Anwendung von Geschäfts-, Lieferungs- und Zahlungsbedingungen. Dies soll die Markttransparenz und dadurch den Wettbewerb fördern.
- **Rabattkartelle:** Es wird die einheitliche Verwendung von Rabatten festgelegt. Diese müssen jedoch leistungsbedingt sein und dürfen nicht diskriminierend wirken oder die Verbraucher schädigen.

ALLE GROSSEN PROBLEME WERDEN ERST LÖSBAR, WENN WIR ERKANNT HABEN, DASS DAS KERNÜBEL MIT EINEM EINZIGEN WORT GEKENNZEICHNET WERDEN KANN: KONZENTRATION

—

WILHELM RÖPKE

NAHEZU ALLE BRANCHEN IM MARKT FÜR LANGLEBIGE GEBRAUCHSGÜTER HABEN SICH AUF EINHEITLICHE GESCHÄFTS- UND LIEFERUNGSBEDINGUNGEN GEEINIGT, DIE DIE KUNDEN VOR DEM KAUF AKZEPTIEREN MÜSSEN.

- **Spezialisierungskartelle:** Ziel ist es, die beteiligten Unternehmen auf eine bestimmte Produktion zu konzentrieren. Der Gesetzgeber geht davon aus, dass der Rationalisierungseffekt größer ist als der Effekt der Wettbewerbsbeschränkung.
- **Kooperationskartelle:** Diese Art des Kartells wird auch Mittelstandskartell genannt, da es sich um die Rationalisierung durch Kooperation kleiner oder mittlerer Betriebe handelt, um die Wettbewerbsfähigkeit zu stärken.

Erlaubniskartelle

Einige Kartelle werden nur nach ausdrücklicher Erlaubnis durch die Kartellbehörde wirksam. Die Erlaubnis soll für maximal 3 Jahre erteilt werden.

- **Strukturkrisenkartelle:** Bei einem nachhaltigen Rückgang der Nachfrage können sich die betroffenen Unternehmen auf einen organisierten Kapazitätsabbau verständigen, wenn ein Gemeinwohlinteresse besteht.
- **Höhere Rationalisierungskartelle:** Zu einer verbesserten Bedürfnisbefriedigung innerhalb der Volkswirtschaft dürfen Unternehmen Vereinbarungen über gemeinsame Rationalisierungsmaßnahmen abschließen, wenn durch diese Rationalisierungen die Leistungsfähigkeit der Unternehmen in technischer, betriebswirtschaftlicher oder organisatorischer Hinsicht gesteigert wird.
- **Exportkartelle mit Inlandswirkung:** Exportkartelle mit Auswirkungen im Inland werden von der Kartellbehörde erlaubt, wenn sie der Chancengleichheit im internationalem Wettbewerb dienen und die Inlandsbeschränkungen im Dienst der Auslandsbeschränkungen stehen.
- **Importkartelle:** Wettbewerbsregelungen unter inländischen Importeuren sind erlaubt, wenn die Importeure nur unwesentlichem oder keinem Wettbewerb ausländischer Anbieter gegenüberstehen.
- **Ministerkartelle:** Kartelle können aus Gründen des Gemeinwohls durch den Wirtschaftsminister erlaubt werden, wenn z. B. ein ganzer Wirtschaftszweig bedroht ist und andere Mittel nicht rechtzeitig ergriffen werden können.

Missbrauchsaufsicht über marktbeherschende Unternehmen

Nach § 22 GWB ist Marktmacht im Gegensatz zu Kartellen grundsätzlich erlaubt. Missbräuchliches Verhalten kann durch das Kartellamt untersagt werden. Deshalb unterliegen marktbeherschende Unternehmen ebenso der Missbrauchsaufsicht wie Anmelde- und Widerspruchskartelle.

Eine **behauptete Marktbeherschung** liegt vor, wenn ein Unternehmen ohne Wettbewerber ist, keinem wesentlichen Wettbewerb ausgesetzt ist, eine überragende Marktstellung besitzt oder eine Unternehmensgruppe auf bestimmten Märkten marktbeherschend ist.

Eine **vermutete Marktbeherrschung** existiert bei folgenden Kriterien:

Zahl der Unternehmen	Mindestumsatz in Mio. DM	Marktanteil in %
1	250	33 1/3
2 oder 3	100	50
4 oder 5	100	66 2/3

Missbräuchliches Verhalten liegt z. B. vor, wenn überhöhte Preise verlangt werden, andere Anbieter durch ruinöse Konkurrenz, Bezugs- oder Vertriebssperren diskriminiert oder erpresst werden.

Fusionskontrolle

Als Fusionen bezeichnet man Zusammenschlüsse von Unternehmen auf gleicher Wirtschaftsstufe (horizontale Fusion), auf unterschiedlichen Produktionsstufen eines Wirtschaftszweiges (vertikale Fusion) oder verschiedener Wirtschaftszweige (Konglomeratfusionen).

Eine vollzogene Fusion ist **anzeigepflichtig,** wenn die beteiligten Unternehmen zusammen im abgelaufenen Geschäftsjahr einen Mindestumsatz von 500 Mio. DM oder mindestens 10.000 Beschäftigte besaßen. Dies gilt auch, wenn durch den Zusammenschluss ein Marktanteil von mindestens 20 % entsteht.

Zu den **anmeldepflichtigen Fusionsvorhaben** gehören Zusammenschlüsse, bei denen eines der Unternehmen im abgelaufenen Geschäftsjahr einen Mindestumsatz von zwei Mrd. DM hatte oder mindestens zwei der Unternehmen jeweils mindestens eine Mrd. DM Umsatz besaßen („Elefantenhochzeit").

Das Bundeskartellamt prüft, ob durch die Fusion eine marktbeherschende Stellung entsteht oder verstärkt wird. Als Ergebnis kann es den Zusammenschluss untersagen, eine Entflechtung prüfen oder bereits vollzogene Zusammenschlüssen zustimmen, wenn die Vorteile überwiegen. Außerdem kann der Bundesminister für Wirtschaft zustimmen, wenn ein Interesse der Allgemeinheit vorliegt oder die gesamtwirtschaftlichen Vorteile überwiegen.

1998 KAM ES ZUR GRÖSSTEN FUSION IN DER WIRTSCHAFTSGESCHICHTE, ALS DAIMLER BENZ UND CHRYSLER ZU EINEM WELTKONZERN MIT 422.000 MITARBEITERN UND 230 MRD. DM UMSATZ VERSCHMOLZEN WURDEN.

II. Schlüsselthemen

Eine richtige Wirtschaftspolitik dient nicht Einzelnen und darf sich nicht zum Nutzen oder Schaden dieser oder jener Wirtschaftskreise auswirken; sie muss vielmehr in wohl abgewogener Entsprechung den Gesamtinteressen des Volkes, d. h. dem Verbraucher dienen.

KONRAD ADENAUER

5. Volkswirtschaftliches Wachstum und Verteilung von Einkommen

Wenn früh am Morgen die Werksirene dröhnt,
Und die Stechuhr beim Stechen lustvoll stöhnt,
In der Montagehalle die Neonsonne strahlt,
Und der Gabelstaplerführer mit der Stapelgabel prahlt,
Ja, dann wird wieder in die Hände gespuckt,
Wir steigern das Bruttosozialprodukt.

...

An Weihnachten liegen alle rum und sagen „puh",
Der Abfalleimer geht schon nicht mehr zu,
Die Gabentische werden immer bunter,
Und am Mittwoch kommt die Müllabfuhr und holt den ganzen Plunder,
Und sagt: „Jetzt wird wieder in die Hände gespuckt,
Wir steigern das Bruttosozialprodukt".

...

(Liedtext der Popgruppe „Geier Sturzflug")

Auch wenn dieser Liedtext ironisch gemeint ist: Moderne Industriegesellschaften streben volkswirtschaftliches Wachstum an. Politiker hört man sagen, dass Wachstum geradezu notwendige Voraussetzung für die Existenz und den Fortbestand der Volkswirtschaften sei.

Kaum jemand, der diesen Song gehört hat, stellt sich die Frage: „Was ist das: Bruttosozialprodukt?" – Viele nehmen den Zusammenhang zwischen Bruttosozialprodukt und Wachstum als gegeben hin. Sieht nicht der überwiegende Teil der Bevölkerung einen unmittelbaren Vorteil darin, durch mehr Produktion den persönlichen Wohlstand zu mehren?

- „Sozialprodukt" ist ein vielschichtiger Begriff. Welche Arten von Sozialprodukt werden unterschieden? Wofür sind diese Unterscheidungen wichtig? Auf welchen Wegen kann das Sozialprodukt berechnet werden?
- Vielfach wird in den Nachrichten auch der Begriff „Volkseinkommen" verwendet? Welcher genaue Zusammenhang besteht zwischen den Begriffen „Sozialprodukt" und „Einkommen"?
- Gerne wird auch der Begriff „Pro-Kopf-Einkommen" verwendet. Wie lässt sich die Verteilung des gesamten Einkommens eines Volkes darstellen und beurteilen?
- Rauchende Schlote und verschmutzte Gewässer sind Nebeneffekte der Produktion. Lässt sich der Wohlstand des Einzelnen oder einer ganzen Nation tatsächlich mit nüchternen Sozialproduktziffern messen?
- Welche kritischen Betrachtungen lassen sich zur herkömmlichen Sozialprodukt-Statistik anstellen? Welche alternativen Berechnungskonzepte werden angeboten?

5.1 Sozialprodukt

Um eine Volkswirtschaft beurteilen zu können, müssen die Geld- und Güterströme des Wirtschaftskreislaufes gemessen werden. Zu diesen messbaren Größen wird u. a. die Arbeitslosenquote, das Preisniveau, die Wechselkurse, der Außenbeitrag und das Sozialprodukt – dem meist eine zentrale Bedeutung begemessen wird und das wahrscheinlich eine der wichtigsten Kennziffern darstellt – gezählt. In der Regel ist heutzutage mit dem Sozialprodukt das **Bruttoinlandsprodukt** (BIP) gemeint. Bis Anfang der 90er-Jahre gingen die westlichen Industrienationen dazu über, das BIP statt des Bruttosozialproduktes (BSP) als zentrale Kennziffer zu verwenden, da es die Kernbereiche wie das Produktions- und Beschäftigungsniveau besser abbildet. Das BIP wird nach dem Inlandskonzept ermittelt, d. h. es umfasst den Wert der im Inland erbrachten Leistungen einer Abrechnungsperiode, z. B. Jahr, Quartal, Monat. Nicht darin enthalten sind die Güter, die als Vorleistungen bei der Produktion verbraucht wurden, unabhängig davon, ob Inländer oder Ausländer daran beteiligt waren.

Das BIP unterscheidet sich vom BSP durch die Differenz der Erwerbs- und Vermögenseinkommen zwischen Inländern und der übrigen Welt.

Das BSP wird definiert als Wert aller Güter- und Dienstleistungen, die in einer Rechnungsperiode mit Hilfe von Produktionsfaktoren produziert wurden, die im Eigentum von Inländern stehen. Dieser Wert spiegelt die wirtschaftliche Tätigkeit der Inländer wieder. Da die Güter- und Dienstleistungen zu Marktpreisen bewertet werden, spricht man vom Bruttosozialprodukt zu Marktpreisen.

Inlandskonzept		Inländerkonzept
Bruttoinlandsprodukt zu Marktpreisen	+ Saldo aus Erwerbs- und Vermögenseinkommen zwischen Inländern und der übrigen Welt	Bruttosozialprodukt zu Marktpreisen
Nettoinlandsprodukt zu Marktpreisen		Nettosozialprodukt zu Marktpreisen
Nettoinlandsprodukt zu Faktorpreisen		Nettosozialprodukt zu Faktorpreisen

Neben diesen beiden Sozialproduktbegriffen gibt es weitere Maßzahlen wie das **Nettosozialprodukt zu Marktpreisen** (NSP zu MP) und das **Nettosozialprodukt zu Faktorpreisen**, auch Volkseinkommen genannt.

Das NSP zu Marktpreisen ist der Wert des Bruttosozialproduktes, vermindert um die Abschreibungen. Es umfasst den Wert der innerhalb einer Volkswirtschaft tatsächlich neu geschaffenen Güter, zu Marktpreisen bewertet. Damit spiegelt das NSP die wirkliche Leistung der Produktion innerhalb einer Wirtschaftperiode einer Volkswirtschaft wider.

Ermittelt werden die verschiedenen Sozialproduktbegriffe mit Hilfe der **volkswirtschaftlichen Gesamtrechnung**. Diese Gesamtrechnung erfasst alle wirtschaftlichen Transaktionen, die in einer Wirtschaftsperiode einer Volkswirtschaft stattfinden. In Deutschland wird sie vom **Statistischen Bundesamt** in Wiesbaden durchgeführt.

Die Erfassung der Transaktionen erfolgt in Deutscher Mark (ab 1999 auch in EURO) nach dem Prinzip der doppelten Buchführung.

In der Gesamtrechnung werden jedem Wirtschaftssektor des Wirtschaftskreislaufes verschiedene Konten zugeordnet, auf denen die Transaktionen verbucht werden. Die Wirtschaftssektoren Unternehmen, Haushalte und Staat besitzen folgende Konten:
- Kontengruppe 1: Produktionskonten
- Kontengruppe 2: Einkommensentstehungskonten
- Kontengruppe 3: Einkommensverteilungskonten
- Kontengruppe 4: Einkommensumverteilungskonten
- Kontengruppe 5: Einkommensverwendungskonten
- Kontengruppe 6: Vermögensänderungskonten
- Kontengruppe 7: Finanzierungskonten

Alle Transaktionen zwischen den inländischen Wirtschaftssubjekten und dem Ausland werden auf dem Konto 8 – übrige Welt (Auslandskonto) – erfasst.

Quellen der volkswirtschaftlichen Gesamtrechnung

Das Statistische Bundesamt nutzt eine Vielzahl von Quellen, um die notwendigen Informationen für die volkswirtschaftliche Gesamtrechnung zu erhalten. Zu den wichtigsten gehören die Einkommens- und Lohnsteuerstatistik, die Umsatzsteuerstatistik, die Einfuhr- und Ausfuhrerklärungen, die Ernteberichterstattung und die Erhebungen und Unterlagen privater und öffentlicher Versicherungsträger sowie der Arbeitsämter. Als Abschlusskonto dient u. a. das Nationale Produktionskonto. Es fasst die Kontengruppen 1 und 2 zusammen und enthält die Werte des Sozialproduktes. Die Berechnung der Sozialproduktbegriffe erfolgt nach dem auf der folgenden Seite abgebildetem Schema.

ZU DEN AUSSENWIRTSCHAFTLICHEN AUFZEICHNUNGEN DES STATISTISCHEN BUNDESAMTES VGL. KAPITEL 9.2 (ZAHLUNGSBILANZ).

Entstehungsrechnung	Verwendungsrechnungen
Bei der Ermittlung der verschiedenen Sozialproduktbegriffe mit Hilfe der Entstehungsrechnung werden zunächst die Werte der Produktionsergebnisse aus sieben verschiedenen Wirtschaftsbereichen erfasst, zu denen Fischerei, Land- und Forstwirtschaft, warenproduzierendes Gewerbe, Handel und Verkehr, Dienstleistungen, Staat und private Haushalte einschließlich privater Organisationen ohne Erwerbszweck gehören. Die Summe ergibt den Bruttoproduktionswert.	Bei der Verwendungsrechnung wird das Bruttosozialprodukt zu Marktpreisen von der Verbrauchsseite her ermittelt, d. h. man geht von der Überlegung aus, daß die produzierten Werte einer bestimmten Verwendung zugeführt wurden. Zu diesem Zweck ermittelt man mit Hilfe der Einkommensverwendungskonten der volkswirtschaftlichen Gesamtrechnung den Wert der Güter- und Dienstleistungen, die zu den einzelnen Wirtschaftssektoren zur endgültigen Verwendung gelangten. Demzufolge ist das Bruttosozialprodukt die Summe aus

Entstehungsrechnung	Verwendungsrechnungen
Bruttoproduktionswert[1]	Privater Verbrauch
– Vorleistungen[2]	+ Staatsverbrauch
+ nichtabzugsfähige Umsatzsteuer	+ Bruttoinvestitionen
+ Einfuhrabgaben	+ Außenbeitrag

= Bruttoinlandsprodukt zu Marktpreisen
– Abschreibungen[3]
= Nettoinlandsprodukt zu Marktpreisen
– Indirekte Steuern[4]
+ Subventionen[5]
= Nettoinlandsprodukt zu Faktorpreisen (Volkseinkommen)

Einkommen aus unselbständiger Tätigkeit (Lohn und Gehalt)	Einkommen aus Unternehmertätigkeit und Vermögen (Mieten, Pachten, Dividenden, Zinsen und Gewinne)

Ansatz der Verteilungsrechnung ist die Summe der bei der Produktion der Güter- und Dienstleistungen innerhalb einer Wirtschaftsperiode entstandenen inländischen Faktoreinkommen.
Verteilungsrechnung

[1] Der Bruttoproduktionswert gibt den Wert der Verkäufe von Gütern und Dienstleistung zuzüglich dem Wert der selbsterstellten Anlagen sowie der Bestandsveränderungen zu Marktpreisen an.

[2] Die Vorleistungen entsprechen dem Wert der während der Wirtschaftsperiode verkauften nicht dauerhaften Produktionsgüter, die im gleichen Zeitraum im Produktionsprozess eingesetzt wurden und dabei untergingen.

[3] Abschreibungen sind Wertminderungen des Vermögens einer Volkswirtschaft, die von den Unternehmen in den Marktpreis einkalkuliert werden.

[4] Indirekte Steuern sind Abgaben an den Staat, die im Marktpreis von Gebrauchs- und Verbrauchsgütern enthalten sind, wie z. B. Mineralölsteuern, Mehrwertsteuer, Tabaksteuer und Biersteuer. Diese Steuern werden somit bei der Verwendung des Einkommens erhoben bzw. geleistet.

[5] Subventionen sind Unterstützungszahlungen des Staates an Unternehmen, denen keine marktwirtschaftliche Gegenleistung entspricht. Subventionen können direkt als Geldzahlungen oder indirekt als Geldwerteleistungen, z. B. in Form von Steuererleichterungen, erfolgen.

Nominales und reales Sozialprodukt

Die Berechnung des Sozialproduktes berücksichtigt zunächst die auf dem Markt jeweils tatsächlich erhobenen Marktpreise. Man erhält damit nominale Werte. Da sich jedoch die Preise im Zeitablauf verändern, kommt es allein dadurch zu Veränderungen des nominalen Sozialproduktes. Will man die tatsächlichen Veränderungen der gesamtwirtschaftlichen Produktion bzw. des Einkommens feststellen, ist es notwendig, die **Preisniveauveränderungen** herauszurechnen. Man spricht dann von realen Werten, die auf Grundlage eines Basisjahres bestimmt werden.

In einer Volkswirtschaft werden 1000 Brote zu DM 4,00 im Jahr 1 und 1050 Brote zu DM 4,40 im Jahr 2 produziert. Dann beträgt das nominale BIP 4000 DM im Jahr 1 und 4620 DM im Jahr 2. Das entspricht einem Anstieg von 15,5 %. Tatsächlich hat diese Volkswirtschaft aber nur 5 % mehr produziert. Das zeigt auch die Veränderung des realen BIP von 4000 DM im Jahr 1 (Basisjahr) auf 4200 DM (bei konstantem Preis von DM 4,00) im Jahr 2.

DAMIT IST DAS PROBLEM VERBUNDEN, DASS MAN ANSTATT MIT EINEM IMMER GLEICH LANGEN ZOLLSTOCK MIT EINEM MASSSTAB AUS GUMMI MISST, DER SICH IN DER HAND VON TAG ZU TAG WEITER AUSDEHNT

—

PAUL A. SAMUELSON, AMERIK. NATIONALÖKONOM

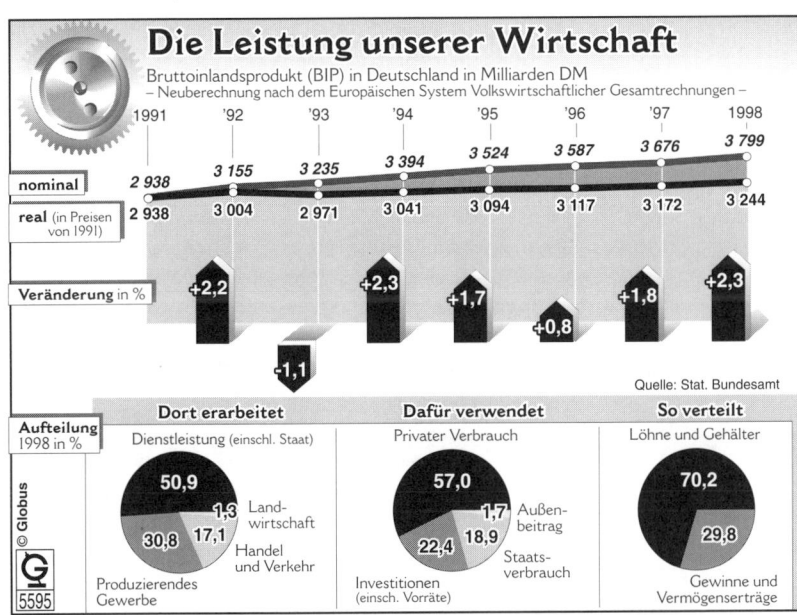

Die Veränderung des BIP bzw. BSP zwischen zwei Perioden wird als **Wachstum** bezeichnet. Dabei unterscheidet man zwischen nominalem und realem Wachstum. Das **nominale Wachstum** ist allerdings unbrauchbar.

Um eine aussagekräftige Kennziffer zu erhalten, wird das **reale Wachstum** ermittelt, indem man die produzierten Güter der Berichtsjahre zunächst mit konstanten Preisen des Basisjahres bewertet, um vergleichbare Daten zu erhalten. Die Veränderungen zwischen zwei Jahren ergeben das reale Wachstum.

Das Wachstum ist eine häufig angewendete Kennziffer, um die wirtschaftliche Leistungsfähigkeit und den Wohlstandszuwachs einer Volkswirtschaft zu beurteilen.

Dabei geht man davon aus, dass bei konstanter Bevölkerungszahl eine Erhöhung des realen Bruttosozialproduktes pro Kopf nicht nur eine Erhöhung der wirtschaftlichen Leistung, sondern auch eine Wohlstandsmehrung bedeutet, da durch den Zuwachs an Sachgütern und Dienstleistungen mehr Bedürfnisse befriedigt werden konnten.

Im Gesetz zur Förderung der Stabilität und des Wachstums wird im §1 ein stetig angemessenes Wirtschaftswachstum als Ziel der Wirtschaftspolitik vorgegeben. Dies soll unter anderem eine Erhöhung der Beschäftigung, die internationale Konkurrenzfähigkeit, den sozialen Frieden und eine gerechtere Einkommens- und Vermögensverteilung ermöglichen. Heute hebt man dabei allerdings nicht mehr auf das quantitative Wachstum des Bruttosozialproduktes ab, vielmehr versucht man es qualititiv, d. h. unter Berücksichtigung der Umweltverträglichkeit zu erhöhen.

Qualitative Wachstumskonzepte betonen neben der mengenmäßigen Erhöhung der Leistung einer Volkswirtschaft auch Umweltaspekte, d. h. man legt auch auf die Art und Weise des Zustandekommens des Wachstums Wert. So soll z. B. die Steigerung des realen Bruttosozialproduktes durch technischen Fortschritt einhergehen mit umwelt-, sozial- und bildungspolitisch motivierten Investitionen.

Es ist bitter, persönlich in einen Autounfall verwickelt zu sein: Krankenhausaufenthalt, persönliches Trauma. Die klassische Sozialproduktstatistik fragt nicht nach persönlichem Leid. Sie registriert nüchtern eine Steigerung des Bruttoinlandsprodukts.

Qualitative Wachstumskonzepte betonen stärker das Minimalprinzip. Das früher angestrebte quantitative Wachstum bedeutet eine rein mengenmäßige Steigerung der Produktion und dadurch Steigerung des realen Bruttosozialproduktes ohne Berücksichtigung der Umweltfaktoren. Qualitative Wachstumskonzepte verfolgen also im Wesentlichen das Maximalprinzip.

5.2 Verteilung von Einkommen

Einkommensverteilung ist die Bezeichnung für die Verteilung des Volkseinkommens auf die Produktionsfaktoren Arbeit, Natur und Kapital (funktionelle Einkommensverteilung) bzw. auf die einzelnen Haushalte (personelle Verteilung).

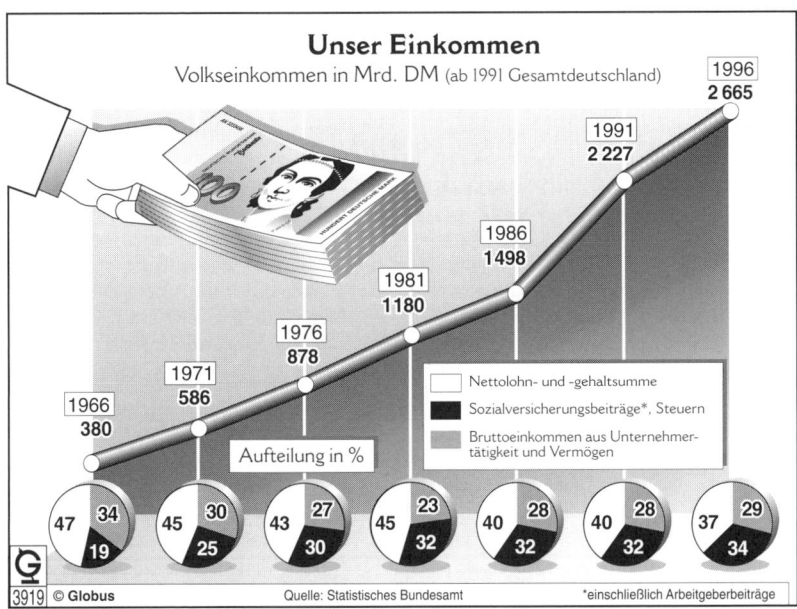

Unser Einkommen
Volkseinkommen in Mrd. DM (ab 1991 Gesamtdeutschland)

1996	2 665
1991	2 227
1986	1498
1981	1180
1976	878
1971	586
1966	380

Aufteilung in %

Nettolohn- und -gehaltsumme
Sozialversicherungsbeiträge*, Steuern
Bruttoeinkommen aus Unternehmertätigkeit und Vermögen

47	34	19
45	30	25
43	27	30
45	23	32
40	28	32
40	28	32
37	29	34

3919 © **Globus**   Quelle: Statistisches Bundesamt   *einschließlich Arbeitgeberbeiträge

Eines der Ziele der Wirtschaftspolitik ist es, eine gerechte Einkommens- und Vermögensverteilung zu gewährleisten. Der Begriff der gerechten Verteilung der Einkommen ist sehr subjektiv. Sie kann jedoch durch folgende Prinzipien verwirklicht werden:
- **Leistungsprinzip:** Das Volkseinkommen ist gerecht verteilt, wenn sich die Einkommenshöhe nach dem Beitrag der eingesetzten Leistung am Sozialprodukt richtet.
- **Bedarfsprinzip:** Das Volkseinkommen ist dann gerecht verteilt, wenn es sich nach dem Bedarf der Wirtschaftssubjekte richtet, also nach sozialen Gesichtspunkten verteilt wird.
- **Gleichheitsprinzip** (Nivellierungsprinzip): Das Volkseinkommen ist dann gerecht verteilt, wenn jedes Wirtschaftssubjekt den gleichen Anteil erhält.

IN DEUTSCHLAND GAB ES NOCH NIE EINE SO SATTGEFÜTTERTE NOT WIE HEUTE

—

ARNOLD VAATZ

In Deutschland vollzieht sich die Einkommensverteilung im Sinne der sozialen Marktwirtschaft nach dem Leistungsprinzip und durch die Umverteilung des Staates nach dem Bedarfsprinzip.

Primärverteilung	
Die primäre Verteilung des Volkseinkommens vollzieht sich über den Markt, d. h. sie richtet sich nach dem Anteil der Leistung am Bruttosozialprodukt.	
Funktionale Einkommensverteilung	**Personelle Einkommensverteilung**
Bei der funktionellen Einkommensverteilung geht man davon aus, welcher Anteil den Produktionsfaktoren jeweils am Volkseinkommen zugekommen ist, unabhängig von den Einkommensbeziehern. Das statistische Bundesamt in Wiesbaden gliedert in diesem Zusammenhang das Volkseinkommen in Einkommen aus unselbstständiger Arbeit (Erwerbseinkommen) und Einkommen aus Unternehmertätigkeit und Vermögen (Vermögenseinkommen).	Die Verteilung des Volkseinkommens auf die einzelnen Haushalte, unabhängig von der Einkommensquelle. Dabei ist zu berücksichtigen, dass der einzelne Haushalt auch mehrere verschiedene Einkommensquellen besitzen kann, z. B. Einkommen aus unselbstständiger Arbeit bzw. selbstständiger Arbeit, aus Vermietung und Verpachtung und aus Kapitalvermögen.

Sekundärverteilung	
Als Sekundärverteilung wird die Umverteilung des Primäreinkommens durch den Staat verstanden. Der Staat greift hierbei korrigierend in die Einkommensverteilung ein, um eine gerechtere Einkommensverteilung zu ermöglichen.	
Ursprüngliches Einkommen	**Abgeleitetes Einkommen**
Das ursprüngliche Einkommen entspricht dem Einkommen der Wirtschaftssubjekte vor der Umverteilung durch den Staat.	Das abgeleitete Einkommen entspricht dem Einkommen der Wirtschaftssubjekte nach der Umverteilung durch den Staat. Weniger Leistungsfähige, die nach dem Leistungsprinzip kein bedarfsgerechtes Einkommen beziehen würden, erhalten vom Staat Transferzahlungen, wie z. B. Renten, Krankengeld, Sozialhilfe, Kindergeld u. a., damit deren physische und kulturelle Existenz sichergestellt wird. Finanziert wird diese Umverteilung durch Steuern und Abgaben an die Sozialversicherungsträger.

Funktionale Einkommensverteilung

Das Volkseinkommen setzt sich gemäß der Verteilungsrechnung zusammen aus Einkommen aus unselbstständiger Tätigkeit (Entlohnung des Produktionsfaktors Arbeit) und Einkommen aus Unternehmertätigkeit und Vermögen (Entlohnung der Produktionsfaktoren Boden und Kapital).

Zur besseren Beurteilung der Verteilung werden die Anteile am Volkseinkommen durch die Lohn- und Gewinnquote ausgedrückt.

Der Anteil der Einkommen aus unselbstständiger Arbeit wird durch die **tatsächliche Lohnquote** ausgedrückt.

$$\frac{\text{Tatsächl.}}{\text{Lohnquote}} = \frac{\text{Einkommen aus unselbstständiger Tätigkeit} \times 100}{\text{Volkseinkommen}}$$

Die **bereinigte Lohnquote** ermittelt den Anteil der Einkommen aus unselbstständiger Arbeit am Volkseinkommen mit einem konstant gehaltenen Anteil der Arbeitnehmer an den Erwerbstätigen. Als Basisjahr wird in Deutschland zur Zeit das Jahr 1970 angewendet.

Bereinigte Lohnquote =

$$\frac{\text{tatsächliche Lohnquote} \times \text{Anteil der Arbeitnehmer (Basisjahr)}}{\text{Anteil der Arbeitnehmer (Berichtsjahr)}}$$

Die bereinigte Lohnquote ist zur Beurteilung der Veränderung der Einkommensverteilungen zwischen den einzelnen Wirtschaftsperioden besser geeignet, da sie Verzerrungen durch Verschiebung der Erwerbsstruktur ausschließt.

Der Anteil der Einkommen aus Unternehmertätigkeit und Vermögen am Volkseinkommen wird als **Gewinnquote** bezeichnet.

Tatsächliche Gewinnquote =

$$\frac{\text{Einkommen aus Unternehmertätigkeit und Vermögen} \times 100}{\text{Volkseinkommen}}$$

UNTER DEM EINKOMMEN AUS UNSELBSTÄNDIGER ARBEIT WERDEN DIE BRUTTOLÖHNE UND -GEHÄLTER DER PRIVATEN HAUSHALTE ZUZÜGLICH DER ARBEITGEBERANTEILE ZUR SOZIALVERSICHERUNG UND DIE SONSTIGEN SOZIALAUFWENDUNGEN DER ARBEITGEBER VERSTANDEN.

UNTER DIE EINKOMMEN AUS UNTERNEHMERTÄTIGKEIT UND VERMÖGEN FALLEN DIE SUMME DER ZINSERTRÄGE, PACHTEN UND MIETEN, DIVIDENDEN SOWIE DIE UNTERNEHMERGEWINNE UND DIE NICHT AUSGESCHÜTTETEN GEWINNE DER UNTERNEHMEN MIT EIGENER RECHTSPERSÖNLICHKEIT.

Jahr	tatsächliche Lohnquote	tatsächliche Gewinnquote
1990	69,6	30,4
1991	72,4	27,6
1992	73,4	26,6
1993	74,1	25,9
1994	72,7	27,3
1995	72,0	28,0
1996	71,1	28,9
1997	69,4	30,6

Personelle Einkommensverteilung

Die **Lorenzkurve** ist eine grafische Darstellung, die die personelle Einkommensverteilung in einer Volkswirtschaft zeigt.

Dabei werden die Einkommensbezieher zunächst nach der Höhe ihres Einkommens geordnet und prozentual, beginnend mit den unteren Einkommensbeziehern, kumuliert (waagerechte Achse). Dann wird ermittelt, wie viel Prozent des Volkseinkommens auf die einzelnen Gruppen entfallen (senkrechte Achse). Durch Eintragung der auf diese Weise ermittelten Koordinaten erhält man die Lorenz-Kurve. Die 45-Grad-Linie gibt die Gleichverteilung wieder, die bestehen würde, wenn alle Haushalte ein gleich hohes Einkommen beziehen würden (**Nivellierungsprinzip**).

Je kleiner die Fläche zwischen der 45-Grad-Linie und der Lorenz-Kurve ist, desto gleichmäßiger ist das Volkseinkommen verteilt.

Die Lorenz-Kurve gibt keinen Aufschluss darüber, auf welchem Niveau die Einkommen sind. So können selbst die unteren Einkommensklassen auf einem verhältnismäßig hohen Niveau sein. Auch aus diesem Grund ist ein internationaler Vergleich auf Basis der Lorenz-Kurve nicht sinnvoll.

Durch die Verteilungspolitik wird versucht, Einfluss auf die Einkommensverteilung und die Vermögensbildung zu nehmen.

Träger der Verteilungspolitik sind neben dem Staat einschließlich der Sozialversicherungsträger auch die Wirtschaftsverbände, also Gewerkschaften und Arbeitgeberverbände, die auf Grund der Tarifautonomie die Grundlage der primären Einkommensverteilung legen.

Als Einkommen wird allgemeinen das auf das Wirtschaftssubjekt oder auf die Volkswirtschaft entfallene Entgelt auf Grund von Arbeitsleistung (Arbeitseinkommen) oder auf Grund von Vermögen (Besitzeinkommen) verstanden.

Für die Volkswirtschaft ist besonders das Einkommen der einzelnen Wirtschaftssektoren von Interesse, um Überlegungen bzgl. der Verwendung zu ermöglichen. Da das Volkseinkommen nicht dem Einkommen entspricht, über das z. B. die privaten Haushalte tatsächlich frei verfügen können, werden Berechnungen durchgeführt, bei denen unterschiedliche Einkommensbegriffe verwendet werden.

– **Privates Einkommen**
  Das private Einkommen entspricht der Bruttoeinkommen der privaten Wirtschaftssubjekte, also der privaten Haushalte einschließlich der privaten Organisationen ohne Erwerbscharakter und der privaten Unternehmen. Aus diesem Grund wird in der Berechnung der Staatsanteil am Volkseinkommen, d. h. die Gewinne der staatlichen Unternehmen, herausgerechnet und die vom Staat an die privaten Wirtschaftssubjekte geleisteten Transferzahlungen hinzuaddiert.

– **Persönliches Einkommen**
  Das persönliche Einkommen enthält die Summe der Bruttoeinkommen der privaten Haushalte. Um es zu errechnen, werden die Anteile der juristischen Personen am Volkseinkommen vom privatem Einkommen subtrahiert.

– **Verfügbares Einkommen**
  Das verfügbare Einkommen enthält allgemein die Summe aller Nettoeinkommen der privaten Haushalte. Es setzt sich zusammen aus der Nettolohn- und -gehaltssumme, den entnommenen Gewinnen und Vermögenseinkommen sowie den netto empfangenen Einkommensübertragungen des Staates. Damit entspricht das verfügbare Einkommen der privaten Haushalte dem Entgelt, über das sie durch ihre Konsum- bzw. Sparentscheidung frei verfügen können. Der prozentuale Anteil des Konsums am Volkseinkommen wird als **Konsumquote** bezeichnet. Die **Sparquote** zeigt den prozentualen Anteil der Ersparnisse am Volkseinkommen.

WIR HABEN UNS ZU
SEHR DARAN
GEWÖHNT, DASS
UNSER WOHLSTAND
UND UNSER EIN-
KOMMEN SELBSTVER-
STÄNDLICH SIND.
DAS IST NICHT
MEHR DER FALL

—

EDZARD REUTER

5.3 Kritik am Wachstum als Wohlstands-indikator

Der volkswirtschaftliche Wohlstand kann als die Ge-samtheit der Nutzen verstanden werden, die in einer Volkswirtschaft von den Wirtschaftssubjekten verwirklicht werden.

Da sich der Nutzen aus dem Grad der Bedürfnisbefriedigung eines Wirtschaftssubjektes durch Konsumtion einer be-stimmten Menge Güter- und Dienstleistungen ergibt, be-deutet eine erhöhte Bereitstellung dieser Menge eine Wohlstandsmehrung. Aus dieser Überlegung resultiert die Nutzung des realen Wachstums als Wohlstandsindikator. Zahlreiche Gründe sprechen jedoch gegen das Wachstum als Kennziffer zur Beurteilung der Entwicklung des Wohl-standes, so wie es zur Zeit ermittelt wird.

1. In die Berechnung des realen Bruttosozialproduktes und damit des realen Wachstums fließen wohlstandsmindernde Leistungen ein und erhöhen das Wachstum, da sie über den Markt gegen Geld abgegeben werden. Zu diesen Leistungen gehören z. B. die *social costs*, d. h. die Kosten, die der All-gemeinheit durch die Beseitigung der Schäden der Umwelt-belastung entstehen. Das Problem ist also, dass das Wachs-tum keine Aussage darüber macht, wie diese Steigerung der wirtschaftlichen Aktivität zu Stande gekommen ist.

2. Zum anderen sind eine Vielzahl wohlstandsmehrender Leistungen nicht in der Berechnung enthalten, da sie nicht über den Markt gegen Geld abgegeben werden. Hierzu ge-hören insbesondere Arbeiten im Haushalt, Nachbarschafts-hilfe und Heimwerkertätigkeiten. Ebenso fehlt auch die Schwarzarbeit, da die Transaktionen nicht offiziell über den Markt laufen und erfasst werden.

3. Wachstum an sich macht keine Aussage über die Vertei-lung der erbrachten Leistungen. So fließt eventuell ein be-achtlicher Teil dieser Leistungen in das Ausland (Export-überschuss). Ferner können auch erhebliche soziale und re-gionale Diskrepanzen bestehen, die dafür sorgen, dass nur ein Teil der Wirtschaftssubjekte in den Genuss eines Nut-zenzuwachses kommt.

4. Langlebige Gebrauchsgüter der privaten Haushalte flie-ßen in der Wirtschaftsperiode, in der sie angeschafft wur-den, in vollem Umfang in die Berechnung ein, obwohl sie über mehrere Perioden Nutzen stiften.

5.4 Alternative Ansätze zur Berechnung des Sozialproduktes

Bereits in den 60er-Jahren begann die Diskussion um alternative Konzepte zur Bewertung des Wohlstandes, weil man erkannte, dass Wachstum nicht mit Wohlstandsmehrung gleichzusetzen ist und das Sozialprodukt, wie im Kapitel 5.3 dargestellt, diesbezüglich einige Schwächen aufweist. Eine Reihe alternativer Wohlstandsindikatoren versucht diese Kritikpunkte durch Korrektur der bestehenden Berechnung zu beseitigen.

New Economic Welfare (NEW)

Eines der ersten alternativen Konzepte zur Berechnung der gesamtwirtschaftlichen Produktion stellt das NEW dar. Im Vergleich zur herkömmlichen Sozialproduktberechnung ist das NEW eine berichtigte Kennziffer zur Messung des Wohlstandes. Zu diesem Zweck werden einige Teilbereiche, die nicht der individuellen Wohlstandsmehrung dienen, aus der bekannten Sozialproduktstatistik herausgerechnet. Hierzu zählen insbesondere die im BIP enthaltenen Kosten für Umweltverschmutzung. Außerdem werden einige Teilbereiche, die zwar wohlstandsmehrend, aber nicht in der Sozialproduktberechnung enthalten sind, hinzugerechnet. Dies sind immaterielle Werte wie der Wert zusätzlicher Freizeit, private Dienste ohne Marktwert, Hausarbeit und schattenwirtschaftliche Aktivitäten.

EIN BILD VOM UMFANG DER NICHT REGISTRIERTEN HEIMWERKERTÄTIGKEIT DER DEUTSCHEN GIBT DIE HOHE ANZAHL DER VORHANDENEN BAUMÄRKTE.

> Bruttosozialprodukt zu Marktpreisen
> − soziale Kosten, z. B. Umweltverschmutzung
> − Ausgaben für staatliche Aufgaben, z. B. Verteidigung
> + private Dienste ohne Marktpreis, z. B. Hausarbeit
> + immaterielle Werte, z. B. verlängerte Freizeit
>
> = Net Economic Welfare (NEW)

Umweltökonomische Gesamtrechnung (UGR)

Um dem zunehmendem Interesse der Öffentlichkeit an der Erfassung der Wechselwirkung von wirtschaftlichem Handeln und Umwelt gerecht zu werden, veröffentlicht das Statistische Bundesamt seit einigen Jahren die Umweltökonomische Gesamtrechnung. In dieser Statistik wird quantifiziert, wie viel Natur bei der Herstellung und beim Konsum von Gütern verbraucht wird. Daneben gibt die UGR auch Auskunft über die Veränderung des Umweltzustandes und über die Maßnahmen zum Schutz der Umwelt.

1993 ENTFIELEN AUF JE 1000 DM BIP 281 KG LUFTSCHADSTOFFE UND 54 KG ABFALL
—
STATISTISCHES BUNDESAMT

Soziale Indikatoren

Von der Vielzahl der Kennziffern zur Messung des Zustandes und der Entwicklung der Lebensqualität sind die Konzepte der OECD zur Bestimmung der Wohlfahrt der Individuen die umfassendsten. Dabei sollen Gesundheit, Bildung, Erwerbstätigkeit und Qualität des Arbeitslebens, Zeitverwendung und Freizeit, ökonomischer Status, physische sowie soziale Umwelt und persönliche Sicherheit berücksichtigt und quantifiziert werden.

DER SOGENANNTE
LEBENSSTANDARD
IST EIN GEFÄNGNIS
OHNE GITTER, VER-
SCHÄRFT DURCH
MASSENHAFT UND
WEICHES LAGER
—
ALBERTO MORAVIA

Ein wesentliches Problem dieser alternativen Berechnungen ist die Bewertung der durchgeführten Korrekturen, da der Umfang und/oder der anzusetzende Preis nur geschätzt werden kann. Wie sollen z. B. die Aufwendungen für die Beseitigung der Umweltbelastungen umfangmäßig bestimmt werden, oder im welchem Umfang und zu welchem Preis sollen Arbeiten im Haushalt berücksichtigt werden? Wie sind die Ausgaben für Verteidigungszwecke zu beurteilen?

Ein amerikanischer Nobelpreisträger für Wirtschaftswissenschaften, der den alternativen Wohlstandsindikator NEW entwickelte, äußerte zu dieser Problematik: „Es ist besser, eine ungenaue Vorstellung von dem zu haben, was wir wollen (NEW), als eine genaue Vorstellung von dem, was wir nicht wollen (derzeitige BSP-Statistik)."

6. Arbeitsproduktivität und Rationalisierung

Verwendet jemand sein Vermögen dazu, Arbeitskräfte zu beschäftigen, wird er sie natürlich so einsetzen, dass sie so viel wie möglich an Arbeit leisten. Er ist daher bestrebt, die Tätigkeiten unter seinen Arbeitern so günstig wie nur möglich aufzuteilen und ihnen die besten Maschinen zur Verfügung zu stellen… Deshalb nimmt in jedem Land die Erwerbstätigkeit nicht nur mit wachsendem Kapitaleinsatz zu, sondern der gleiche Arbeitseinsatz bringt einen höheren Ertrag als Folge erhöhter Kapitalbildung.
(ADAM SMITH, Der Wohlstand der Nationen)

Der bedeutende englischen Nationalökonom Adam Smith hat diesen Text im Jahre 1776 verfasst! Dieses Zitat hat seine Gültigkeit bis heute behalten.

Die Verwirklichung des ökonomischen Prinzips zwingt die Wirtschaftssubjekte, nach der bestmöglichen Kombination der Produktionsfaktoren zu suchen. Selbst in ihrem persönlichen Bereich sind die meisten Menschen bestrebt, die persönliche Produktivität zu erhöhen.

So wird z. B. eine Familie durch den Einsatz diverser Haushaltsmaschinen ihre Leistung pro Arbeitsstunde nennenswert erhöhen können oder – anders ausgedrückt – je eingesetzter Arbeitsstunde eine höhere Leistung erbringen können. Ihr Ertrag besteht dann in einer Erhöhung der Freizeit, die sie zu ihrem persönlichen Vorteil nutzen kann. Der Haushalt strebt damit nach der Maximierung seines Nutzens.

Der Unternehmer dagegen strebt nach der Maximierung seines Gewinns. Um die Arbeitsproduktivität zu erhöhen, muss er rationalisieren. Damit ist gemeint, dass er moderne, d. h. technisch effektivere Maschinen einsetzt, um den Ertrag je Arbeitsstunde zu erhöhen.

Selbst der Staat sieht sich bei seiner Aufgabe, die Kollektivbedürfnisse der Bürger zu befriedigen, in zunehmendem Maße mit der Forderung konfrontiert, die ihm zur Verfügung stehenden Produktionsfaktoren ökonomisch sinnvoll einzusetzen.

Sicherlich lassen sich für alle Produktionsfaktoren Produktivitäten ermitteln und vergleichen. So lässt sich die Bodenproduktivität durch den Einsatz von Dünger oder Genmanipulation der Feldfrüchte erhöhen. Technischer Fortschritt führt zwangsläufig zu einer Erhöhung der Kapitalproduktivität. Allerdings hat nur die extreme Erhöhung der Arbeitsproduktivität in den vergangenen zwei Jahrhunderten zu solchen wirtschaftlichen und sozialen Entwicklungen und Umbrüchen geführt.

- Adam Smith machte seine Beobachtungen über Arbeitsteilung und Produktionsverbesserung vor mehr als 200 Jahren. Welche Veränderungen haben in der Wirtschaftsstruktur Westeuropas seitdem stattgefunden?
- Die Geschichtswissenschaft zeichnet die Veränderungen in der Arbeitswelt und der Wirtschaft auf. Wie lassen sich diese Umwälzungsprozesse volkswirtschaftlich erklären? Durch welche Begleiterscheinungen sind diese Prozesse erst ermöglicht worden?
- Das Zauberwort heißt Rationalisierung. Was verbirgt sich hinter diesem Begriff? Welche Formen der Rationalisierung werden unterschieden?

6.1 Umbrüche: Von der Agrargesellschaft in die Dienstleistungsgesellschaft

Wer den Zusammenhang zwischen Arbeitsproduktivität und Rationalisierung verstehen will, kommt nicht um eine geschichtliche Betrachtung der vergangenen 250 Jahre in der europäischen Wirtschaftsentwicklung herum. In diesem Zeitabschnitt erfolgte der Wandel von der Agrargesellschaft zur Dienstleistungsgesellschaft.

Bis zum Ende des 18. Jh. existierte in Westeuropa eine **Agrargesellschaft**: Die Menschen waren in Dörfern und Siedlungen ansässig. Dies war ihr Lebens- und Arbeitsraum. Seit dem 13. Jh. hatte die Produktion in der Landwirtschaft mit Räderpflug und eiserner Pflugschar ein technisches Niveau erreicht, das sich bis zum Ausgang des 18. Jahrhunderts nicht wesentlich veränderte. Den Ablauf der Arbeit bestimmte die Natur; Arbeitszeiten und Arbeitstempo wurden von den Menschen selbst bestimmt.

Parallel bildete sich in den Städten eine breite Mittelschicht von Handwerkern heraus, die mit ihren verschiedenen Gewerben zum wirtschaftlichen Fortschritt beitrugen. Dennoch wurde von der Masse der Bevölkerung in dieser Zeit der größte Teil des Einkommens für Nahrungsmittel und Kleidung ausgegeben. Etwa 90 Prozent der Menschen lebten im 18. Jahrhundert in und von der Landwirtschaft. Ausnahmen davon waren Regionen wie die Niederlande, die über Häfen und Flotten verfügten und ihren Nahrungsmittelbedarf durch Importe deckten und größere Teile der Bevölkerung in anderen Erwerbszeigen einsetzten.

Vorläufer der **Industriellen Revolution** waren eine Reihe von Erfindungen, die in England gemacht wurden. Ab 1733 führt das „fliegende Weberschiffchen" zu einer Verdopplung der Produktion eines Webstuhls. 1764 wird eine Spinnmaschine erfunden, die mit mehreren Spindeln gleichzeitig arbeitet. JAMES WATT erhält 1769 das Patent für die von ihm gebaute Dampfmaschine. Damit war der Weg frei für die gewerbliche Nutzung der Maschinenkraft. Im Jahre 1771 setzte ein englischer Unternehmer Spinnmaschinen in fortlaufender Reihe auf. Mit diesem Schritt nahm die erste Textilfabrik ihre Arbeit auf. Handwerk und Manufaktur bekamen ab diesem Zeitpunkt eine produktive Konkurrenz. Zwischen 1848 und 1875 wurden, von England ausgehend, in Europa und Nordamerika gewaltige Umwälzungsprozesse in Gang gesetzt, die durch Zahlen nur beispielhaft angedeutet werden können:

1837 waren in Preußen ca. 500 Dampfmaschinen installiert, im Jahre 1875 bereits ca. 30.000.

Während die industrielle Gesamtproduktion in Deutschland zwischen 1780 und 1820 um insgesamt 70 % zunahm, wurde sie von 1820 bis 1860 um annähernd 300 % gesteigert. Das entspricht einer jährlichen Wachstumsrate von 7 %. Die Relation zwischen Produktion und Beschäftigtenzahl, die Arbeitsproduktivität, stieg von 1800 bis 1835 um karge 3 %, in den 35 Jahren danach nahm die Produktivität um 170 % zu!

In unserem Jahrhundert setzte ab 1975 eine weitere „revolutionäre" Veränderung der Industrieproduktion ein: Das Zeitalter der Industrieroboter brach an. Durch diese und andere Rationalisierungsmaßnahmen, die sich natürlich auch auf den Agrarbereich auswirkten, sank die Anzahl der in der Landwirtschaft beschäftigten Personen bis 1997 auf 2,7 %, der im sekundären Sektor Beschäftigten auf 36 %. Der Dienstleistungsbereich beschäftigt dagegen heute nahezu zwei Drittel aller Arbeitnehmer.

In 200 Jahren ist die gesamte Wirtschaftsstruktur auf Grund von nachhaltigen Rationalisierungen und einer geradezu atemberaubenden Steigerung der Produktivität völlig umgekrempelt worden. Das Ergebnis ist die Dienstleistungsgesellschaft heutiger Zeit.

MAN SOLLTE GAR NICHT GLAUBEN, WIE GUT MAN (IM JAHRE 1932) AUCH OHNE DIE ERFINDUNGEN DES JAHRES 2500 AUSKOMMEN KANN

—

KURT TUCHOLSKY

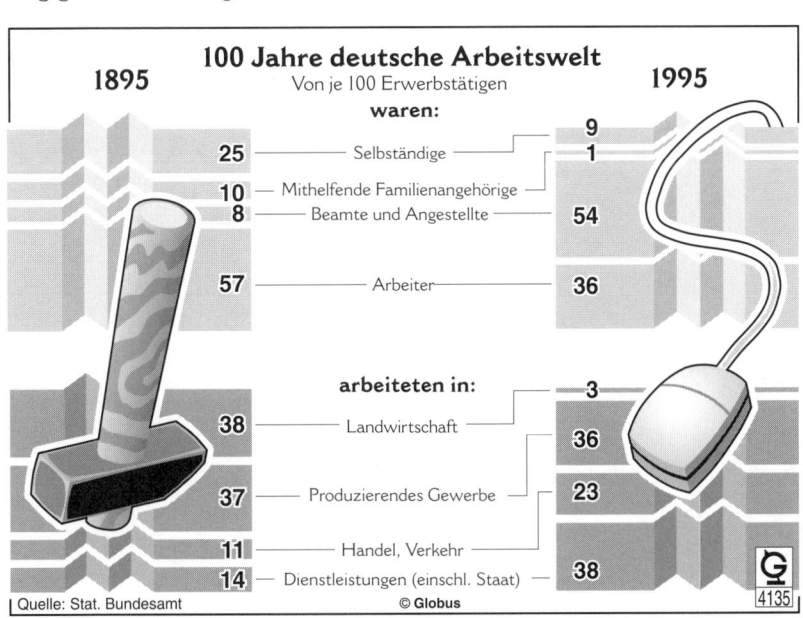

100 Jahre deutsche Arbeitswelt

1895   Von je 100 Erwerbstätigen   **1995**

waren:

1895		1995
25	Selbständige	9
10	Mithelfende Familienangehörige	1
8	Beamte und Angestellte	54
57	Arbeiter	36

arbeiteten in:

1895		1995
38	Landwirtschaft	3
37	Produzierendes Gewerbe	36
11	Handel, Verkehr	23
14	Dienstleistungen (einschl. Staat)	38

Quelle: Stat. Bundesamt   © **Globus**   4135

6.2 Ursachen: Substitution des Produktionsfaktors Arbeit

Der im geschichtlichen Überblick zum Ausdruck gekommene Umwälzungsprozess dokumentiert das Spannungsverhältnis der beiden Produktionsfaktoren Arbeit und Kapital (im Sinne von Realkapital) zueinander. Die beiden Produktionsfaktoren sind substitutierbar, d. h. eine bestimmte Menge des Faktors Arbeit kann durch eine bestimmte Menge des Faktors Kapital ersetzt werden, ohne das Produktionsergebnis zu beeinflussen. Der mengenmäßige Ertrag des Produktionsprozesses bleibt gleich, obwohl das Verhältnis der eingesetzten Produktionsfaktoren zueinander sich geändert hat.

In einer Möbelfabrik kann mit einem höheren Einsatz von Arbeit und einem geringen Einsatz von Kapital (z. B. Handsägen, Handschleifmaschinen) oder mit einem geringen Einsatz an Arbeit und einem hohen Einsatz an Kapital (z. B. halbautomatische Sägen oder Schleifautomaten) die gleiche Leistung erzielt werden.

Technische Betrachtung
Technisch gesehen hat ein Unternehmer mehrere Möglichkeiten, Arbeit und Kapital zu kombinieren:

In der genannten Möbelfabrik wird folgende Matrix der möglichen Faktorkombinationen von Kapital (Säge- und Schleifmaschinen) und Arbeit mit den entsprechenden Ausbringungsmengen an Regalböden pro Stunde ermittelt:

Einheiten Arbeit \ Einheiten Kapital	2	4	6	8
6	30	60	90	120
12	60	120	180	240
18	90	180	270	360
24	120	240	360	480
30	150	300	450	600
36	180	360	540	720

Es fällt auf, dass z. B. die Ausbringungsmenge 180 Stück mit verschiedenen Faktorenkombinationen erstellt werden kann. Gleiches gilt für andere Ausbringungsmengen (z. B. 120, 360).

Wirtschaftliche Betrachtung

Bei substitutierbaren Produktionsfaktoren bestimmt nicht die technische Betrachtung, welche Faktorkombination ausgewählt wird. Vielmehr wird der Unternehmer, wenn er nach dem ökonomischen Prinzip handelt, die Faktorkombination mit den geringsten Kosten wählen. Dabei ersetzt er einen Faktor so lange durch einen anderen, wie ihm dies eine Kostenersparnis bringt. Sobald die Kostenersparnis bei einem Faktor gleich dem Kostenzuwachs durch den anderen Faktor ist, wird der Substitutionsprozess beendet.

Angenommen, in der Möbelfabrik kostet eine Einheit Arbeit pro Stunde 40 DM Lohn einschließlich Lohnnebenkosten und eine Einheit Kapital 200 DM Maschinenkosten, so sind für die Produktion von 180 Stück folgende Kostenkombinationen denkbar:

(36 ME Arb. · 40) + (2 ME Kap. · 200) = 1.840 DM;
(18 ME Arb. · 40) + (4 ME Kap. · 200) = 1.520 DM;
(12 ME Arb. · 40) + (6 ME Kap. · 200) = 1.680 DM.

Der Unternehmer wird nun diejenige Kombination wählen, bei der er die geringsten Gesamtkosten aufwenden muss. Steigen oder sinken nun die Preise für einen Produktionsfaktor, ändert sich die Lage: Der Unternehmer sucht nach einer neuen Kombination.

Gleiches gilt, wenn bei gleich bleibenden Kosten für einen Produktionsfaktor die Ausbringungsmenge erhöht wird, z. B. durch technischen Fortschritt. Bringt z. B. die Maschine eine höhere Stückzahl pro Stunde hervor, ändert sich die oben gezeigte technische Betrachtung in Form einer neuen Leistungstabelle. Wird diese durch die Preise der Faktoren neu bewertet, ergibt sich auch eine neue kostenminimale Situation. Diese weitgehend theoretische Analyse hat in der Realität eine Reihe von praktischen Bezügen.

Arbeitskosten

In den vergangenen 40 Jahren sind die Arbeitskosten je Beschäftigtenstunde in der Bundesrepublik Deutschland ständig gestiegen: zwischen 1960 und 1980 im Durchschnitt um 9,6 % und zwischen 1980 und 1990 im Durchschnitt um 4,5 %. Die höchsten Steigerungen der Arbeitskosten lagen zwischen 1969 und 1974. In dieser Zeit stiegen die Arbeitskosten durchschnittlich um 12,8 %. Diese Steigerungen waren nur möglich, weil dieser Zeitraum durch eine für heutige Begriffe unvorstellbar niedrige Arbeitslosigkeit gekennzeichnet war.

JE WENIGER ZEIT DIE GESELLSCHAFT BEDARF, UM WEIZEN, VIEH ETC. ZU PRODUZIEREN, DESTO MEHR ZEIT GEWINNT SIE ZU ANDERER PRODUKTION, MATERIELLER ODER GEISTIGER

—

KARL MARX

1970 BETRUG DIE ARBEITSLOSIGKEIT 0,7 % BEI EINER ANZAHL AN OFFENEN STELLEN VON CA. 500.000.

Die Arbeitgeber suchten in dieser Zeit händeringend nach Arbeitskräften. Es ist kein Wunder, dass die Gewerkschaften auf Grund dieses Mangels an Erwerbspersonen in der Lage waren, hohe Forderungen gegenüber den Arbeitgebern durchzusetzen. Auf Grund der seit 1975 einsetzenden zunehmend hohen Arbeitslosigkeit gingen die Steigerungsraten der Arbeitskosten je Beschäftigtenstunde kontinuierlich herunter. Betrug diese Steigerungsrate zwischen 1980 und 1990 noch 4,5%, lagen sie in den vergangenen Jahren in Westdeutschland zwischen 5,0 und 1,5%.

Technologie

Unmittelbar nach den hohen Lohnsteigerungen Anfang der 70er-Jahre suchten die Unternehmer nach neuen Wegen. Die neu entwickelten Industrieroboter kamen da wie gerufen. Dabei handelt es sich um computergestützte Maschinensysteme, die Werkstücke handhaben, vorrichten, bearbeiten und sich selbst kontrollieren. Selbstverständlich fand die Computertechnologie auch Eingang in die Büros der Fabriken. Textverarbeitungs-, Buchungs-, Fotosatz- und Abrechnungssysteme erledigten technische und kaufmännische Verwaltungsarbeit wesentlich schneller als der Mensch alleine mit Papier und Stift.

Globalisierung

Auf Grund der in den vergangenen Jahrzehnten zusammenwachsenden Volkswirtschaften stehen den Unternehmern auch noch andere Strategien zur Verfügung: Bei steigenden Arbeitskosten weichen die Unternehmer in andere Länder mit niedrigem Lohnniveau aus, um dort bei geringem Kapitaleinsatz das gleiche Produktionsergebnis zu erzielen wie in Deutschland. Desweiteren eröffnet die Koordinierung weltweit handelnder Unternehmen die Möglichkeit, auf internationaler Ebene zu rationalisieren.

Land	Arbeitskosten je Std. in DM	davon Direkt-entgelte	davon Lohn-zusatzkosten
Deutschland (West)	47,28	25,96	21,32
Dänemark	38,76	31,03	7,73
Irland	22,40	16,04	6,37
Niederlande	35,50	20,13	15,58
Polen	9,84	5,53	4,31
Japan	32,57	19,19	14,38
USA	26,60	19,22	7,38

6.3 Rationalisierung

Rationalisierung ist ein Begriff, der alle Maßnahmen umfasst, die der Verwirklichung des ökonomischen Prinzips bei veränderten Bedingungen dienen. Sie ist zumeist dadurch gekennzeichnet, dass bei einer Veränderung der unternehmerischen Rahmenbedingungen Maßnahmen zur Anpassung an diese Veränderungen geplant und realisiert werden.

Die Arbeitsfelder der Rationalisierung sind vielfältig:

- **Rationalisierung durch Arbeitsteilung** liegt vor, wenn komplexe Tätigkeiten in einfache Handhabungen oder Montagegriffe zerlegt und einzelnen Personen zugewiesen werden (Fließbandfertigung). Diese innerbetriebliche Form der Arbeitsteilung wird Arbeitszerlegung genannt.
- **Rationalisierung durch Organisation** liegt vor, wenn ein Unternehmer seine betrieblichen Arbeitsabläufe vereinfacht, indem er z. B. überflüssige Formulare oder Doppelbearbeitungen abschafft oder wenn er die Zuordnung von Mitarbeitern im Betrieb ändert, um die Arbeitszufriedenheit zu erhöhen, z. B. durch Gruppenarbeit.
- **Rationalisierung der Beschaffung** erfolgt durch die Vereinheitlichung von Einzelteilen oder einfachen Produkten, z. B. durch Normung von Einzelteilen oder Baukastensysteme in der Fertigung.
- **Rationalisierung durch „Outsourcing"** ist eine völlig neuer Entwicklungslinie. Unternehmer lagern bestimmte Tätigkeiten oder Produktionen aus dem eigenen Betrieb aus, um diese als Dienstleistung oder Lieferung von anderen Unternehmen zu kaufen.

Letztlich zielen jedoch nahezu alle Rationalisierungen eines Unternehmers darauf, die Produktivität und die Wirtschaftlichkeit der Produktion zu steigern.

Um die Arbeitnehmer vor den Folgen solcher Veränderungen zu schützen, griffen die Gewerkschaften in den vergangenen 20 Jahren zunehmend zu dem Mittel des Rationalisierungsschutzabkommens. Darunter sind Vereinbarungen in Form von Tarifverträgen zu verstehen, die bezwecken, Arbeitnehmer vor den Folgen technischer und organisatorischer Neuerungen zu schützen, z. B. durch soziale Ausgleichszahlungen oder Arbeitsplatzgarantien. Solche Vereinbarungen sind allerdings umstritten, denn es ist zu bezweifeln, ob Schutzabkommen die zwangsläufige Innovation beschränken oder verhindern können.

UNTER RATIONALISIERUNG VERSTEHEN DIE MEISTEN POSTMINISTER, DASS MAN DIE GEBÜHREN LAUFEND ERHÖHT UND DIE ZUSTELLUNG STÄNDIG VERSCHLECHTERT

—

CYRIL NORTHCOTE PARKINSON

7. Preise und Geldwert

Ein Reisender kommt zum Dorfgastwirt und verlangt ein Zimmer, welches er gleich im Voraus bezahlen will. „Das Zimmer kostet 90 Mark," sagt der Wirt, worauf der Reisende entgegnet: „Im letzten Jahr waren es noch 80 Mark." „Alles wird teurer, und schließlich muss ich auch noch etwas verdienen," meint der Wirt, kassiert einen Hunderter und gibt zehn Mark zurück. Wenig später kauft der Wirt beim Bäcker des Ortes mit dem Hunderter des Reisenden Brot ein. Des Bäckers Tochter hat an diesem Tag Geburtstag und der Bäcker schenkt seiner Tochter eben diesen Hunderter. Die Tochter sucht daraufhin einen Juwelier auf und erwirbt den Ring, den sie sich schon immer gewünscht hat. Der Juwelier gibt den Hunderter seiner Frau, die damit beim Fleischer Wurst und Fleisch kauft. Am Abend läd der Fleischer ein paar Freunde zum Umtrunk beim Dorfgastwirt ein und bezahlt mit dem Hunderter, den ihm die Frau des Juweliers ausgehändigt hat. Als der Gastwirt am nächsten Morgen zur Bank geht, um die Einnahmen des vergangenen Tages einzuzahlen, stellt der Bankier fest, dass es sich bei dem Hunderter um eine Fälschung handelt. Er zieht den falschen Schein ersatzlos ein.

Täglich geben Millionen von Menschen weltweit wertvolle Waren und Dienstleistungen aus der Hand und erhalten dafür nichts anderes als ein bunt bedrucktes Stück Papier oder ein paar Metallstücke ohne wesentlichen Materialwert. Kommt man in ein anderes Land, kann es sein, dass dieses Papier bzw. Metall von den Händlern nicht akzeptiert wird. Zunehmend akzeptieren Verkäufer, dass ihnen eine bunte Plastic-Karte gereicht wird, die sie durch ein Gerät ziehen und dann dem Empfänger der Waren ohne Entgegennahme von Bargeld wieder aushändigen. Längst keine Vision mehr ist der Kauf am Computer via Internet, bei dem per Mausklick Waren bei einem Versandhandel gekauft und bezahlt werden.

Dieses Alltagsgeschehen wirft bei genauem Hinsehen eine Reihe von Fragen auf, die für eine Volkswirtschaft und vor allem für die Weltwirtschaft von erheblicher Bedeutung sind:
- Welche Rolle spielt Geld in einem Wirtschaftskreislauf?
  Welche Erscheinungsformen hat Geld? Welcher Mechanismus sorgt dafür, dass jeder Mensch bereit ist, Geld gegen Güter zu tauschen?
- Wie entsteht Geld? Wie gelangt es in den Wirtschaftskreislauf?
- Wie wird die Relation zwischen Geld und Ware festgesetzt? Wie wird sie gemessen?
- Welche volkswirtschaftlichen Folgen haben Fehlentwicklungen der Relationen zwischen Geld und Gütern?
- Welche Ursachen sind dafür verantwortlich, dass man sich im Ablauf der Zeit für einen bestimmten Geldbetrag nicht mehr die gleiche Menge an Gütern kaufen kann?
- Welche Folgen haben Geldwertveränderungen für die Beteiligten am Wirtschaftskreislauf? Wer profitiert, wer verliert dabei?

7.1 Aufgaben des Geldes und Geldarten

Auf Grund der weit reichenden Arbeitsteilung und der unzähligen Tauschvorgänge wird in den modernen Volkswirtschaften heute Geld verwendet. Wir sprechen von **Geldwirtschaft** im Gegensatz zur **Naturaltauschwirtschaft**, in der Ware gegen Ware getauscht wurde.

 Geld in unserer heutigen Wirtschaft muss insbesondere folgende Eigenschaften besitzen:
- Es muss allgemein anerkannt sein.
- Es muss dauerhaft, übertragbar und teilbar sein.
- Es sollte vor Fälschungen sicher sein.
- Es sollte wertbeständig sein.

GELD HAT
BESTECHENDE
EIGENSCHAFTEN
—
WERNER MITSCH

Als Geld definiert man Güter, insbesondere diejenigen Güter, die speziell für diesen Zweck geschaffen worden sind und die folgenden Funktionen erfüllen:

1. Tauschmittelfunktion: Die grundsätzliche Funktion des Geldes ist es, den Handel von Waren und Dienstleistungen zu dienen, indem es als Zwischengut den Tausch Ware gegen Ware in zwei unabhängige Tauschvorgänge zerlegt. Beispiel: Ein Frisör benötigt eine neue Lieferung Haarwaschmittel. Er bezahlt die Rechnung mit dem Geld, das er für seine Dienstleistung bekommt.

2. Zahlungsmittelfunktion (Wertübertragungsfunktion): Bei allen einseitigen Wertübertragungen, d. h. Wertübertragungen ohne direkte Gegenleistung, erfüllt Geld die Zahlungsmittelfunktion. Hierunter fallen z. B. Steuerzahlungen oder Geldgeschenke. Beispiel: Der Frisör überweist die Kraftfahrzeugsteuer von seinem Konto.

3. Wertmaßstabsfunktion (Rechenmittelfunktion): Geld dient als Wertmesser, d. h. wir können den Wert von Gütern durch Geld ausdrücken und dadurch den Wert der Güter vergleichen. Außerdem ermöglicht die Bewertung in Geldeinheiten Berechnungen mit verschiedenartigsten Leistungen. Beispiel: Der Frisör muss seinen Kunden mitteilen, welche Preise er für seine Arbeit verlangt. Dies tut er mittels einer Preisliste.

4. Wertaufbewahrungsfunktion: Als Wertaufbewahrungsmittel hat Geld die Aufgabe, einen Wert zu speichern, bis es wieder für eine andere Funktion des Geldes verwendet wird. Es ermöglicht also, die Verwendung auf einen beliebigen anderen Zeitpunkt zu verlagern. Beispiel: Der Frisör bringt seine Einnahmen zur Bank. Dort bleibt das Geld so lange, bis er wieder darüber verfügt.

BEMERKENSWERT
IST, DASS IN DER
NACHKRIEGSZEIT BIS
ZUR WÄHRUNGSRE-
FORM 1948 AMERI-
KANISCHE ZIGARET-
TEN ZUM TAUSCH
VON WAREN VER-
WENDET WURDEN.

1996 BETRUG DER
ZUWACHS DER
ERSPARNISSE DER
PRIVATEN HAUS-
HALTE IN DEUTSCH-
LAND DIE SUMME
VON 289,2 MRD.
DM. DIES ENT-
SPRACH EINER SPAR-
QUOTE VON 12,4 %.

Erscheinungsformen des Geldes

Warengeld: Hierbei handelt es sich um Waren, die als Zahlungsmittel die Geldfunktionen übernehmen. Als Warengeld fungierten historisch betrachtet eine Vielzahl verschiedener lagerfähiger Güter wie z. B. Salz, Getreide, Muscheln, Edelsteine und Edelmetalle.

Münzgeld: Dazu zählen Zahlungsmittel in Form kleiner Metallscheiben. Man unterscheidet Münzen bezüglich ihres Metallwertes in Kurant- und Scheidemünzen. Kurantmünzen sind vollwertig geprägte Münzen, d. h. ihr Nennwert ist gleich dem Warenwert bzw. der Metallwert entspricht dem aufgeprägten Betrag in Geldeinheiten. Scheidemünzen sind dagegen Münzen, deren Nennwert höher ist als ihr Warenoder Metallwert. Die Münzen im Umlauf der Bundesrepublik Deutschland sind Scheidemünzen mit Ausnahme der Kupferpfennige.

Papiergeld sind stoffwertlose Banknoten, d. h. auf speziellem Papier mit besonderen Druckverfahren bedruckte Scheine, die von einer staatlichen Institution ausgegeben werden. Papiergeld besitzt keinen oder nur einen minimalen Warenwert.

Buchgeld (Giralgeld): Dazu gehören Sichtguthaben von Nichtbanken bei Banken, über die jederzeit mit Hilfe von Überweisungen, Schecks oder durch Electronic Cash verfügt werden kann. Buchgeld ist kein gesetzliches, aber ein allgemein anerkanntes Zahlungsmittel. Es entsteht durch Einzahlung von Geld eines Bankkunden auf sein Konto oder durch Einräumung eines Kredites durch die Bank. Die Verwendung von Buchgeld nimmt ständig zu.

7.2 Geldmenge und Geldschöpfung

Die Gesamtheit aller in einer Volkswirtschaft vorhandenen Zahlungsmittel wird als Geldmenge bezeichnet. Sie wird allgemein mit dem Buchstaben M (*money*) gekennzeichnet. Zahlungsmittel, die sich im Besitz der Deutschen Bundesbank befinden, zählen nicht zur Geldmenge. Zur exakteren Steuerung der Geldmenge und besseren Bestimmung von Geldmengenzielen wird die Geldmenge M in verschiedene Geldmengenbegriffe unterschieden.
Die Geldmenge M3 ist seit 1989 die Zielgröße der Bundesbank zur Steuerung der Geldmenge.

Erweiterungen der Geldmenge entstehen durch Geldschöpfung, d. h. zum einen durch Schaffung von originärem Geld durch die Deutsche Bundesbank (primäre Geldschöpfung) oder durch Schaffung von derivatem (abgeleiteten) Geld durch die Geschäftsbanken (sekundäre Geldschöpfung).

M1	M2	M3
M1 wird auch als das Geldvolumen im engeren Sinne verstanden. Es beinhaltet den Bargeldumlauf bei Nichtbanken und die Sichteinlagen inländischer Nichtbanken bei den Geschäftsbanken, d. h. täglich fällige Gelder. Es handelt sich hier also um sofort verfügbare Zahlungsmittel der Nichtbanken, die uneingeschränkt zum Tausch verwendet werden können.	M2 setzt sich zusammen aus M1 und Termineinlagen mit einer maximalen Laufzeit von vier Jahren der inländischen Banken bei den Geschäftsbanken. Es wird auch als Geldvolumen im weiteren Sinne bezeichnet. Termineinlagen sind nur zu einer bestimmten Frist fällig und können somit vor Ablauf der Frist nicht als Tausch- bzw. Zahlungsmittel dienen.	M3 erhält man durch Addition der Spareinlagen mit gesetzlicher Kündigungsfrist zur Geldmenge M2. Spareinlagen dienen von ihrem eigentlichen Zweck her der Vermögensbildung und erfüllen daher nicht die Tauschmittel- bzw. Zahlungsmittelfunktion.

Geldmengenumfang			
Jahr	M1 (in Mrd. DM)	M2 (in Mrd. DM)	M3 (in Mrd. DM)
1993	726,3	1319,2	1906,7
1994	764,1	1282,7	1937,0
1995	816,1	1257,7	2007,4
1996	916,9	1315,9	2181,8
1997	938,0	1330,9	2259,7

Primäre Geldschöpfung

Wenn die Bundesbank Geld in Umlauf bringt, spricht man von primärer Geldschöpfung. Diese Erhöhung der Geldmenge geschieht durch Ankauf eines Aktivums (Wechsel, Wertpapier, Aktie, Immobilie, Devisen) durch die Bundesbank, die sie entweder mit Bargeld (Bargeldschöpfung) oder durch Einräumung von Sichtguthaben (Kreditschöpfung) bezahlt.

Die Bundesbank kauft Wertpapiere in Höhe von 1 Mio. DM. Da sie dem Verkäufer, z. B. einer Bank, das Geld aushändigt, ist die umlaufende Geldmenge des Wirtschaftskreislaufes um 1 Mio. DM gestiegen.

Von Geldvernichtung spricht man bei einer Senkung der Geldmenge. Sie entsteht durch Verkauf eines Aktivums durch die Bundesbank, z. B. durch Verkauf von Wertpapieren oder Rückkauf von fälligen Wechseln durch die Geschäftsbanken.

1997 BETRUG DER BARGELDUMLAUF IN DEUTSCHLAND 276,3 MRD. DM. DAVON ENTFIELEN AUF BANKNOTEN 260,7 MRD. DM UND AUF MÜNZEN 15,6 MRD. DM: EIN VERHÄLTNIS, DAS JEDER MIT DEM BLICK IN SEINE PRIVATE GELDBÖRSE NACHVOLLZIEHEN KANN.

Buchgeldschöpfung (Giralgeldschöpfung)

Durch die Buchgeldschöpfung schaffen die Geschäftsbanken zusätzliches Geld in Form von Buchgeld. Die Geldmenge wird ausgeweitet. Diese Erhöhung der Geldmenge entsteht dadurch, dass die Geschäftsbanken Kredite, z. B. Wechselkredite, Hypothekenkredite oder Dispositionskredite vergeben. Voraussetzung für diese Kreditvergaben ist, dass die Geschäftsbanken über eine ausreichende Liquidität verfügen, die sie z. B. durch die Einlagen der Kunden erhalten. Vergebene Kredite gelangen ebenfalls teilweise oder ganz in das Bankensystem als Einlage zurück, z. B. wenn ein Kreditnehmer für die Kreditsumme einen Maschine kauft, und der Verkäufer den Verkaufserlös wiederum bei der Bank einzahlt.

Die Geschäftsbanken sind nicht in der Lage, unbegrenzt die Geldmenge zu erhöhen, denn die Buchgeldschöpfung ist von verschiedenen Faktoren abhängig: vom Rückfluss der vergebenen Kredite in das Bankensystem; von der Höhe ihrer Barreserve, d. h. dem Beitrag, den die Banken als Kassenbestand zurückhalten, um die Bargeldwünsche ihrer Kunden zu befriedigen; von der Höhe des Mindestreserve, d. h. dem Teil der Einlagen, den die Geschäftsbanken zinslos bei der Bundesbank hinterlegen müssen.

Der **Mindestreservesatz** wird von der Europäischen Zentralbank festgelegt. Unter der Annahme, dass die vergebenen Kredite im vollen Umfang in das Bankensystem zurückfließen, kann die Geschäftsbank von einer Einlage nur den um die Barreserve und die Mindestreserve verminderten Betrag, die so genannte Überschussreserve, als Kredit vergeben. Dies setzt sich bei vollem Rückfluss der Kredite solange fort, bis die Überschussreserve gleich Null ist.

Angenommen, ein Kunde A tätigt eine Bareinzahlung in Höhe von DM 10000,- auf sein Konto bei der Bank A. Unter Berücksichtigung eines Barreservesatzes von 15% und eines Mindestreservesatzes von 10% bleibt der Bank eine Überschussreserve von DM 7500,-, die sie einem Kunden in Form eines Kredites zur Verfügung stellt. Dieser bezahlt mit Hilfe des Kredites mittels Scheck einen von ihm gekauften Gebrauchtwagen. Der Händler lässt den Scheck auf seinem Konto bei der Bank B gutschreiben. Nach Abzug der Barreserve und der Mindestreserve verbleibt nun der Bank B eine Überschussreserve von DM 5625,-, die die Bank wiederum als Kredit an einen Kunden vergibt usw… Diese Vorgänge setzen sich so lange fort, bis die Überschussreserve gleich Null ist. Insgesamt sind dann im gesamten Bankensystem DM 30000,- an zusätzlichem Geld in Form von Buchgeld entstanden. Der Multiplikator beträgt in diesem Fall 4 (100:25).

WÄHREND DER THEORETISCHE GELDSCHÖPFUNGS-MULTIPLIKATOR AUFGRUND DER BESTEHENDEN RESERVESÄTZE RELATIV HOCH IST (Z. B. 10 BIS 20), LIEGT ER PRAKTISCH WESENTLICH NIEDRIGER, DA DIE BANKEN AUCH ANDERE VERWENDUNGSFORMEN FÜR EINLAGEN HABEN (Z. B. KAUF VON WERTPAPIEREN UND IMMOBILIEN).

7.3 Geldwert und Preisniveau

⬦ Der Geldwert ist die für eine Geldeinheit käufliche Gütermenge. Er wird auch als Kaufkraft des Geldes bezeichnet.

Da heute verwendetes Geld nur einen geringen bzw. keinen Stoffwert mehr besitzt, ist die Unterscheidung zwischen Nominalwert bzw. Nennwert und dem realem Wert bzw. der Kaufkraft des Geldes von wesentlicher Bedeutung.

Der **Nennwert** des Geldes ist der vom Staat festgesetzte Wert eines Zahlungsmittels, d. h. der auf Münzen oder Banknoten geschriebene Betrag. Der Nennwert gibt jedoch keine Auskunft darüber, wie viel Güter man dafür kaufen kann.

⬦ Die **Kaufkraft des Geldes** gibt Auskunft darüber, welchen Tauschwert das Geld besitzt. Es ist der wertmäßige Ausdruck für die Gütermenge, die man für eine Geldeinheit erwerben kann. Man spricht deshalb in diesem Zusammenhang auch vom „Güterpreis des Geldes". Die Kaufkraft des Geldes bezeichnet den realen Wert des Geldes. Sie ist von der Preisentwicklung der Güter abhängig.

⬤ *Beträgt der Preis für ein Brötchen in einer Bäckerei in einem Jahr 0,20 DM, so erhält ein Käufer für eine Mark fünf Brötchen. Steigt der Preis für ein Brötchen auf 0,25 DM, also um 25 %, so erhält der Käufer für eine Mark nun nicht mehr fünf, sondern vier Brötchen. Die Kaufkraft ist um 20 % auf 80 % gesunken.*

Der **Binnenwert des Geldes** bezeichnet den realen Wert einer Währung in dem Gebiet, in dem es als offizielles Zahlungsmittel anerkannt ist. Er entspricht der Kaufkraft des Geldes im Inland und ist abhängig von der inländischen Preisentwicklung.

Der **Außenwert des Geldes** gibt die Kaufkraft einer Währung im Ausland unter Berücksichtigung der jeweiligen Wechselkurse an.

Geldwertstabilität ist eines der Ziele der Wirtschaftspolitik. Sie gilt als gesichert, wenn mit einem bestimmten Geldbetrag am Ende eines Jahres die gleiche Menge an Gütern gekauft werden kann wie am Anfang des Jahres. Die Kaufkraft hat dann ihren Wert beibehalten bzw. die durchschnittlichen Preise der Güter sind unverändert geblieben.

Das **Preisniveau** kennzeichnet den Durchschnitt aller bedeutenden Güter einer Volkswirtschaft. Das Preisniveau wird durch Indexzahlen angegeben, die auf eine festgelegte Basis bezogen sind.

WÄHREND EIN ARBEITNEHMER 1960 FÜR EIN SCHNITZEL NOCH 157 MIN. ARBEITEN MUSSTE, WANDTE ER DAFÜR 1997 NUR NOCH 37 MIN. ARBEITSZEIT AUF.

EINE PERLE IST MEHR WERT ALS BROT UND DOCH WÜRDE DER HUNGERNDE IHR DAS BROT VORZIEHEN.

—

THOMAS VON AQUIN

Geldwert und Preisniveau stehen im umgekehrten Verhältnis zueinander. Die Kaufkraft des Geldes wird wie folgt berechnet:

$$\text{Kaufkraft} = \frac{100}{\text{Preisniveau}}$$

Steigt das Preisniveau von 100 auf 120, d. h. steigen die Preise durchschnittlich um 20 %, dann sinkt die Kaufkraft um 16 2/3 % auf 83 1/3 %.

Da der Geldwert und damit die Kaufkraft stets in einem umgekehrtem Verhältnis zum Preisniveau steht, kann man allgemein sagen:

– Steigt das Preisniveau, so sinkt der Geldwert. Die Wirtschaftssubjekte können sich für ihr Geld weniger kaufen.
– Sinkt das Preisniveau, so steigt der Geldwert. Die Gütermenge, die die Wirtschaftssubjekte mit einem bestimmten Betrag kaufen können, nimmt zu.

Veränderungen des Preisniveaus bedeuten auch, dass die Einkommensbezieher bei unverändertem Einkommen mehr oder weniger Güter kaufen können. Nominal- und Realeinkommen müssen unterschieden werden.

Das **Nominaleinkommen** ist das in Geld ausgedrückte Einkommen eines Wirtschaftssubjektes oder der Volkswirtschaft, d. h. es ist der DM-Betrag aller Bezüge.

Das **Realeinkommen** ist das Nominaleinkommen unter Berücksichtigung der Kaufkraft, d. h. es entspricht dem Einkommen eines Wirtschaftssubjektes oder der Volkswirtschaft unter dem Aspekt, wie viele Güter man dafür kaufen kann. Es wird wie folgt ermittelt:

$$\text{Realeinkommen} = \frac{\text{Nominallohn} \cdot 100}{\text{Preisniveau}}$$

Ein Arbeitnehmer erhielt zu Beginn des Jahres einen Nettolohn von DM 3600,- DM. Im Oktober des Jahres wird sein Nettolohn auf DM 3800,- angehoben. Im selben Zeitraum stieg das Preisniveau um 3 %.

Die Berechnung ist von Bedeutung, wenn man zwischen der Einkommensentstehungs- und der Einkommensverwendungsseite differenziert. Das Einkommen einer Volkswirtschaft entsteht bei der Güterproduktion durch Entlohnung der Produktionsfaktoren und wird anschließend durch den Staat umverteilt (vgl Kap 5.2). Dieses verteilte Einkommen dient jedoch andererseits dem Kauf der erstellten Güter.

7.4 Bestimmung von Preisniveau-veränderungen

Theoretische Betrachtung

Ein vereinfachter, theoretischer Ansatz, um die Beziehung zwischen der nachfragewirksamen Geldmenge und dem Güterumsatz zu beschreiben, ist die **Verkehrsgleichung des Geldes**. Sie geht zurück auf den amerikanischen Nationalökonom IRVING FISHER. Dieser Ansatz entstammt der Quantitätstheorie, weshalb die Verkehrsgleichung des Geldes auch Quantitätsgleichung genannt wird.

$$H \cdot P = M \cdot U$$

In einer Volkswirtschaft sei das Handelsvolumen gleich 100 ME und das Preisniveau gleich 5. Die Geldmenge betrage 125 GE bei einer Umlaufgeschwindigkeit von 4. Laut Verkehrsgleichung ergibt sich nun: $100 \times 5 = 125 \times 4$.
Steigt in der Volkswirtschaft in der folgenden Wirtschaftsperiode die Gütermenge (20%) stärker als die Geldmenge (10%) bei konstanter Umlaufgeschwindigkeit, dann ergibt sich laut der Verkehrsgleichung: p = 4,58. Das Preisniveau ist also gesunken bzw. die Kaufkraft ist gestiegen.

Das **Handelsvolumen** ist die mengenmäßige Gesamtheit aller Waren- und Dienstleistungen die in einer Wirtschaftsperiode umgesetzt wird. Das **Preisniveau** bezeichnet den Durchschnitt der Marktpreise, die für die Waren- und Dienstleistungen des Handelsvolumens gezahlt wurden. Multipliziert man das Handelsvolumen mit dem Preisniveau, so erhält man den wertmäßigen Ausdruck der volkswirtschaftlichen Güterseite. Beispiel: Ein Bäcker verkauft an einem Tag 200 Brötchen zu einem Preis von 0,30 DM. Das Handelsvolumen zu Marktpreisen bewertet ist in diesem Fall 200 Brötchen · 0,30 DM/Brötchen = 60,- DM.
Zur **Geldmenge** gehört im Zusammenhang mit der Verkehrsgleichung nur nachfragewirksames Geld, denn nur dieses dient zum Kauf der angebotenen Waren- und Dienstleistungen. Zum Kauf können unmittelbar nur Bargeld und Giralgeld dienen.
Die **Umlaufgeschwindigkeit des Geldes** gibt die Häufigkeit an, in der innerhalb einer Wirtschaftsperiode das Geld zum Kauf von Waren und Dienstleistungen verwendet wird. Sie hängt von den Zahlungsgewohnheiten (Löhne, Miete), Kaufgewohnheiten (Weihnachten) und den subjektiven Zukunftserwartungen der Wirtschaftssubjekte ab.

PRODUKTE KAUFT MAN MIT PRODUKTEN, UND DAS ZUM KAUF DIENENDE GELD MUSS SELBST ERST MIT IRGENDEINEM PRODUKT EINGETAUSCHT WERDEN
—
JEAN-BAPTISTE SAY, NATIONALÖKONOM (18. JH.)

WENN EIN 10 DM-SCHEIN IN EINER WIRTSCHAFTSPERIODE 5 MAL ZUM KAUF VON GÜTERN DIENT, GEHT VON IHM EINE KAUFKRAFT VON 50,- DM AUS, DA ER EINE UMLAUFGESCHWINDIGKEIT VON 5 BESITZT.

Preisniveaubestimmung mithilfe des Warenkorbes

Das Statistische Bundesamt in Wiesbaden ermittelt seit 1962 Preisniveauveränderungen der privaten Lebenshaltung mithilfe verschiedener Warenkörbe für vier verschiedene Haushaltstypen:

Haushaltstypen			
	Anzahl der Haushaltsmitglieder	Personenstruktur des Haushaltes	Bruttoeinkommen in 1991
Alle privaten Haushalte	2,3 Personen	1,6 Erwachsene und 0,7 Kinder unter 18 Jahren	
Haushalte von Angestellten und Beamten mit höherem Einkommen	4 Personen	Ehepaar mit 2 Kindern, mindestens 1 Kind unter 15 Jahren	5750 DM bis 7800 DM
Arbeitnehmerhaushalte mit mittlerem Einkommen	4 Personen	Ehepaar mit 2 Kindern, mindestens 1 Kind unter 15 Jahren	3350 DM bis 4900 DM
Haushalte von Renten-/ Sozialhilfeempfängern	2 Personen	Alleinstehendes Ehepaar	1550 DM bis 2200 DM

DIE LEUTE SCHÄTZEN NICHT DAS, WAS SIE UMSONST BEKOMMEN, SONDERN DAS, WAS SIE BILLIG BEKOMMEN

—

DONALD TRUMP

Jeder dieser Warenkörbe enthält die typische Güterkombination, die den Haushaltsgewohnheiten des jeweiligen Haushaltstyps entspricht. Der Warenkorb zur Ermittlung des allgemeinen Preisindex aller Haushalte enthält z. B. 751 Waren- und Dienstleistungen, die in neun Gütergruppen eingeteilt sind. Er entsprach im Basisjahr einem Monatsverbrauch von 3104,53 DM. Diesem Warenkorb liegt als Grundlage eine so genannte Indexfamilie mit 2,3 Personen zu Grunde, darunter 0,7 Kinder unter 18 Jahren. Die Indexfamilie ist der repräsentative Durchschnitt aller Haushalte und existiert nur rein statistisch.

UM FESTZUSTELLEN, WELCHE KONSUMVERÄNDERUNGEN STATTFINDEN, BEFRAGT DAS STATISTISCHE BUNDESAMT LAUFEND ÜBER 58.000 HAUSHALTE BEZÜGLICH IHRER VERBRAUCHSGEWOHNHEITEN.

Damit der Warenkorb tatsächlich den Verbrauchsgewohnheiten der Haushalte entspricht und ein aussagekräftiger Preisindex ermittelt werden kann, muss der Warenkorb jeweils nach einigen Jahren neu zusammengestellt werden. Einige Güter werden dabei ganz aus dem alten Warenkorb entfernt, andere kommen neu hinzu oder werden durch neue ersetzt.

In dem Jahr, in dem ein neuer Warenkorb zusammengestellt wird, erhält man neue Werte für das Basisjahr, das den Preisindex 100 erhält. Als letztes Basisjahr gilt mittlerweile 1995. Die Güterauswahl und das Wägungsschema werden in den Berichtsjahren nicht verändert.

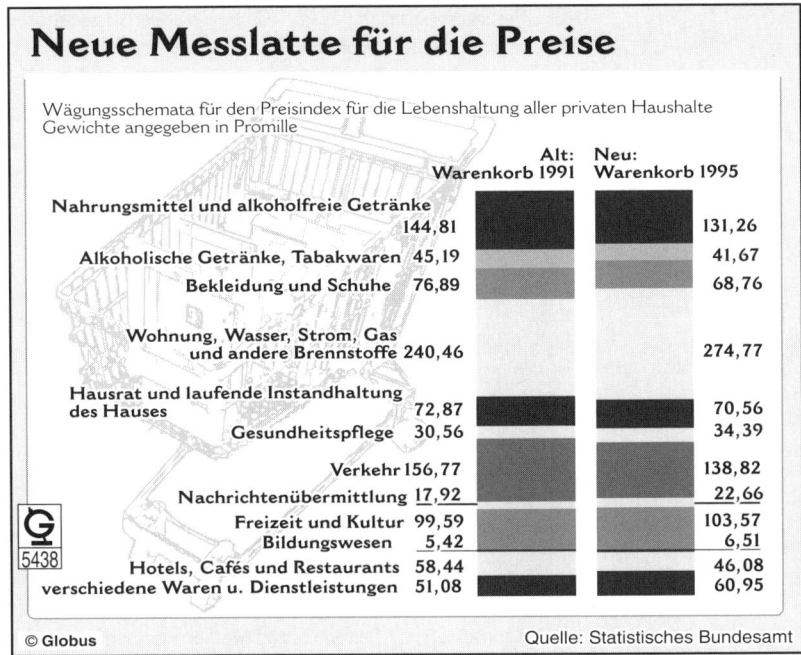

Neue Messlatte für die Preise

Wägungsschemata für den Preisindex für die Lebenshaltung aller privaten Haushalte
Gewichte angegeben in Promille

	Alt:\nWarenkorb 1991	Neu:\nWarenkorb 1995
Nahrungsmittel und alkoholfreie Getränke	144,81	131,26
Alkoholische Getränke, Tabakwaren	45,19	41,67
Bekleidung und Schuhe	76,89	68,76
Wohnung, Wasser, Strom, Gas und andere Brennstoffe	240,46	274,77
Hausrat und laufende Instandhaltung des Hauses	72,87	70,56
Gesundheitspflege	30,56	34,39
Verkehr	156,77	138,82
Nachrichtenübermittlung	17,92	22,66
Freizeit und Kultur	99,59	103,57
Bildungswesen	5,42	6,51
Hotels, Cafés und Restaurants	58,44	46,08
verschiedene Waren u. Dienstleistungen	51,08	60,95

© Globus | Quelle: Statistisches Bundesamt

Beispiel für die Bestimmung einer Preisniveauveränderung:

Waren und Dienstleistungen	Basisjahr			Berichtsjahr	
	Menge pro Jahr (q_0)	Preis in DM/ Einheit (p_0)	Wert des Warenkorbes ($q_0 \times q_0$)	Preis in DM/ Einheit (p_1)	Wert des Warenkorbes ($q_0 \times p_1$)
Butter	78 Pakete	2,00	156,00	1,90	148,20
CD-Player	0,2 Stück	489,00	97,80	398,00	79,60
Brot	104 kg	4,20	436,80	4,50	468,00
Miete	960 m² (80 m² im Monat)	12,50	12000,00	12,80	12288,00
		Summe:	12690,60	Summe:	12983,60

Das Preisniveau des Berichtsjahres lässt sich nun wie folgt berechnen:

$$P = \frac{\text{Wert des Warenkorbes (Berichtsjahr)} \times 100}{\text{Wert des Warenkorbes (Basisjahr)}}$$

$$P = \frac{12.983,60 \text{ DM} \times 100}{12.690,60 \text{ DM}} = 102,31$$

Die Preisniveauveränderung gegenüber dem Basisjahr beträgt also 2,31 %.
Die Kaufkraftveränderung beträgt in diesem Berechnungszeitraum minus 2,26 %.

Der Preisindex wird analog zum Beispiel mit der so genannten **Laspeyres-Indexformel** berechnet. Die so ermittelten Preisindizes werden im Bundesanzeiger, allen größeren Tageszeitungen sowie den periodischen Veröffentlichungen des Statistischen Bundesamtes und der Deutschen Bundesbank ausgewiesen.

| Jahr | Preisindex für die Lebenshaltung aller privaten Haushalte | | Kaufkraftentwicklung | |
	Indexentwicklung	Veränderung gegenüber dem Vorjahr in %	Indexentwicklung	Veränderung gegenüber dem Vorjahr in %
1991	100,0	–	100,00	–
1992	105,1	5,10	95,15	–4,85
1993	109,8	4,47	91,07	–4,28
1994	112,8	2,73	88,65	–2,66
1995	114,8	1,77	87,11	–1,74
1996	116,5	1,48	85,84	–1,46
1997	118,5	1,72	84,39	–1,69

Im Allgemeinen wird jedoch in den Medien nur eine Kennzahl, nämlich die prozentuale Veränderung des Preisindex für die private Lebenshaltung gegenüber dem Vorjahr bekannt gegeben, da dieser Wert u. a. für die Beurteilung der Wirtschaftspolitik und die Tarifauseinandersetzungen bedeutsamer ist.

Der Preisindex für die private Lebenshaltung bzw. die berechneten prozentualen Preisniveauveränderungen werden unter folgenden Aspekten kritisiert:

– Die im Warenkorb enthaltenen Waren und Dienstleistungen sind auf Grund der Schnelllebigkeit unserer heutigen Gesellschaft schnell veraltet und nicht mehr repräsentativ für die Gebrauchsgewohnheiten der Haushalte. Dasselbe gilt für die Wägungsanteile.

– Qualitätsverbesserungen der Waren- und Dienstleistungen bleiben unberücksichtigt.

– Die zugrundegelegten Haushalte entsprechen nur zu einem sehr geringen Teil tatsächlich existierenden Haushalten, da die Haushalte in der Regel bezüglich Personenzahl, Einkommen und den Verbrauchsgewohnheiten vom statistischen Durchschnitt abweichen.

– Die prozentuale Veränderung des Preisniveaus ist nicht identisch mit der prozentualen Veränderung der Kaufkraft des Geldes. Somit spiegelt diese Preisniveauveränderung ein nur ungenaues Bild der Geldwertveränderung wieder.

7.5 Ursachen und Folgen von Geldwert- veränderungen

Der Prozess anhaltender Preisniveauanstiege bzw. das Sinken der Kaufkraft des Geldes wird als **Inflation** bezeichnet. Man kann in diesem Fall auch von einer Überversorgung der Wirtschaft mit Geld sprechen. **Deflation** kennzeichnet den umgekehrten Sachverhalt.

Inflationsarten	
Unterscheidung nach der Erkennbarkeit	Unterscheidung nach dem Umfang und der Geschwindigkeit
Diese Unterscheidung soll deutlich machen, ob eine Inflation für die Wirtschaftssubjekte erkennbar ist oder nicht. ▷ **Offene Inflation** Die Wirtschaftssubjekte können die Preissteigerungen wahrnehmen und so den Kaufkraftverlust des Geldes erkennen. ▷ **Verdeckte (zurückgestaute) Inflation** Die Preise werden durch staatliche Eingriffe in die Preisbildung konstant gehalten. Dies geschieht z. B. durch die Festsetzung von Höchstpreisen oder durch einen allgemeinen Preisstopp. Ohne diese Maßnahmen würden die Preise aufgrund der Marktverhältnisse steigen. Die Inflation ist so zurückgestaut und für die Wirtschaftssubjekte nicht erkennbar. Dabei entstehen häufig Schwarzmärkte, auf denen die Güter illegal zu überhöhten Preisen verkauft werden oder die Qualität der angebotenen Güter sich verschlechtert.	Je nach Höhe der Inflationsraten innerhalb eines bestimmten Zeitraumes werden die folgenden Inflationsarten unterschieden. Die Übergänge dieser Inflationsarten sind jedoch fließend. ▷ **Schleichende Inflation** Diese Inflation ist durch einen geringen Anstieg des Preisniveaus gekennzeichnet. Hierzu wird im allgemeinen ein jährlicher prozentualer Anstieg des Preisniveaus von unter 10 % gerechnet. ▷ **Trabende Inflation** Sie gilt, wenn sich der Preisniveauanstieg schneller vollzieht und im Jahr etwa zwischen 10 % und 50 % liegt. ▷ **Galoppierende Inflation (Hyperinflation)** Diese Art der Inflation ist gegeben, wenn der Preisniveauanstieg über 50 % pro Jahr liegt. In heutigen Volkswirtschaften wurden schon Inflationsraten von 1000 % und mehr gemessen.

Inflatorische Entwicklungen haben sehr unterschiedliche Ursachen. Die verschiedenen Wirtschaftstheorien stellen jedoch je nach Ausrichtung bestimmte Ursachen in den Vordergrund: Während eine Gruppe die Marktveränderungen in Form von Nachfrage- oder Angebotsveränderungen als Ursachen in den Vordergrund stellen, machen andere Wissenschaftler eine falsche Anpassung der Geldmenge an die geänderten Marktsituationen für die Geldwertveränderungen verantwortlich.

DIE TÜRKEI HATTE 1996 EINE INFLATIONSRATE VON 78 %, 1997 VON 73 %.

Nachfragebedingte Inflation

Im Rahmen eines funktionierenden Preismechanismus kann bei einer Zunahme der gesamtwirtschaftlichen Nachfrage und einem gleich bleibenden Angebot ein Nachfragesog entstehen, der die Unternehmer dazu veranlasst, die Preise zu erhöhen. Dies gilt dann nicht, wenn das Angebot vollkommen elastisch ist, z. B. bei hohen Lagerbeständen. Inflatorische Entwicklungen auf Grund steigender Nachfrage sind also nur denkbar, wenn die Unternehmer nicht oder nur sehr langsam auf die steigende Nachfrage reagieren können. Dies ist im Aufschwung bzw. in der Hochkonjunktur der Fall. Desweiteren ist jede Inflation nur möglich, wenn die zusätzliche Nachfrage durch entsprechende Geldschöpfung finanziert wird. Preistreibende Nachfrageerhöhungen können von jedem der vier Wirtschaftssektoren ausgehen:

– **Konsuminflation**
  Die Erhöhung der Gesamtnachfrage geht hierbei von den privaten Haushalten aus, die ihre erhöhte Nachfrage nach Konsumgütern durch Auflösen von Ersparnissen, Abbau von Vermögen oder durch Kreditaufnahme finanzieren, wobei es zu einer zusätzlichen Geldschöpfung kommt.

– **Investitionsinflation**
  Kreditfinanzierte Erhöhung der Unternehmensnachfrage nach Investitionsgütern, die eine zusätzliche Geldschöpfung verursacht, führt ebenfalls zur Inflation. Verursacht werden diese erhöhten Investitionen meist durch technische Neuerungen, Konkurrenzdruck oder optimistische Absatzerwartungen der Unternehmen.

– **Fiskalinflation**
  Aus konjunkturpolitischen Erfordernissen erhöht der Staat seine Nachfrage, die er durch zusätzliche Verschuldung bei der Bundesbank oder durch Ausgabe von Anleihen finanziert. Dies kann sich preistreibend auswirken, sofern damit ebenfalls eine erhöhte Geldschöpfung verbunden ist.

– **Importierte Inflation**
  Wenn bei festen Wechselkursen die Auslandsnachfrage zunimmt, sodass ein Exportüberschuss entsteht, verknappen sich im inländischen Wirtschaftskreislauf die Güter bei gleichzeitiger Erhöhung der Geldmenge durch die Zahlungen aus dem Ausland. Diese Situation tritt insbesondere dann auf, wenn die ausländische Inflation höher ist als die inländische. Bei flexiblen Wechselkursen unterstellt man, dass durch Wechselkursanpassungen die importierte Inflation vermieden wird.

WENN DIE REGIERUNG DAS GELD VERSCHLECHTERT, UM ALLE GLÄUBIGER ZU BETRÜGEN, SO GIBT MAN DIESEM VERFAHREN DEN HÖFLICHEN NAMEN INFLATION

—

GEORGE BERNARD SHAW

Angebotsinflation

Bei der Angebotsinflation werden Unternehmen bei einer Verschlechterung ihrer Kostensituation versuchen, dies über eine Anhebung der Preise auszugleichen, oder sie führen Preiserhöhungen durch, um ihre Gewinnsituation zu verbessern. Das ist insbesondere der Fall, wenn die Unternehmen über die notwendige Marktmacht verfügen, um die Preissteigerungen durchzusetzen, wie z. B. im Angebotsoligopol oder -monopol.

Kosteninflation

Erhöhen sich die Kosten für Unternehmen, so müssen diese mit Preiserhöhungen reagieren, wenn sie keine Gewinneinbußen hinnehmen wollen.

– Die Kosten für Roh-, Hilfs- und Betriebsstoffe, die aus dem Ausland importiert werden müssen, steigen an, da sie durch inländische Erzeugnisse nicht substituiert werden können und auf dem Weltmarkt zu höheren Preisen gehandelt werden.

– Steigen Löhne und Gehälter über den Produktivitätszuwachs hinaus an, werden die Unternehmen versuchen, diese Kostensteigerung auf die Preise abzuwälzen. Das Gleiche gilt für einen Anstieg der Lohnnebenkosten, wie z. B. die Arbeitgeberanteile zur gesetzlichen Kranken- und Rentenversicherung oder der Lohnfortzahlung im Krankheitsfall. Die steigenden Preise sind dann oft Anlass für die Gewerkschaften, ihrerseits in den Tarifverhandlungen höhere Lohn- und Gehaltszuwächse zu fordern (**Lohn-Preis-Spirale**).

Inflationsverursachende Kostenerhöhungen können auch Folge einer höheren Besteuerung der Unternehmen oder Folge höherer Kreditkosten für die Unternehmen sein.

Gewinninflation

Auf oligopolistischen Märkten, die durch ein Parallelverhalten der Anbieter gekennzeichnet sind, oder auf monopolistischen Märkten mit Marktmacht auf der Anbieterseite, werden diese den Preis anheben, wenn es ihre Gewinnsituation verbessert. Dieses Verhalten führt dann zu einer Gewinninflation.

Geldmengenbedingte Inflation

Letztlich, so behaupten die Anhänger dieser Inflationstheorie, ist eine Inflation nur dann möglich, wenn die nachfragewirksame Geldmenge größer ist als das wertmäßige Güterangebot.

INFLATION IST WIE NIKOTIN ODER ALKOHOL. IN KLEINEM MASSE STIMULIEREND, MAN DARF NUR NICHT ZUM KETTENRAUCHER ODER ALKOHOLIKER WERDEN

—

ANDRÉ KOSTOLANY

Diese Annahme lässt sich mit Hilfe der **Quantitätsglei-chung des Geldes** (H × P = M × U) verdeutlichen. Dem-nach ist eine Inflation nur Folge einer falsch angepassten Geldmenge. Es ist also Aufgabe der Geldpolitik, die Geld-menge so zu steuern, dass eine Preisniveauveränderung verhindert wird. Die geldmengenbedingte Inflation wird zu den nachfragebedingten Inflationstheorien gezählt, da sie den Erklärungsansatz in der Geldmenge sucht.

Folgen der Inflation

Benachteiligt werden durch eine Inflation
- Gläubiger von langfristigen Forderungen;
- Sparer und Geldanleger von langfristigen Geldern. Es kommt dann bei hohen Inflationsraten zu einer Flucht in die Sachwerte (z. B. Grundstücke). Die Sparneigung der Haushalte nimmt ab;
- Bezieher von festen Einkommen (z. B. Angestellte, Rent-ner), weil ihre Bezüge erst später angepasst werden.

Außerdem sind bei hohen Inflationsraten die soziale Sicher-heit und Gerechtigkeit sowie der Wohlstand gefährdet.
Begünstigt werden durch eine Inflation
- die Schuldner von langfristigen Schulden;
- der Staat, da er steigende Steuereinnahmen hat und an-dererseits der größte Schuldner ist;
- die Selbstständigen und Unternehmer, da ihr Vermögen meist in Sachwerten angelegt ist. Dies führt zu einer un-gleichmäßigeren Einkommens- und Vermögensteilung.

Allgemein ist man sich jedoch darin einig, dass die Auswir-kungen einer geringen Inflation nicht so gravierend sind, weil die Vorteile durch die geringe Sparneigung und die hohe Nachfrage für den Beschäftigungsstand überwiegen.

Stagflation

Im Zusammenhang mit der Inflation wurde in den westli-chen Industrienationen das Phänomen beobachtet, dass ei-ne Inflation einherging mit einem Stillstand des Wachstums und zunehmender Arbeitslosigkeit. Dieser Sachverhalt wird heute als Stagflation bezeichnet. Zum ersten Mal stellte man dieses Phänomen während der Rezessionen 1957/58

und 1969/70 in den USA fest. Bis dahin kannte man in der Volkswirtschaftslehre nur den Sachverhalt, dass eine Infla-tion einherging mit steigendem Wachstum und einer Zunah-me der Beschäftigung. Die Bezeichnung „englische Krank-heit" entstand, als die Stagflationsmerkmale besonders hef-tig in Großbritannien auftraten. Die Ursachen der Stagfla-tion sind bis heute nicht eindeutig geklärt.

8. Wirtschaftspolitik

Der Familienrat tagt: Es geht darum, die Entscheidung über den möglichen Bau eines Einfamilienhauses herbeizuführen. Die Mutter ist der Meinung, dass es auf Grund der derzeitigen günstigen Zinslage und des Familieneinkommens an der Zeit sei, diesen Schritt zu wagen. Der Vater gibt zu bedenken, ob die Raten auch noch bezahlt werden können, wenn einer von beiden arbeitslos wird. Großmutter weiß aus Erfahrung, dass sich die allgemeine Wirtschaftslage im Zeitablauf immer wieder ändert und unsichere Zeiten anbrechen können. Die Kinder sind überhaupt nicht damit einverstanden, dass man sich künftig einschränken muss. Die Mutter überzeugt schließlich, indem sie darauf hinweist, dass gegenwärtig jeder Hausbau mit hohen steuerlichen Vorteilen verbunden ist und dass Grundstück und Baukosten im Preis nur noch steigen können, was den Bau in einigen Jahren vielleicht sogar unmöglich macht.

Ähnliche Diskussionen über bedeutsame wirtschaftliche Entscheidungen finden in allen Wirtschaftsbereichen statt. Auch Unternehmen müssen bei ihren Investitionsvorhaben sorgfältig abwägen, ob die ökonomischen Risiken durch die wirtschaftlichen Wechsellagen tragbar sind.

Keine Frage – gäbe es keine wirtschaftlichen Schwankungen, könnten alle Wirtschaftssubjekte, Haushalte wie Unternehmer oder Staat wesentlich besser langfristig planen.

Tatsächlich jedoch ist im Zeitablauf immer wieder festzustellen, dass Zinsen steigen und sinken, Unternehmen Arbeitsplätze schaffen oder Mitarbeiter entlassen, Unternehmen volle Auftragsbücher melden und dann wieder über mangelnde Aufträge klagen. Wir lesen, dass die Regierung zuweilen die Steuern erhöht, andererseits Subventionen für Bauvorhaben gewährt, um Arbeitsplätze in der Bauwirtschaft zu sichern.

- Wirtschaftliche Schwankungen gelten als naturgegeben. Aber wie kommt es dazu? Woran werden solche Schwankungen gemessen? Ist das System der Marktwirtschaft aus Sicht der Ökonomen grundsätzlich stabil oder instabil?
- Sind wirtschaftliche Schwankungen regelmäßig und lassen sich demnach vorhersagen?
- Können wirtschaftliche Schwankungen verhindert werden? Welche Mittel kämen dagegen in Frage?
- Können Unternehmen, Arbeitnehmer oder Staat aus solchen Schwankungen einen Nutzen ziehen?
- Aus welchen Gründen und in welchem Umfang soll sich der Staat in das wirtschaftliche Geschehen einmischen, um dieses zu beeinflussen?
- Welchen Einluß auf wirtschaftliche Entwicklungen und Wechsellagen haben wirtschaftspolitische Institutionen und Gremien wie die Börse, die Gewerkschaften, die Arbeitgeberverbände, die Deutsche Zentralbank und die Europäische Zentralbank?

8.1 Konjunktur und Konjunkturtheorien

Marktwirtschaftlich orientierte Volkswirtschaften sind einem ständigen Auf und Ab wirtschaftlicher Aktivitäten unterworfen, die man als Wirtschaftsschwankungen bezeichnet.

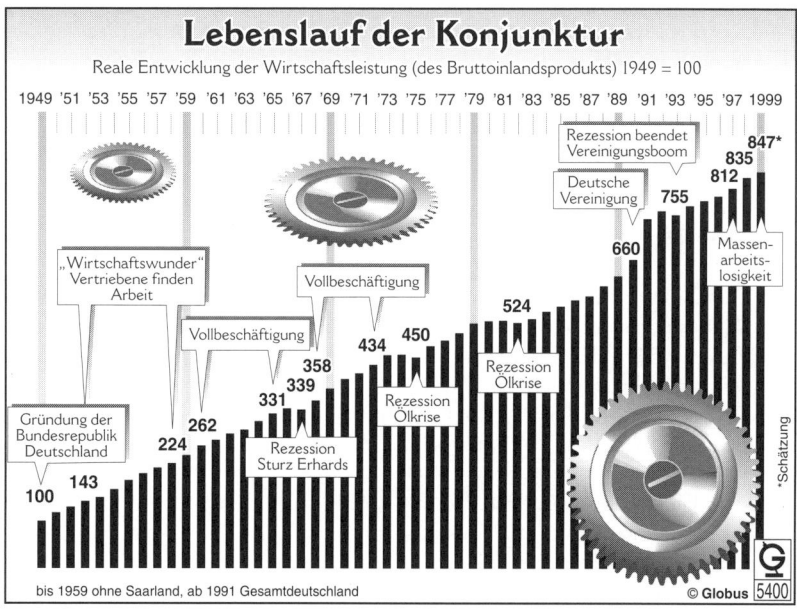

Lebenslauf der Konjunktur

Reale Entwicklung der Wirtschaftsleistung (des Bruttoinlandsprodukts) 1949 = 100

1949 '51 '53 '55 '57 '59 '61 '63 '65 '67 '69 '71 '73 '75 '77 '79 '81 '83 '85 '87 '89 '91 '93 '95 '97 1999

Rezession beendet Vereinigungsboom — 847*

835

Deutsche Vereinigung — 755

812

660

Massenarbeitslosigkeit

„Wirtschaftswunder" Vertriebene finden Arbeit

Vollbeschäftigung

524

Vollbeschäftigung

434 450

358

339

331

Rezession Ölkrise

262

Rezession Ölkrise

Gründung der Bundesrepublik Deutschland

224

Rezession Sturz Erhards

143

100

*Schätzung

bis 1959 ohne Saarland, ab 1991 Gesamtdeutschland

© Globus 5400

Je nach dem Zeitraum, in dem diese Schwankungen betrachtet werden, unterscheidet man folgende Arten:

DERZEIT BEFINDEN WIR UNS IM FÜNFTEN KONDRATIEFF-ZYKLUS. DER WELTWEITE INNOVATIONSPROZESS WIRD MASSGEBLICH VON DER BASISINNOVATION INFORMATIONSTECHNIK UND IHREN ANWENDUNGEN BESTIMMT.

– **Saisonale Schwankungen:** Diese Schwankungen entstehen durch das jahreszeitliche Auf und Ab wirtschaftlicher Aktivitäten.

– **Konjunkturschwankungen:** Auch mittelfristig, d. h. über einen Zeitraum von 3 bis 10 Jahren, lassen sich wellenförmige Schwankungen feststellen.

– **Langfristige Schwankungen:** Einige Ökonomen weisen Schwankungen der Weltkonjunktur über einen Zeitraum von Jahrzehnten nach. Diese Schwankungen, die nach ihrem Entdecker benannten **Kondratieff-Wellen**, besitzen eine Dauer von 50 – 60 Jahren.

– **Wachstumspfad (-trend):** Langfristige Betrachtungen ergeben, dass in marktwirtschaftlichen Systemen trotz der unterschiedlichen Wachstumsraten das reale Bruttosozialprodukt stetig zunimmt. Diese langfristig steigende Tendenz des realen Bruttosozialproduktes stellt sozusa-

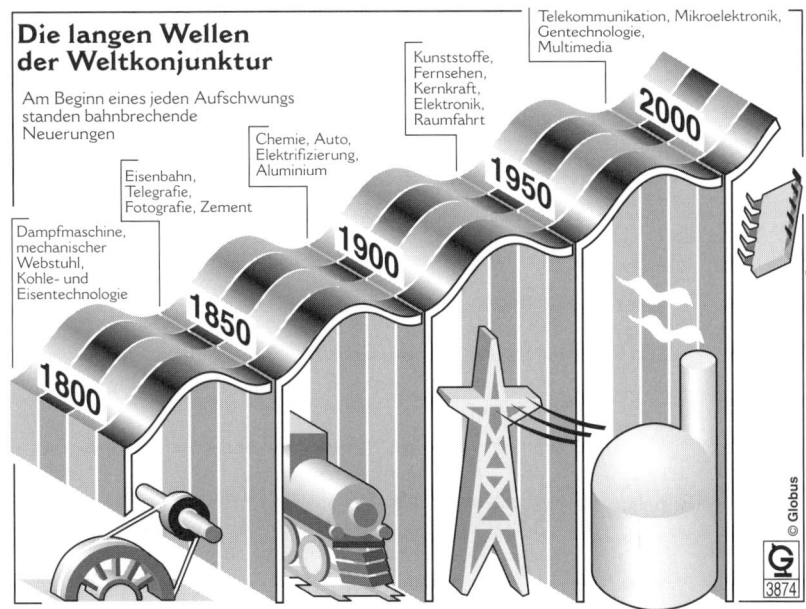

Die langen Wellen der Weltkonjunktur

Am Beginn eines jeden Aufschwungs standen bahnbrechende Neuerungen

Dampfmaschine, mechanischer Webstuhl, Kohle- und Eisentechnologie

Eisenbahn, Telegrafie, Fotografie, Zement

Chemie, Auto, Elektrifizierung, Aluminium

Kunststoffe, Fernsehen, Kernkraft, Elektronik, Raumfahrt

Telekommunikation, Mikroelektronik, Gentechnologie, Multimedia

1800 1850 1900 1950 2000

© Globus

gen den Mittelwert der gesamtwirtschaftlichen Schwankungen dar. Sie wird als Wachstumstrend oder Wachstumspfad bezeichnet.

Die regelmäßig wiederkehrenden mittelfristigen Schwankungen des realen Wirtschaftswachstums werden als **Konjunkturzyklus** bezeichnet. Gelegentlich wird auch der Auslastungsgrad des Produktionspotenzials zur Darstellung der Konjunkturzyklen verwendet. Der Konjunkturzyklus besitzt einen wellenförmigen Verlauf, der sich in vier Phasen einteilen lässt *(s. folgende Seite)*.

Die Dauer eines Konjunkturzyklus ergibt sich aus der Zeitspanne von Wellental zu Wellental.

Es ist Aufgabe der Konjunkturforschung, die wirtschaftlichen Schwankungen und ihre Ursachen sowie die inneren Abhängigkeiten wissenschaftlich zu analysieren und zu prognostizieren. Das hierzu erforderliche umfangreiche statistische Datenmaterial wird von einer Vielzahl von Konjunkturforschungsinstituten, vom Sachverständigenrat der Bundesregierung und der Zentralbank ermittelt. Es dient neben der Konjunkturprognose und -diagnose der wirtschaftlichen Steuerung.

Die **Konjunkturprognose** ist besonders wichtig für die Planung geeigneter Maßnahmen gegen unerwünschte wirtschaftliche Entwicklungen.

DER NACH SEINEM ENTDECKER BENANNTE JUGLAR-ZYKLUS HAT EINE DAUER VON 7 – 11 JAHREN. EINE WESENTLICH KÜRZERE ZYKLUSSPANNE GIBT DER SOGENANNTE KITCHIN-ZYKLUS MIT EINER DAUER VON 3 – 4 JAHREN AN.

107

Aufschwung **(Expansion)**	Im Aufschwung kommt es zu einer Zunahme der wirtschaftlichen Aktivitäten. Die optimistischen Zukunftserwartungen der Wirtschaftssubjekte, die niedrigen Preise und Zinsen führen zu einer Zunahme der Produktion und in Folge dessen zu steigenden Investitionen, einer Zunahme der Beschäftigung und der Einkommen. Gegen Ende der Aufschwungphase trifft die steigende Nachfrage aufgrund des Erreichens der Kapazitätsgrenzen nicht mehr auf ein elastisches Angebot, was Preiserhöhungen zur Folge hat, zunächst in der Investitionsgüterindustrie später in der Konsumgüterindustrie.
Hochkonjunktur **(Boom)**	In der Hochkonjunktur kommt es zu einer Überhitzung der Konjunktur. Da die Unternehmen ihre Kapazitätsgrenzen erreicht haben, ist das Angebot vollkommen unelastisch und die überhöhte Nachfrage hat nur noch Preissteigerungen zur Folge. Aufgrund der steigenden Preise und der hohen Beschäftigung existieren gesteigerte Lohn- und Gehaltsforderungen bzw. auch eine gesteigerte Bereitschaft zu Arbeitskämpfen. Da jedoch die Löhne und Gehälter mit Verzögerungen hinter den Preissteigerungen zurückbleiben, sinkt aufgrund fehlender Kaufkraft die Nachfrage. Die Stimmung der Wirtschaftssubjekte wandelt sich in Skepsis. Der Abschwung wird eingeleitet.
Abschwung **(Rezession)**	Die zunächst in der Investitionsgüterindustrie zurückgehende Nachfrage hat Kurzarbeit, Entlassungen und eine Verringerung der Einkommen zur Folge. Dadurch setzt sich diese Entwicklung auch auf dem Konsumgütermarkt fort. Das Ansteigen der Arbeitslosenquote, geringere Lohn- und Gehaltszuwächse und Gewinne sowie Stillstand oder Senkung der Preise sind weitere Kennzeichen der zunehmenden Absatzschwierigkeiten der Unternehmen. Die Stimmung der Wirtschaftssubjekte ist pessimistisch.
Tiefstand **(Depression)**	Der Tiefstand ist gekennzeichnet durch hohe Arbeitslosenquoten und niedriges Volkseinkommen. Durch die zu geringe Nachfrage sind die Produktionskapazitäten nicht ausgelastet und die Läger überfüllt. Dadurch entsteht Druck auf die Preise und die Löhne. Die Zahl der Konkurse ist hoch. Die geringen Gewinnerwartungen führen dazu, daß kaum investiert wird, obwohl die Zinsen sinken. Die Stimmung in der Wirtschaft ist depressiv. Schließlich schaffen jedoch die niedrigen Zinsen, Lohn- und Rohstoffkosten wieder günstige Voraussetzungen für die Produktion, was dann schließlich einen erneuten Aufschwung einleitet.

Die **Konjunkturdiagnose** ist die Kennzeichnung der gegenwärtigen wirtschaftlichen Lage mit Hilfe dazu geeigneter statistischer Kennziffern wie dem realen Wachstum, dem Preisniveau, der Arbeitslosenquote und dem Außenbeitrag. Als **Konjunkturpolitik**, die die Fiskal- und Geldpolitik beinhaltet, wird der Teil staatlicher Maßnahmen bezeichnet, der die Vermeidung von erheblichen konjunkturellen Schwankungen zur Aufgabe hat. Sie gehört im weiteren Sinn zur Stabilitätspolitik.

Konjunkturtheorien

Konjunkturtheorien versuchen die Ursachen für konjunkturelle Schwankungen zu beschreiben. Man unterscheidet die Vielzahl dieser Theorien nach ihrem Erklärungsansatz in exogene und endogene Theorien.

Exogene Theorien

Diese Theorien machen äußere, d. h. nicht im marktwirtschaftlichen System verankerte Gründe für konjunkturelle Schwankungen verantwortlich. Vertreter dieser Theorien halten das System an sich für stabil. Als Ursachen werden Kriege, Naturkatastrophen, Entdeckung von neuen Rohstoffquellen, bedeutende technische Erfindungen, Veränderungen der Bevölkerungszahl oder Zukunftserwartungen der Wirtschaftssubjekte angeführt. Exogene Theorien sind allgemein nicht sehr anerkannt, da sie die heute tatsächlich vorhandenen Konjunkturschwankungen nicht ausreichend erklären können.

Endogene Theorien

Diese Theorien sehen die Schwankungen ökonomischer Aktivitäten durch innerökonomische Gesetzmäßigkeiten, d. h. im Aufbau des marktwirtschaftlichen Systems, begründet. Vertreter dieser Theorien halten das System an sich für nicht stabil. Der überwiegende Teil der ca. 200 Theorien kann in drei Gruppen eingeteilt werden:

– **Monetäre Konjunkturtheorien** führen den Konjunkturzyklus auf Geldmengenveränderungen zurück. So führt z. B. eine Senkung des Diskontsatzes zu Lagerinvestitionen und Produktionsausweitung, da Kredite günstiger werden. Die Geldmenge steigt an und der Aufschwung ist eingeleitet. Die stetige Zunahme des Kreditvolumens führt im Boom auf Grund von Kreditbeschränkungen zu einer knapper werdenden Geldmenge. Dies schränkt die Nachfrage ein, was zunächst in der Rezession zu Preissenkungen und folglich zum Rückgang der Produktion

WAS SKYLLA UND CHARYBDIS FÜR DIE SEEFAHRER IN DER GRIECHISCHEN MYTHOLOGIE, DAS SIND INFLATION UND DEFLATION FÜR DIE HEUTIGE WIRTSCHAFTSPOLITIK. WIE DIE SEELEUTE MÜSSEN DIE POLITIKER DEN RICHTIGEN WEG DURCH DIE GEFÄHRLICHEN KLIPPEN FINDEN

—

ANDRE KOSTOLANY

führt. Der Tiefstand wird erreicht, wenn die Bankenliquidität so angewachsen ist, dass die Zinssätze wieder fallen. Die Konsequenz ist dann ein neuer Aufschwung.

– **Unterkonsumtheorien** führen als Grund für konjunkturelle Schwankungen an, dass im Boom die Nachfrage nach Konsumgütern hinter der Produktion zurückbleibt, weil Löhne und Gehälter nicht im gleichem Maße steigen wie die Güterpreise. Die Folge ist ein Rückgang der Kaufkraft und damit ein Rückgang der Nachfrage. Ungleiche Einkommensverteilung kann diesen Effekt noch verstärken, wenn diejenigen, die konsumieren wollen, zu wenig Einkommen beziehen und diejenigen mit hohem Einkommen zum vermehrten Sparen neigen. Warum nach diesem Abschwung schließlich ein erneuter Aufschwung folgt, wird nur sehr unzureichend bzw. gar nicht erläutert. Zur Vermeidung derartiger Entwicklungen können demzufolge eine geeignete Fiskal- und Geldpolitik sowie Maßnahmen der Verteilungspolitik dienen.

– **Überinvestitionstheorien** sehen den Ansatz im Ungleichgewicht zwischen Investitions- und Konsumgütermarkt. In der Aufschwungphase steigen dabei die Kapazitäten in der Investitionsgüterindustrie stärker an, als es die Nachfrage nach Konsumgütern erfordert. Dieses Ungleichgewicht führt im Boom zum Sinken der Investitionen in der Investitionsgüterindustrie, da sich die Absatzentwicklungen verschlechtern. Die Folge ist ein Rückgang der Konsumgüternachfrage auf Grund von Einkommenseinbußen in der Investitionsgüterindustrie. Während des Abschwungs kommt es schließlich zum erneuten Ungleichgewicht, welches zu einer umgekehrten Entwicklung und damit zum erneuten Aufschwung führt. Als Auslöser werden entweder monetäre Gründe (z. B. die Zinsentwicklung) oder nicht-monetäre Gründe (z. B. Erfindungen oder Erschließung neuer Märkte) gesehen.

Keine der genannten Konjunkturtheorien konnte bis heute eine eindeutige Erklärung für konjunkturelle Schwankungen liefern, die jeder Kritik standhält bzw. die die tatsächlichen Veränderungen des Wirtschaftsgeschehens erklärt. Somit sind auch die konjunkturpolitischen Konsequenzen je nach Theorie sehr umstritten. Ein Grund dafür ist die Tatsache, dass wirtschaftliche Prozesse komplex sind und eine Vielzahl von Einflussfaktoren zusammen den Konjunkturverlauf bestimmen.

8.2 Theoretische Ansätze: Fiskalisten und Monetaristen

Seit Beginn der 70er-Jahre besteht eine grundlegende Diskussion zwischen der Keynsianischen Lehre (Fiskalismus) und dem Monetarismus.

	Fiskalismus	Monetarismus
Hauptvertreter	J. M. KEYNES	M. FRIEDMAN
Theoretischer Ansatz	Fiskalismus ist die wirtschaftliche Theorie, die die antizyklische Steuerung der volkswirtschaftlichen Nachfrage durch staatliche Maßnahmen im keynesianischen Stil befürwortet. In der Bundesrepublik Deutschland kommt der Fiskalismus im Stabilitätsgesetz vom 8.6.1967 zum Ausdruck.	Der Monetarismus vertraut auf die Selbstheilungskräfte des Marktes. Lediglich eine konjunkturneutrale Geldmengenregulierung, angepaßt an das zu erwartende Wachstum und den zu akzeptierenden Preisniveauanstieg, sind notwendig, um ein volkswirtschaftliches Gleichgewicht zu ermöglichen. Der Monetarismus wird seit 1974 von der Bundesbank angewendet.
Grundannahme	Das marktwirtschaftliche System ist in sich instabil.	Der Markt verfügt über starke Selbstheilungskräfte.
Maßnahmen	Steuerung der gesamtwirtschaftlichen Nachfrage durch eine antizyklische Ein- und Ausgabenpolitik des Staates im Sinne des Stabilitätsgesetzes und einer dem entsprechenden Geldpolitik.	Verstetigung der Geldmengenentwicklung durch Orientierung der Geldmenge am mittelfristigen Wachstum des Produktionspotentiales. Verzicht auf diskretionäre Konjunktur- und Beschäftigungspolitik.
Träger der Maßnahmen	Regierung	Europäische Zentralbank und Deutsche Bundesbank

Seit Ende der 70er-Jahre gilt die nachfrageorientierte Wirtschaftspolitk der Fiskalisten als gescheitert. Sie wurde inzwischen abgelöst durch die angebotsorientierte Wirtschaftspolitik. Diese sieht eine Verstetigung der Geldpolitik im monetaristischen Sinne und eine verstetigte Fiskalpolitik

ANWENDUNG FAND
DIE ANGEBOTSORI-
ENTIERTE WIRT-
SCHAFTSPOLITIK
UNTER R. REAGAN
IN DEN USA (1981–
1989, REAGANO-
MICS) UND M. THAT-
CHER IN ENGLAND
(1979–1990,
THATCHERISMUS)

mit Betonung auf Wirtschaftswachstum und Stärkung der Angebotsseite vor. Zu ihren Maßnahmen zählen insbesondere drastische Steuersenkungen, Reduzierung der Staatsquote sowie die Deregulierung, d. h. Verringerung staatlicher Interventionen in den Markt.

8.3 Das Magische Sechseck der Wirtschaft

Im §1 des Stabilitätsgesetzes von 1968 wurden vier Hauptziele der Wirtschaftspolitik formuliert.

Man bezeichnet diese Ziele als das magische Viereck der Wirtschaftspolitik. – „magisch" deshalb, weil es auf Grund der wechselseitigen Abhängigkeiten und der daraus resultierenden Zielkonflikte nicht möglich zu sein scheint, alle Ziele gleichzeitig im vollen Umfang zu erreichen.

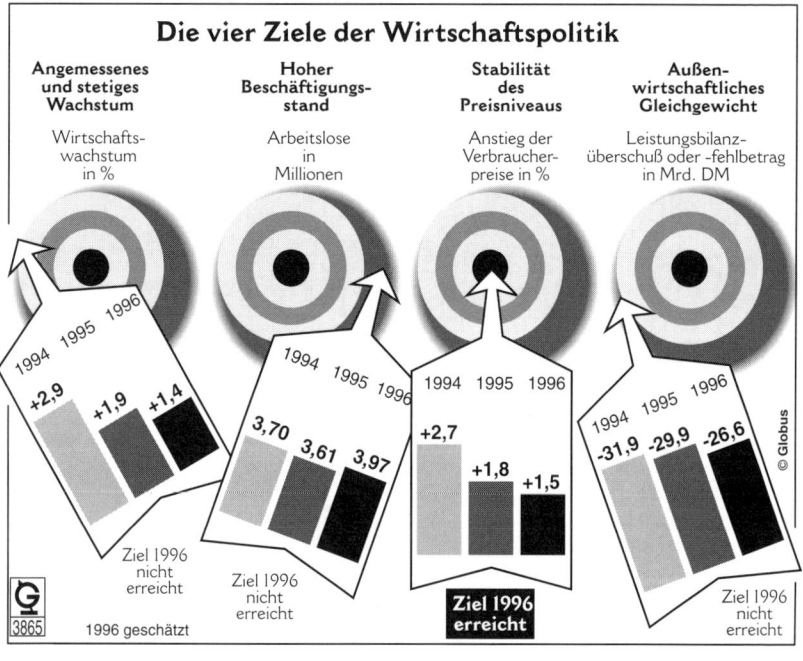

Die vier Ziele der Wirtschaftspolitik

Angemessenes und stetiges Wachstum	Hoher Beschäftigungsstand	Stabilität des Preisniveaus	Außenwirtschaftliches Gleichgewicht
Wirtschaftswachstum in %	Arbeitslose in Millionen	Anstieg der Verbraucherpreise in %	Leistungsbilanzüberschuß oder -fehlbetrag in Mrd. DM

1994 1995 1996: +2,9 +1,9 +1,4 — Ziel 1996 nicht erreicht — 1996 geschätzt

1994 1995 1996: 3,70 3,61 3,97 — Ziel 1996 nicht erreicht

1994 1995 1996: +2,7 +1,8 +1,5 — **Ziel 1996 erreicht**

1994 1995 1996: -31,9 -29,9 -26,6 — Ziel 1996 nicht erreicht

© Globus

Durch das Gesetz zur Bildung eines Sachverständigenrates kam als fünftes Ziel die **gerechte Einkommens- und Vermögensverteilung** hinzu. Infolge der politischen Diskussion der 80er-Jahre ist auch der **Umweltschutz** zunehmend zu einem wirtschaftspolitischen Ziel geworden.

Zwischen den genannten Zielen existieren **Zielharmonien**, wie z. B. zwischen Preisniveaustabilität und außenwirtschaftlichem Gleichgewicht, oder Zielneutralität, wie z. B. zwischen Preisniveaustabilität und Umweltschutz. Allerdings ergeben sich auch **Zielkonflikte**. Der klassische Zielkonflikt kommt in der **Phillips-Kurve** zum Ausdruck. Die ursprüngliche Phillips-Kurve des Briten A.W. PHILLIPS verdeutlicht den Zusammenhang zwischen der Arbeitslosenquote und der Nominallohnsteigerung über einen Zeitraum von etwa 100 Jahren. Die so genannte **modifizierte Phillips-Kurve** von P.A. SAMUELSON und R.M. SOLOW stellt den Zielkonflikt zwischen Preisniveaustabilität und Beschäftigungsstand dar.

STABILITÄT IST NICHT ALLES, ABER OHNE STABILITÄT IST ALLES NICHTS

—

KARL SCHILLER (EHEM. WIRTSCHAFTS- UND FINANZMINISTER)

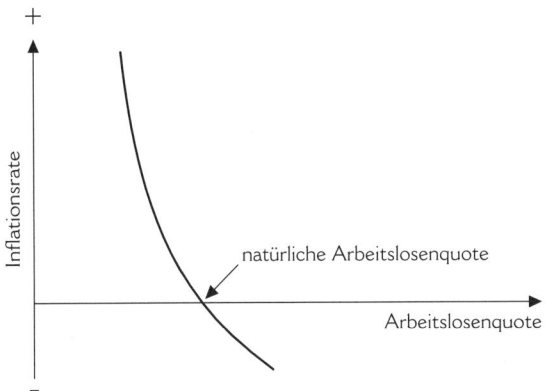

Je niedriger die Preisentwicklung ist, desto größer ist die Arbeitslosigkeit und umgekehrt. SAMUELSON und SOLOW unterstellen dabei eine konstante Beziehung zwischen Nominallohnsteigerung und Preisniveauanstieg. Die Bedeutung der Phillips-Kurve als Grundlage wirtschaftspolitischer Entscheidungen ist jedoch sehr problematisch, da sich die Lage der Phillips-Kurve auf Grund anderer Einflussfaktoren ständig verändert und somit keine feste Abhängigkeit zwischen Preisniveau und Beschäftigungsstand erkennbar ist. Dennoch lässt sich anhand von Vergangenheitswerten erkennen, dass eine Abnahme der Arbeitslosigkeit häufig mit einem Anstieg der Preise einherging. Man spricht dann gelegentlich davon, dass die zunehmende Beschäftigung durch Inflation „erkauft" wurde.
Weitere Zielkonflikte bestehen zwischen den Zielen Wirtschaftswachstum und Umweltschutz sowie Wirtschaftswachstum und außenwirtschaftliches Gleichgewicht.

ÜBER DAS ZIEL HINAUSSCHIESSEN IST EBENSO SCHLIMM, WIE NICHT AN'S ZIEL ZU KOMMEN

—

KONFUZIUS

NICHT JEDER, DER AB UND ZU EINE WIRTSCHAFT BESUCHT, VERSTEHT AUCH ETWAS VON WIRTSCHAFTSPOLITIK

—

TYLL NECKER

8.4 Geldpolitik

 Zur Geldpolitik gehören alle Maßnahmen, die der Steuerung der Geldmenge einer Volkswirtschaft dienen.

Träger der Geldpolitik für die Mitglieder der europäischen Wirtschafts-und Währungsunion (EWWS) ist seit dem 1.1.1999 die **Europäische Zentralbank (EZB)** mit Sitz in Frankfurt. Sie ist eine autonome Zentralbank, d. h. sie ist an keinerlei Weisungen der einzelnen Regierungen der Mitgliedsländer gebunden.

Die Aufgaben und Befugnisse der EZB sind in den Satzungen des Europäischen Systems der Zentralbanken (ESZB) geregelt. Dazu gehören:

– die Geldpolitik der Gemeinschaft festzulegen und auszuführen, Devisengeschäfte durchzuführen und die offiziellen Währungsreserven der teilnehmenden Mitgliedsstaaten zu halten und zu verwalten;

– die bankmäßige Abwicklung des Zahlungsverkehrs im Bereich der Gemeinschaft **(Euroland)** und mit dem außereuropäischen Ausland;

– die Unterstützung der nationalen Aufsichten über die Kreditinstitute und die Förderung der Stabilität des Finanzsystems.

Ihre Aufgaben hat die Zentralbank so zu erfüllen, dass die Währung der Gemeinschaft – der EURO – gesichert wird. Unter Währungssicherung ist dabei im weiteren Sinn zu verstehen:

– Stabilität des Preisniveaus, d. h. innergemeinschaftliche Geldwerterhaltung;

– Stabilisierung der Wechselkurse, d. h. außenwirtschaftliche Geldwerterhaltung;

– Unterstützung der allgemeinen Wirtschaftspolitik der nationalen Regierungen, soweit es ihr in der Erfüllung ihrer Aufgaben und Ziele möglich ist.

Offenmarktgeschäfte

Zu den Maßnahmen der Offenmarktpolitik gehören der An- und Verkauf von festverzinslichen Wertpapieren auf eigene Rechnung am offenen Markt.

 Als offener Markt ist der Geld- bzw. Kapitalmarkt zu verstehen. Durch Verkauf von festverzinslichen Wertpapieren oder Devisen entzieht die Zentralbank der Wirtschaft Geld (Geldvernichtung), durch Kauf von festverzinslichen Wertpapieren oder Devisen erweitert sie die Geldmenge (Geldschöpfung).

Das Hauptrefinanzierungsintrument der EZB stellen die **Wertpapierpensionsgeschäfte** dar. Hierbei nimmt die EZB lombardfähige festverzinsliche Wertpapiere von den Kreditinstituten als Pfand an mit der Bedingung, dass diese zu einem späteren Termin zu einem höherem Preis, d. h. mit einem Zinsaufschlag ausgelöst werden.

- Wichtigstes Instrument hierbei sind die im wöchentlichen Rhythmus mit einer Laufzeit von 14 Tagen durchgeführten kurzfristigen Geschäfte.
- Als längerfristige Refinanzierungsgeschäfte bezeichnet man Geschäfte, die im monatlichen Abstand mit einer Laufzeit von 3 Monaten durchgeführt werden.
- Die Feinsteuerung erfolgt durch von Fall zu Fall durchgeführte befristete Wertpapierpensionsgeschäfte (Übernacht-Pensionsgeschäfte oder Übernacht-Pfandkredite), um unerwartete Liquiditätsschwankungen aufzufangen. Diese Maßnahmeart wird auch als Schnelltender bezeichnet.

Die Durchführung dieser Geschäfte erfolgt nach dem Mengen- oder Zinstenderverfahren.

Beim **Mengentender** legt die Zentralbank den Zinssatz, das Gesamtvolumen und die Laufzeit des Pensionsgeschäftes fest. Die Kreditinstitute bieten daraufhin ihre Beträge an. Übersteigen die gebotenen Beträge der Kreditinstitute das angegebene Gesamtvolumen, erhält jedes Institut denselben Prozentsatz (Zuteilquote) des gebotenen Betrages.

Beim **Zinstender** gibt die Zentralbank neben dem Gesamtvolumen und der Laufzeit nur einen Mindestzinssatz an. Die Kreditinstitute geben nun ihre Beträge und den Zinssatz an, zu dem sie bereit sind, das Pensionsgeschäft durchzuführen.

- Beim **amerikanischen Zuteilverfahren** erfolgt die Zuteilung nun nach dem gebotenen Zinssatz, bis das Gesamtvolumen des Geschäftes erreicht ist. Bleibt ein Restbetrag, der unter den Banken zu verteilen ist, die einen gleichen Zinssatz geboten haben, so erhalten diese denselben Prozentsatz (Zuteilquote) ihres Bietungsbetrages.
- Beim **holländischen Zuteilverfahren** wird von der EZB auf Basis der Bietungen ein Gleichgewichtszinssatz ermittelt. Alle Banken, die diesen oder einen höheren Zinssatz geboten haben, erhalten ihre nachgefragte Geldmenge.

UM EINE VORSTELLUNG VON DEM UMFANG DER PENSIONSGESCHÄFTE ZU BEKOMMEN: IM FEBRUAR 1999 BOT DIE EZB 62 MRD. EURO ZU DREI PROZENT FÜR 14 TAGE AN. DARAUF BEWARBEN SICH 998 BANKEN MIT EINEM BIETUNGSVOLUMEN VON 757,7 MRD. EURO, DIE FOLGLICH BEI DER ZUTEILUNG MIT 8,18 % IHRER BIETUNG BERÜCKSICHTIGT WURDEN.

Ständige Fazilitäten

Bei den Geschäftsbanken kommt es aus verschiedenen Gründen zu Liquiditätsüberschüssen oder -engpässen. Um solche Situationen sowohl von der Anbieter- als auch von der Nachfragerseite her zu überbrücken, bietet die EZB das Instrument der ständigen Fazilitäten an. Dabei wird über Nacht Liquidität bereitgestellt oder absorbiert.

Den zugelassenen Kreditinstituten (Geschäftspartnern) wird die Möglichkeit gegeben, überschüssige Liquidität bei der Zentralbank über Nacht zu deponieren (**Einlagefazilität**) oder solche deponierten Gelder gegen Verpfändung von Sicherheiten in Anspruch zu nehmen (**Spitzenrefinanzierungsfazilität**). Diese Mittel werden dezentral von den nationalen Zentralbanken verwaltet.

– Der von der EZB festgelegte Zinssatz für die Einlagefazilität bildet im Allgemeinen die Untergrenze des Tagesgeldsatzes.
– Der von der EZB festgelegte Zinssatz für die Inanspruchnahme dieser Mittel bildet im allgemeinen die Obergrenze des Tagesgeldsatzes.

Die ständigen Fazilitäten haben eine Signalwirkung in Bezug auf die Ober- und Untergrenze der Zinssätze für Tagesgelder und somit auch auf den allgemeinen Trend der Geldpolitik.

Mindestreservepolitik

Als Mindestreserve bezeichnet man die Guthaben der Kreditinstitute, die diese auf Girokonten bei der EZB unterhalten müssen. Sie erhalten dafür eine Verzinsung in Höhe des Zinssatzes für 2-wöchige Tendergeschäfte. Die EZB legt fest, wieviel Prozent der Einlagen von Nichtbanken bei den Geschäftsbanken als Mindestreserven hinterlegt werden müssen.

Ursprünglich sollten die Mindestreserven die Liquidität der Kreditinstitute sichern und damit die Kunden schützen. Heute dienen sie ausschließlich als geldpolitisches Steuerungsinstrument.

Durch Veränderung der Mindestreservesätze kann die EZB direkt auf die Liquidität der Banken Einfluss nehmen und damit auch auf deren Kreditschöpfungsspielraum.

Bei der Aufnahme ihrer Tätigkeit im Januar 1999 betrug der Mindestreservesatz für Sichteinlagen und Termineinlagen mit einer Laufzeit bis zu 2 Jahren 2%, für Einlagen mit gesetzlicher Kündigungsfrist und Termineinlagen über 2 Jahren Laufzeit 0%.

Basiszinssatz

Zur Überleitung der alten geldpolitischen Instrumente Diskont- und Lombardpolitik hat der deutsche Gesetzgeber ein Diskontüberleitungsgesetz (DÜG) verabschiedet, welches bis zum 31.12.2001 gültig ist. Danach tritt an die Stelle des bisherigen Diskontsatzes der sogenannte Basiszinssatz. Dieser richtet sich nach dem Tender mit dreimonatiger Laufzeit. Zu diesem Basiszinssatz kann die Deutsche Bundesbank Handelswechsel der Kreditinstitute als Sicherheit in Zahlung nehmen.

Der Basiszinssatz wird vierteljährlich festgelegt – vorausgesetzt die Abweichung zum Zinssatz für 3-monatige Tender beträgt mehr als 0,5 %. Der bisherige Lombardsatz wird laut DÜG ersetzt durch den Zinssatz für die Spitzenrefinanzierungsfazilität.

Wirksamkeit der Geldpolitik

Betrachtet man das Ergebnis des Wirkens der Deutschen Zentralbank in der Vergangenheit, so stellt man fest, dass die Geldpolitik ihre Aufgaben erfüllt hat.

Aufgrund ihrer umfangreichen statistischen Erhebungen bei allen Kreditinstituten ist die EZB in der Lage, die geldpolitische Situation relativ schnell zu erkennen und geeignete Maßnahmen zu ergreifen. Der EZB-Rat ist in seinen Entscheidungen autonom, was die Entscheidungsfindung vereinfacht. Die Wirkung der eingesetzten Instrumente beruht also im wesentlichen auf Beeinflussung der Bankenliquidität und Kosten der Refinanzierung der Kreditinstitute.

Allerdings können den geldpolitischen Intentionen der EZB folgende Wirkungshemmnisse entgegenstehen:

- Zinspolitische Maßnahmen greifen nicht, wenn die Banken veränderte Zinssätze nicht an ihre Kunden weitergeben.
- Restriktive Maßnahmen verlieren ihre Wirkung, wenn die Geschäftsbanken ausreichende liquide Mittel besitzen oder sich anderweitig beschaffen können.
- Die private Kreditnachfrage hängt im starkem Maße auch von der Einstellung der Wirtschaftssubjekte ab.

Bei der Ausübung ihrer Befugnisse ist die EZB nicht an Weisungen der einzelnen Regierungen gebunden. Dennoch kann es zu Konflikten mit einzelnen Regierungen kommen:

Die EZB verfolgt eine restriktive Geldpolitik, die Regierung aber will aufgrund eines zu niedrigen Beschäftigungsstandes die private Nachfrage erhöhen.

DIE BANCA D'ITALIA STAND LANGE JAHRE UNTER DEM DIREKTEN EINFLUSS DER ITALIENISCHEN FINANZPOLITIK. FOLGE: ITALIEN WAR FRÜHER EINES DER INFLATIONSTRÄCHTIGSTEN INDUSTRIELÄNDER. ZWISCHEN 1970 UND 1990 LAG DIE DURCHSCHNITTLICHE TEUERUNGSRATE BEI ÜBER 12 %.

8.5 Fiskalpolitik

Die Fiskalpolitik ist der Bereich der Wirtschaftspolitik, der durch Variation der Staatseinnahmen (Einnahmenpolitik) und Staatsausgaben (Ausgabenpolitik), versucht, den Konjunkturverlauf zur Erreichung der gesamtwirtschaftlichen Ziele zu beeinflussen.

Träger der Fiskalpolitik ist der Bund, d. h. Bundestag und Bundesregierung sind die wesentlichen Institutionen fiskalpolitischer Entscheidungen.

Da die gesamtwirtschaftlichen Ziele nur dann realisiert werden können, wenn auch die Länder die allgemeine Wirtschaftspolitik des Bundes tragen, können diese über den Bundesrat zu einem entsprechenden wirtschaftspolitischen Verhalten veranlasst werden (Art. 109 Abs. 3 GG).

Einnahmen des Staates	Ausgaben des Staates
Steuern Steuern sind Geldleistungen, die natürliche und juristische Personen an die öffentliche Hand leisten müssen, ohne Anspruch auf eine direkte Gegenleistung zu besitzen. **Beiträge** Beiträge sind Abgaben an die öffentliche Hand, denen eine Gegenleistung durch das Gemeinwesen gegenübersteht. Hierzu sind insbesondere die Abgaben an die Renten-, Kranken- und Arbeitslosenversicherung zu zählen. **Gebühren** Gebühren entrichtet der einzelne für die Inanspruchnahme von staatlichen Leistungen. Zu den Gebühren gehören z. B. Gebühren für die Müllabfuhr, Gebühren für die Ausstellung eines Personalausweises usw.. **Staatliche Erwerbseinkünfte** Der Staat bezieht Einnahmen aus Unternehmertätigkeit und Vermögen, z. B. als Teilhaber an Unternehmen (Volkswagen AG) oder aus Vermietung und Verpachtung von staatlichen Grundstücken und Gebäuden.	**Dienste** – Öffentliche Sachausgaben z. B. im Bereich Verkehr, Energie und Gesundheit – Öffentliche Ausgaben zur Erzeugung immateriellem Kapitals z. B. für Erziehung und Forschung – Öffentliche Ausgaben für institutionelle Infrastruktur z. B. für Verwaltung, Recht und Sicherheit – Militärausgaben – Öffentlicher Verbrauch **Transferausgaben** – Sozialtransfers, wie Sozialhilfe, Wohngeld und Kindergeld – Subventionen **Zinszahlungen für staatliche Kreditaufnahme** **Finanzinvestitionen**

Ziel der Fiskalpolitik ist die Verwirklichung des magischen Sechsecks. Das Instrumentarium zur Erfüllung dieser Aufgaben wird im Stabilitätsgesetz genannt. Unter Steuerung ist dabei das Prinzip der **Globalsteuerung** zu verstehen. Es sieht die Beeinflussung gesamtwirtschaftlicher Größen vor, z. B. Investitionen, Konsum oder Spartätigkeit.

In der Bundesrepublik bedeutet Globalsteuerung in erster Linie antizyklische Beeinflussung der Gesamtnachfrage durch diskretionäre, d. h. am Einzelfall orientierte Wirtschaftspolitik.

Antizyklisch bedeutet, dass die volkswirtschaftlichen Schwankungen durch geeignete Maßnahmen gedämpft bzw. ausgeschaltet werden. Eine antizyklische Steuerung über die Gesamtnachfrage bedeutet, dass im Boom eine Senkung der Gesamtnachfrage und in der Rezession eine Erhöhung der Gesamtnachfrage angestrebt wird. Für die Fiskalpolitik bedeutet dies vereinfacht, dass im Boom die Staatseinnahmen erhöht und die Staatsausgaben verringert werden. In der Rezession werden die Staatseinnahmen entsprechend verringert und die Staatsausgaben erhöht.

Die theoretische Grundlage einer fiskalpolitischen Steuerung des Wirtschaftsverlaufs, wie es das Stabilitätsgesetz vorsieht, wurde durch JOHN MAYNARD KEYNES geschaffen. In seinem Buch „Allgemeine Theorie der Beschäftigung, des Zinses und des Geldes" weist er nach, dass es in marktwirtschaftlichen Systemen zu Ungleichgewichten auf den Faktormärkten, z. B. auf dem Arbeitsmarkt, kommt. Auf diesen Märkten sind die Preismechanismen, z. B. für den Arbeitslohn oder den Zins, nach unten nicht flexibel genug. So können beispielsweise die Löhne und Gehälter auf Grund von Tarifverträgen nicht sinken, obwohl das Angebot an Arbeitskräften größer ist als die Nachfrage. KEYNES widerlegte somit die bis dahin herrschende Annahme, dass das Wirtschaftssystem Selbstheilungskräfte durch die Preisbildung besäße, die zu einem Gleichgewicht auf allen Märkten führe (ADAM SMITH).

SIE SOLLEN DEN FÜNFTEN TEIL DES GANZEN ERNTEERTRAGES DER JETZT KOMMENDEN SIEBEN GUTEN JAHRE EINSAMMELN UND DAS GETREIDE ZUR VERFÜGUNG DES PHARAO AUFSPEICHERN, IN DIE STADT BRINGEN UND VERWAHREN. DAS GETREIDE SOLL ALS RÜCKLAGE FÜR DAS LAND DIENEN IN DEN SIEBEN HUNGERJAHREN, DIE ÜBER DAS LAND ÄGYPTEN KOMMEN WERDEN.
—
GENESIS 42, VERS 35, ALTES TESTAMENT (FRÜHES BEISPIEL EINER ANTIZYKLISCHEN KONJUNKTURPOLITIK)

	Boom	Rezession
Staatseinnahmen	erhöhen	senken
Staatsausgaben	senken	erhöhen
Finanzierung des Haushaltes (Schuldenpolitik)	Konjunkturausgleichsrücklage bilden oder Schuldentilgung	Konjunkturausgleichrücklage auflösen oder zusätzliche Kreditaufnahme

Fiskalpolitik	Konjunkturdämpfung	Konjunkturförderung
Einnahmenpolitik Variation der staatlichen *Einnahmen* zur Beeinflussung des Konjunkturverlaufes. Hierbei spielt auch die staatliche Schuldenpolitik eine besondere Rolle.	Erhöhung der Einnahmen durch – Erhöhung der Einkommens- und Körperschaftssteuer um maximal 10% für längstens 1 Jahr – Verringerung der Abschreibungsmöglichkeiten oder Aussetzung von Sonderabschreibungen, um die überhitzte Gesamtnachfrage durch Senkung der Kaufkraft zu dämpfen.	Senkung der Einnahmen durch – Herabsetzung der Einkommens- und Körperschaftssteuer um bis zu 10% für längstens 1 Jahr – Investitionszulage bis zu 7,5% der Anschaffungs- oder Herstellungskosten bestimmter Investitionsgüter, die von der Steuerschuld abzuziehen sind, um zusätzliche Nachfrage, z. B. Nachfrage nach Investitionsgütern zu ermöglichen.
Ausgabenpolitik Variation der staatlichen *Ausgaben* zur Beeinflussung des Konjunkturverlaufes. Hierbei spielt auch die staatliche Schuldenpolitik eine besondere Rolle.	Senkung der Ausgaben durch – Aussetzen oder Verschieben öffentlicher Ausgaben insbesondere staatliche Investitionen (Schubladenprogramme), um die volkswirtschaftliche Nachfrage zu dämpfen. Die durch Senkung der Staatsausgaben und Erhöhung der Staatseinnahmen frei werdenden Geldmittel sollen zur Bildung einer Konjunkturausgleichsrücklage oder zur zusätzlichen Schuldentilgung dienen.	Erhöhung der Staatsausgaben durch – zusätzliche Investitionen bzw. Beschleunigung von Bauvorhaben, um die volkswirtschaftliche Nachfrage anzukurbeln. Da die Staatseinnahmen in dieser Phase gesenkt werden, soll das Haushaltsdefizit durch Auflösung der Konjunkturausgleichsrücklage bzw. durch Kreditaufnahme (Deficit Spending) finanziert werden.
Finanzierung des Haushaltes (Schuldenpolitik)	Die durch Senkung der Staatsaugaben und Erhöhung der Staatseinnahmen, frei werdenden Geldmittel sollen zur Bildung einer Konjunkturausgleichsrücklage oder zur zusätzlichen Schuldentilgung dienen.	Da die Staatseinnahmen in dieser Phase gesenkt werden, soll das Haushaltsdefizit durch Auflösung der Konjunkturausgleichsrücklage• bzw. durch Kreditaufnahme (Deficit Spending) finanziert werden.

Probleme der Fiskalpolitik

Problem der Maßnahmenkombination

In einer konkreten wirtschaftlichen Situation steht der Staat vor dem Problem zu entscheiden, welche Maßnahmen der Einnahmepolitik oder der Ausgabenpolitik im Einzelnen ergriffen werden sollen.

 Soll der Staat zur Dämpfung der Konjunktur die Steuern anheben? Wenn ja, welche Steuern soll er anheben: Einkommens- oder Körperschaftssteuern?

Je nachdem, welche Maßnahmen ergriffen werden, sind unterschiedliche gesellschaftliche Gruppen davon betroffen, was zu innenpolitischen Konflikten führen kann.

Problem der Maßnahmendosierung

In welchem Umfang eine Maßnahme zur Beeinflussung des Konjunkturverlaufs durchgeführt werden soll, stellt ein weiteres Problem dar.

Soll die Einkommenssteuer um 4 % oder um 6 % gesenkt werden, um die Konjunktur zu beleben?

Bei einer Fehleinschätzung kann es zur Über- oder Untersteuerung kommen, d. h. es besteht die Gefahr, dass die Maßnahme die Nachfrage so stark beeinflusst, dass ein entgegengesetztes Handeln veranlasst wird oder die Nachfrage sich überhaupt nicht verändert.

Problem der zeitlichen Verzögerung (*time lags*)

Zwischem dem Zeitpunkt, in dem ein konkreter konjunktureller Zustand existiert, und dem Zeitpunkt, in dem fiskalpolitische Maßnahmen greifen, liegt meistens eine erhebliche Zeitspanne, sodass es sogar auf Grund des zwischenzeitlichen Konjunkturverlaufs zu einer prozyklischen Wirkung kommen kann.

Die Konsequenz aus dieser Problematik ist die Forderung nach einer Abkehr von der „*stop-and-go*-Politik" (diskretionäre Wirtschaftspolitik) hin zu einer regelgebundenen Wirtschaftspolitik (*built-in-flexibility*), d. h. der automatischen Ergreifung von Maßnahmen je nach Konjunkturlage.

Problem der Koordination der Gebietskörperschaften

Es hat sich in der Vergangenheit gezeigt, dass die Bundesregierung auf Grund des föderativen Charakters der Bundesrepublik Probleme hat, Länder und Gemeinden zu einer antizyklischen Ausgabenpolitik zu veranlassen. Diese handeln oft in eigenem Interesse prozyklisch.

Zu einer erfolgreichen Wirtschaftspolitik gehört nun mal Mut zum Widerstand und auch zur Unpopularität ... Auf Dauer bürgt nur Gradlinigkeit und Unbeirrbarkeit des Handelns für Erfolg

—

Ludwig Erhard (erster Wirtschaftsminister der Bundesrepublik)

Probleme durch politische Einflüsse

Die Rücksicht auf Wählerinteressen führt häufig dazu, dass notwendige Maßnahmen nicht ergriffen werden, z. B. Steuererhöhungen kurz vor Wahlen.

Flankierende Maßnahmen der Wirtschaftspolitik

Zur Unterstützung der Wirkung bzw. zum Schutz der konjunkturpolitischen Maßnahmen (Fiskal- und Geldpolitk) sind eine Reihe flankierender Maßnahmen vorgesehen:

– **Wettbewerbspolitik**
Die Wettbewerbspolitik umfasst Maßnahmen zur Aufrechterhaltung eines funktionsfähigen Wettbewerbs. Sie ist wesentlicher Teil der Ordnungspolitik, d. h. Teil der rechtlich-organisatorischen Maßnahmen zur Aufrechterhaltung der Wirtschaftsverfassung. Ihr wichtigstes Ziel ist es, die Funktionsfähigkeit des Marktes zu garantieren. Einzelmaßnahmen hierzu sind u. a. Kartellverbote, Missbrauchsaufsicht marktbeherrschender Unternehmen sowie die Fusionskontrolle.

– **Strukturpolitik**
Hierzu gehören Maßnahmen, die die branchenorientierte und regionale Zusammensetzung der Wirtschaft und deren Veränderung betreffen. Dazu zählen z. B. Rationalisierungshilfen durch Steuervergünstigungen oder Subventionen und die Verbesserung der Infrastruktur in wirtschaftsschwachen Gebieten.

– **Umweltpolitik**
Ziel ist eine lebenswerte Umwelt. Diese soll erreicht werden durch Verbesserung der Umweltqualität, Verringerung der Umweltbelastung, Schonung der natürlichen Umwelt sowie Sicherung der natürlichen Ressourcen. Zu diesem Zweck werden z. B. Maßnahmen wie Umweltauflagen (Emissionsauflagen), Umweltabgaben (Emissionsabgaben, Abwasserabgabe, Schadstoffabgabe), finanzielle Unterstützung von Umweltschutzmaßnahmen und Förderung des Umweltbewusstseins durchgeführt.

– **Verteilungspolitik**
Um eine angemessene Verteilung von Einkommen und Vermögen zu ermöglichen, führt der Staat z. B. eine Umverteilung der Primäreinkommen durch. Er leistet Transferzahlungen (Sozialhilfe, Wohngeld, Kindergeld), die er durch Steuern finanziert.

9. Außenwirtschaftliche Beziehungen

„Die Beschäftigung in der deutschen Automobilindustrie nahm auf Grund anhaltender Exportsteigerungen deutlich zu. Ursache dafür dürfte der Kursanstieg des amerikanischen Dollar gegenüber der DM sein. Dass dieser Trend sich auch in anderen Wirtschaftsbereichen fortsetzt, zeigt die deutliche Zunahme des Handelsbilanzüberschusses gegenüber dem Vormonat. "

Im Regelfall sind Zeitungsleser geneigt, den Informationsgehalt solcher oder ähnlicher Meldungen relativ schnell zu vergessen.

Tatsächlich aber ist nahezu jedermann wesentlich stärker in das außenwirtschaftliche Geflecht eingebunden, als er ahnt: Man arbeitet z. B. bei einem Unternehmen, dessen Umsatz zu einem Teil aus Lieferungen in das europäische und außereuropäische Ausland besteht. Selbst Halbteilelieferungen dieses Unternehmens an andere deutsche Unternehmen können indirekt für den Export bestimmt sein, weil die Endprodukte für das Ausland bestimmt sind.

Ein Rundblick durch die eigene Wohnung überzeugt davon, dass man bewusst oder unbewusst eine Vielzahl von ausländischen Produkten gekauft hat – sei es der japanische Videorekorder, das schwedische Holzregal oder der brasilianische Kaffee. Im Wertpapierdepot könnten sich Aktien eines amerikanischen Unternehmens befinden. Im letzten Urlaub flog man vielleicht mit einem dänischen Reiseveranstalter auf einer kanadischen Airline in die Dominikanische Republik. Diese Auflistung ließe sich über viele Lebensbereiche hinweg mit Gütern und Leistungen fortsetzen, die direkt oder indirekt international ausgetauscht werden.

Die Bedeutung der außenwirtschaftlichen Beziehungen und Verflechtungen steht außer Frage. Dennoch wirft die Auseinandersetzung mit diesem Thema eine Reihe von Fragen auf:

- Jede Volkswirtschaft ist gezwungen, Art und Umfang dieser Beziehungen zu messen, um die Auswirkungen auf die eigene Wirtschaft beurteilen zu können. Wie und durch wen erfolgt die statistische Erfassung dieser Zahlen? Welche Bedeutung haben in diesem Zusammenhang Begriffe wie „Handelsbilanz" und „Leistungsbilanz"?
- Jedem wirtschaftlich Interessierten muss auffallen, dass sich manche Wechselkurse nicht oder kaum verändern, während andere täglichen, mitunter sogar starken Schwankungen unterliegen.
- Am 1.1.1999 wurden von den Finanzministern des Europäischen Wirtschafts- und Währungssystems die Wechselkurse der nationalen Währungen im Verhältnis zum EURO unwiderruflich festgelegt. Andererseits werden täglich in den Nachrichten die aktuellen Kurse des Dollar im Verhältnis zur DM und zum EURO mitgeteilt. Wie kommen Wechselkurse zustande? Welchen Einfluss haben sie auf das binnenwirtschaftliche Geschehen?
- Warum ist ein Kursanstieg einer ausländischen Währung vorteilhaft für den Export heimischer Erzeugnisse und umgekehrt?

9.1 Die Bedeutung der Außenwirtschaft

Die Außenwirtschaft beinhaltet die Gesamtheit aller wirtschaftlichen Beziehungen zwischen den Wirtschaftssubjekten im Inland und den Wirtschaftssubjekten im Ausland.

– Im **Außenhandel** werden Güter über die Grenzen eines Landes importiert (Einfuhr) oder exportiert (Ausfuhr).
– Im **Dienstleistungsverkehr** werden zwischen in- und ausländischen Wirtschaftssubjekten Dienstleistungen ausgetauscht (z. B. Tourismus, Transport, Lizenzen).
– Im **Kapitalverkehr** werden Kredite gewährt und Wertpapiere gehandelt.
– Im **Devisenverkehr** werden Zahlungen zwischen den Notenbanken der einzelnen Länder ausgetauscht.
– Im **Übertragungsverkehr** werden unentgeltliche Leistungen von einer in die andere Volkswirtschaft übertragen (z. B. Transferzahlungen von ausländischen Arbeitnehmern).

Die **Ursachen des internationalen Handels** sind sehr vielschichtig. Im Wesentlichen sind es folgende Aspekte, die den Außenhandel notwendig machen:
– Unterschiedliche klimatische Rahmenbedingungen führen zu Schwerpunkten in Land- und Forstwirtschaft.
– Die Rohstoffvorkommen und Energievorräte sind ungleich über die Erde verteilt.
– Die einzelnen Länder der Erde haben verschiedene Wirtschaftsstrukturen und unterliegen unterschiedlichen technologischen Entwicklungen. Freie außenwirtschaftliche Beziehungen sollen diese Unterschiede ausgleichen, tun dies jedoch nicht immer.

Als **Hemmnisse für den internationalen Handel** können politische Verhaltensweisen einer Nation angesehen werden:
– Schutz der heimischen Wirtschaft (Protektionismus);
– Bestrebung, vom Ausland wirtschaftlich unabhängig zu sein (Autarkiestreben);
– Wirtschaftssanktionen gegen ein Land (Boykott).

Träger der außenwirtschaftlichen Beziehungen sind:
– Außenhandelsunternehmen (Importeure, Exporteure);
– Banken für die Abwicklung des Zahlungsverkehrs;
– die Zentralbank für den Devisenverkehr;
– die Ministerien für Wirtschaft und Finanzen durch die Kontrolle des Außenhandels und die Erhebung von Zöllen;
– Industrie- und Handelskammern als beratende Stellen.

Bedeutung des Außenhandels

Die bis auf 1993 stetig ansteigenden deutschen Ausfuhren betrugen 1997 890 Mrd. DM und erreichten damit einen neuen Spitzenwert. Deutschland ist nach den USA die zweitgrößte Exportnation. Der Exportüberschuss stieg von 22 Mrd. DM in 1991 auf rund 120 Mrd. DM in 1997.

Die Exportquote betrug 1990 28 %. Das bedeutet, dass bei uns mindestens jeder vierte Arbeitsplatz von der Ausfuhr in andere Länder abhängt.

Die Importquote betrug 1990 23,6 %. Viele Rohstoffe, die hier nicht existieren, müssen eingeführt werden. Dazu zählen z. B. Erdöl, Metalle und Nahrungsmittel. Aber auch viele technische Halbteile (z. B. Microchips) oder Fertigprodukte werden eingeführt.

DER WELTHANDEL IST UND BLEIBT DER MOTOR VON WACHSTUM UND BESCHÄFTIGUNG
—
PETER SUTHERLAND

9.2 Zahlungsbilanz

Im Zusammenhang mit der zunehmenden Globalisierung und der Zunahme des weltweiten Handels muss der Außenwirtschaft einer offenen Volkswirtschaft große Aufmerksamkeit gewidmet werden. Das zur Beurteilung des Außenhandels notwendige statistische Material wird in der Bundesrepublik innerhalb der volkswirtschaftlichen Gesamtrechnung in der Zahlungsbilanz ermittelt.

Die Zahlungsbilanz erfasst systematisch alle ökonomischen Transaktionen zwischen dem In- und Ausland innerhalb einer Wirtschaftsperiode. Sie besteht aus mehreren Teilbilanzen. Die Buchungen erfolgen nach dem Prinzip der doppelten Buchführung. Aus diesem Grund ist sie formal stets ausgeglichen. Die Zahlungsbilanz zeigt die internationalen Verflechtungen auf und liefert Informationen für die Finanz-, Geld- und Außenwirtschaftspolitik.

Leistungsbilanz

Die Leistungsbilanz, auch Bilanz der laufenden Posten genannt, setzt sich aus folgenden Teilbilanzen zusammen:

– Die **Handelsbilanz** erfasst alle Warenexporte und Warenimporte. Wenn der Wert der Warenexporte größer ist als der Wert der Warenimporte, liegt eine aktive Handelsbilanz vor. Im umgekehrten Fall liegt eine passive Handelsbilanz vor.

– Die **Dienstleistungsbilanz** nimmt alle Exporte und Importe von Dienstleistungen auf. Man spricht auch von so genannten unsichtbaren Ex- bzw. Importen. Zu diesen Transaktionen gehören z. B. Ausgaben im Reiseverkehr, Transportleistungen, Kapitalerträge (Gewinne, Dividenden, Zinsen), Leistungen ausländischer Dienststellen, Provisionen, Werbe- und Messekosten, Gebühren für Lizenzen und Kommunikationsleistungen.

– Die **Übertragungsbilanz** erfasst alle Transaktionen ohne direkte Gegenleistung, d. h. alle geleisteten unentgeltlichen Übertragungen. Sie wird deshalb auch **Schenkungsbilanz** genannt. Hierzu zählen **private Übertragungen**, z. B. Überweisungen ausländischer Arbeitskräfte an die Familien im Ausland, Unterstützungszahlungen, Erbschaften. Zu den **öffentlichen Übertragungen** sind Wiedergutmachungsleistungen, Beiträge an internationale Organisationen, Renten, staatliche Entwicklungs- und Militärhilfe zu zählen.

Im Aktiv der Bilanzen stehen jeweils Leistungen, die zu Einnahmen bzw. Forderungen führen. Im Passiv stehen Leistungen, die zu Ausgaben bzw. Verbindlichkeiten führen. Der Saldo der Leistungsbilanz entspricht dem **Außenbeitrag** einer Volkswirtschaft, da dieser in die Berechnung des Sozialproduktes nach der Verwendungsrechnung einfließt.

Leistungsbilanz in Mio. DM				
Jahr	Handelsbilanz[1]	Dienstleistungsbilanz	Übertragungsbilanz[2]	Saldo (gesamt)
1991	19,1	-22,8	-25,9	-29,6
1992	32,2	-36,0	-26,0	-29,8
1993	57,2	-43,8	-36,6	-23,2
1994	70,6	-52,1	-51,4	-32,9
1995	80,5	-52,5	-60,4	-32,4
1996	94,3	-52,5	-62,5	-20,7
1997	109,9	-56,3	-60,5	-6,9

[1] einschließlich Ergänzungen zum Warenverkehr
[2] einschließlich Saldo der Erwerbs- und Vermögenseinkommen

Kapitalbilanz

Die Kapitalbilanz erfasst Transaktionen des kurz- und langfristigen Kapitalverkehrs. Zum kurzfristigen Kapitalverkehr zählt man Kapitalexporte und -importe mit einer Laufzeit unter einem Jahr, wie z. B. Schecks, Wechsel, Zielgewährungen, Anzahlungen und kurzfristige Guthaben. Hier werden auch Transaktionen zu spekulativen Zwecken erfasst. Zum langfristigen Kapitalverkehr werden autonome Kapitalanlagen, wie Direktinvestitionen (z. B. Beteiligungen), Erwerb von Grundstücken und Gebäuden, sowie langfristige Wertpapiere und Darlehen gezählt. Die Zusammenfassung der Salden der Leistungsbilanz und der Bilanz des langfristigen Kapitalverkehrs erfolgt in der Grundbilanz.

Devisenbilanz

Die Devisenbilanz (heute: Netto-Auslandsaktiva der Deutschen Bundesbank) zeigt alle Änderungen der Währungsreserven der Deutschen Bundesbank an. Sie werden auch als Netto-Auslandsaktiva bezeichnet. Als Währungsreserven werden die Bestände an Devisen (Buchgeld, Schecks, Wechsel) Sorten und Gold verstanden.

Restposten der Zahlungsbilanz

In der Bilanz der Restposten werden alle Transaktionen erfasst, die auf Grund statistischer Ermittlungsfehler entstehen, z. B. ungewisse Einnahmen und Ausgaben aus dem Tourismus oder illegale Auslandstransaktionen. Die Bilanz der Restposten ermöglicht einen formalen Ausgleich der Zahlungsbilanz.

Eine ausgeglichene Zahlungsbilanz ist eines der Ziele des Magischen Vierecks.

VON 1991 BIS 1996 BETRUG IN DEN NIEDERLANDEN DER ANTEIL DER DIREKTINVESTITIONEN AN DEN BRUTTOANLAGENINVESTITIONEN 19,1 %. DAMIT LAGEN SIE WELTWEIT AN DER SPITZE. IN DEUTSCHLAND BETRUG DIESER ANTEIL IM GLEICHEN ZEITRAUM 5,3 %.

Zahlungsbilanz in Mio. DM					
Jahr	Leistungsbilanz	Vermögensübertragungen	Kapitalbilanz	Restposten[1]	Netto-Auslandsaktiva[2]
1990	78,9	-2,1	-90,5	24,7	11,0
1991	-29,6	-1,0	20,2	10,7	0,3
1992	-29,8	0,9	91,5	6,1	68,7
1993	-23,2	0,8	14,0	-27,4	-35,8
1994	-32,9	0,3	66,4	-21,6	12,2
1995	-32,4	-0,9	72,3	-21,3	17,7
1996	-20,7	-0,04	28,1	-9,0	-1,6
1997	-6,9	3,6	-12,7	7,5	-8,5

[1] Saldo der statistisch nicht aufgliederbaren Transaktionen

[2] Transaktionswerte

Interpretation der Zahlungsbilanz

Formal ist die Zahlungsbilanz immer ausgeglichen. Teilbilanzen können jedoch Salden aufweisen. Bei festen Wechselkursen spricht man von einem Zahlungsbilanzausgleich, wenn die Devisenzuflüsse den Devisenabflüssen entsprechen, d. h. wenn der Saldo der Devisenbilanz gleich Null ist (Devisenbilanzkonzept).

Aktive Zahlungsbilanz

Eine aktive Zahlungsbilanz liegt vor, wenn der Notenbank ausländische Devisen oder Gold zufließen. Der Saldo der Devisenbilanz ist dann im Haben. Man spricht von einem **Zahlungsbilanzüberschuss.** Die Folge ist, dass im inländischen Güterstrom weniger Güter zur Verfügung stehen, aber im inländischen Geldstrom die nachfragewirksame Geldmenge ansteigt. Langfristig hat dies eine inflatorische Wirkung (importierte Inflation).

Passive Zahlungsbilanz

Weist die Devisenbilanz einen Saldo im Soll auf, so bedeutet dies einen Abfluss an ausländischen Devisen und Gold. Die Folge ist eine Verringerung der Geldmenge in Inland, d. h. eine deflatorische Entwicklung. Außerdem besteht langfristig eventuell die Gefahr der internen Zahlungsunfähigkeit.

Heute, bei flexiblen Wechselkursen, wird die Zahlungsbilanz anhand der Leistungsbilanz beurteilt.

Hier zeigt sich, ob die Importe an Gütern und Diestleistungen durch Exporte der Leistungen einer Volkswirtschaft ausgeglichen werden können. Der Leistungsbilanzsaldo entspricht immer den Salden der Kapitalbilanz und der Veränderung der Netto-Auslandsaktiva der Deutschen Bundesbank. Importiert ein Land also mehr Waren und Dienstleistungen als es exportiert, muss sich das Land verschulden. Man spricht dann von einem **Zahlungsbilanzdefizit.**

Alle Maßnahmen, die einen Ausgleich der Zahlungsbilanz zum Ziel haben, gehören zur **Zahlungsbilanzpolitik.** Hierzu zählt man binnenwirtschaftliche Maßnahmen, die der Erhaltung und Sicherung einer leistungsstarken Wirtschaft dienen (Wettbewerbspolitik, Unterstützung von Forschung und Entwicklung, Unternehmenssteuerung) und außenwirtschaftliche Maßnahmen (Exportsubventionen, Zölle, Bürgschaften, Wahl des Wechselkurssystems, Handelsabkommen).

9.3 Wechselkurssysteme

Der Wechselkurs ist der Preis für ausländische Währung, ausgedrückt in inländischen Währungseinheiten. Er spiegelt das Tauschverhältnis zweier Währungen wieder und somit den Außenwert des inländischen Geldes.

Bei den meisten Währungen wird der Wechselkurs so notiert, dass der Kurs als Preis für 100 ausländische Währungseinheiten gilt. Ausnahmen sind Dollar, dessen Preis für 1 Einheit angegeben wird und Lire, die für 1000 Einheiten notiert werden.

Land	Währung	Devisenkurs		Sortenkurs	
		Geldkurs	Briefkurs	Geldkurs	Briefkurs
USA	1 Dollar	1,795	1,803	1,74	1,85
Frankreich	100 Fr.	121,13	121,33	1,24	1,36
Italien	1000 Itl.	1,0233	1,0313	0,964	1,085
Japan	100 Yen	1,5523	1,5553	1,49	1,57

Devisen sind buchgeldmäßige Zahlungsmittel, die auf ausländische Währungseinheiten lauten, wie z. B. Guthaben bei ausländischen Banken und auf ausländische Währungseinheiten lautende Schecks und Wechsel. Zu den Sorten zählen ausländische Banknoten und Münzen.

Offiziell werden Devisen an der Devisenbörse bzw. am Devisenmarkt gehandelt. Dort treffen Devisennachfrage und Devisenangebot zusammen. Voraussetzung hierfür ist die **Konvertibilität** der Währungen, d. h. das Recht, einheimische oder fremde Währungen frei und ohne Beschränkungen zu tauschen.

Bei festen Wechselkursen erfolgt der Austausch durch den Staat bzw. die Notenbank. Es erfolgt eine Devisenbewirtschaftung (-kontrolle), d. h. eine Politik, bei der der Staat den Devisenhandel reguliert, um eine Lenkung des Außenhandels vorzunehmen. Deviseneinnahmen müssen hierbei an den Staat abgegeben werden, der die Devisen zuteilt.

Die **Nachfrage nach Devisen** ergibt sich aus dem Import von Waren- und Dienstleistungen, deren Kaufpreis auf ausländische Währung lautet, und der Nachfrage nach Devisen zu Spekulations- bzw. Reisezwecken und für Kapitaltransfers.

Das **Angebot an Devisen** resultiert aus dem Export von Waren- und Dienstleistungen, die in ausländischer Währung fakturiert sind, dem Angebot von Devisen zu Spekulations- und Reisezwecken sowie dem Kapitalimport.

BANKKUNDEN KÖNNEN AM BANKSCHALTER NUR AUSLÄNDISCHE SORTEN IN FORM VON BANKNOTEN, NICHT ABER IN FORM VON MÜNZEN TAUSCHEN.

LÄNGST BESTIMMEN NICHT MEHR WAREN- UND DIENSTLEISTUNGSSTRÖME DIE WECHSELKURSE, SONDERN GIGANTISCHE STRÖME AUF DEM INTERNATIONALEN FINANZMARKT.

1973 FÜHRTE DIE
ÖLKRISE ZU EINER
EXTREMEN BELAS-
TUNG DER ZAH-
LUNGSBILANZEN DER
MITGLIEDSLÄNDER
DES ABKOMMENS
VON BRETTON
WOODS UND DAMIT
ZUM ÜBERGANG ZU
EINEM SYSTEM
FLEXIBLER
WECHSELKURSE.

Flexible Wechselkurse (Floating)

In einem System flexibler Wechselkurse bildet sich der Wechselkurs als Gleichgewichtskurs zwischen Devisenangebot und -nachfrage. Durch Veränderungen des Devisenangebotes oder der Devisennachfrage ist der Wechselkurs ständigen Schwankungen unterworfen. Weder der Staat noch die Bundesbank greifen bei diesem System in die Wechselkursbildung ein, andernfalls spricht man von einem „verschmutztem Floating".

Einflussfaktoren auf den Wechselkurs

Veränderungen des Devisenangebotes bzw. der Devisennachfrage führen zu einem Anstieg des Wechselkurses (Abwertung der inländischen Währung) oder zu einem Sinken des Wechselkurses (Aufwertung der inländischen Währung).

Folgende Einflussfaktoren spielen dabei eine Rolle:
- Volumen des Warenimportes und -exportes;
- Spekulation über Wechselkursentwicklungen;
- Preisentwicklung der Länder, z. B. führt eine geringere inländische Inflationsrate zu einem Exportanstieg;
- Zinsniveau der Länder, z. B. führt ein höheres Zinsniveau im Ausland auf Grund der Kapitalflucht zur vermehrten Nachfrage nach Devisen;
- Devisenankäufe und -verkäufe der Notenbanken;
- zu erwartende politische und wirtschaftliche Krisensituationen im In- und Ausland.

DURCH DEN
ANGRIFF AUF DAS
THAILÄNDISCHE
BAHT DURCH WEST-
LICHE SPEKULANTEN
UND DIE DAMIT
VERBUNDENE
ABWERTUNG IM MAI
1997 BEGANN DIE
ASIENKRISE.

Bei einer **Abwertung** der heimischen Währung sinkt der Außenwert des Geldes, d. h. der Wechselkurs steigt.

Ein Importeur bezieht Rohstoffe aus Amerika für 1000 $. Vor der Abwertung galt 1$ = 1,50 DM, d. h. der Importeur musste 1500 DM aufwenden. Nach der Abwertung gilt 1$ = 1,60 DM, d. h. nun muss der Importeur 1600 DM aufwenden.

Bei einer **Aufwertung** der heimischen Währung steigt der Außenwert des Geldes, d. h. der Wechselkurs sinkt auf Grund sinkender Devisennachfrage oder steigenden Devisenangebotes.

Ein deutscher Exporteur fakturiert in $. Er kalkuliert für seine Ware einen Preis von 20400 DM. Vor der Aufwertung galt 1$ = 1,70 DM, d. h. er musste 12000 $ in Rechnung stellen. Nach der Aufwertung gilt 1$ = 1,60 DM, d. h. er muss nun 12750 $ verlangen.

Bewertung des Systems flexibler Wechselkurse	
Vorteile	Nachteile
– Der Zahlungsbilanzausgleich erfolgt ohne Eingriffe der Notenbank. – Keine importierte Inflation, da keine Geldmengenausweitung durch Devisenkäufe der Notenbank stattfindet. – Das außenwirtschaftliche Ziel ist automatisch erreicht, was eine Konzentration auf andere Wirtschaftsziele erleichtert. – Durch ausländische Konkurrenz steigt der Wettbewerb. – Internationale Ungleichgewichte werden verhindert.	– Im Welthandel kann u. U. Unsicherheit durch Zufallsverluste bzw. -gewinne erzeugt werden. – Die Unternehmen haben eine unsichere Kalkulationsgrundlage aufgrund ständiger Wechselkursänderungen (Alternative: Fakturierung in DM). – Eine Aufgabe des außenwirtschaftlichen Zieles zugunsten anderer Wirtschaftsziele, wie z. B. Schaffung von Arbeitsplätzen, ist nicht möglich.

Feste (starre) Wechselkurse

In einem reinen System fester Wechselkurse wird der Wechselkurs durch den Staat bzw. die Notenbank auf Dauer festgelegt. Es bildet sich also kein Gleichgewichtskurs durch das freie Spiel von Devisenangebot und -nachfrage. Hier ist der Staat oft gezwungen, eine Auf- oder Abwertung vorzunehmen, da die Notenbank dem Prinzip nach verpflichtet ist, jedes Angebot bzw. jede Nachfrage zu befriedigen.

Ist die heimische Währung auf lange Sicht unterbewertet, liegt ein ständiger Angebotsüberhang nach Devisen vor. Die Nachfragelücke kann auf Dauer durch die Notenbank nicht befriedigt werden, da z. B. die Gefahr der Inflation droht – auch wenn hier ein ständiger Zahlungsüberschuss vorliegt, was positiv für die Beschäftigung ist.
Eine langfristige Überbewertung der heimischen Währung hat zur Folge, dass die Währungsreserven der Notenbank aufgezehrt werden, da ein ständiger Nachfrageüberhang existiert. Dies führt zur internationalen Zahlungsunfähigkeit des Landes.
Falls das Land keine Devisenbewirtschaftung betreibt, muss eine Abwertung stattfinden.

WÄHREND VOR DER WENDE DER RUSSISCHE RUBEL NOCH MIT 3,– DM JE RUBEL VOM REGIME FESTGELEGT WAR, BETRUG DAS TAUSCHVERHÄLTNIS 1991 NUR NOCH CA. –,30 DM JE RUBEL. IM AUGUST 1998 WERTETE DIE REGIERUNG DEN RUBEL ERNEUT AB. IN DEN FOLGENDEN WOCHEN STÜRZTE DER WERT DES RUBEL UM 67 % AB UND LEITETE DIE RUSSLANDKRISE EIN.

Bewertung des Systems fester Wechselkurse	
Vorteile	Nachteile
– Die Unternehmen besitzen eine feste Kalkulationsgrundlage, da keine Wechselkursschwankungen vorliegen. – Die Beeinflussung des Außenhandels zugunsten binnenwirtschaftlicher Ziele ist möglich.	– Es besteht die Gefahr der Inflation bei steigenden Preisen im Ausland. – Ständige Ungleichgewichte auf dem Devisenmarkt führen u. U. zu Inflation oder Zahlungsunfähigkeit. – Es erfolgt kein automatischer Zahlungsbilanzausgleich.

Feste Wechselkurse mit Bandbreiten

Das System für feste Wechselkurse mit Bandbreiten ist eine Kombination fester und flexibler Wechselkurse. In diesem System vereinbaren die Länder der entsprechenden Währungen ein festes Verhältnis zu einer Leitwährung, z. B. dem EURO. Hieraus lassen sich dann Leitkurse der Währungen untereinander ableiten. Innerhalb bestimmter Abweichungen von diesem Leitkurs, d. h. innerhalb von Bandbreiten, dürfen Wechselkurse flexibel schwanken.

Liegt der Wechselkurs nicht mehr innerhalb dieser Bandbreite, sind die Notenbanken durch Kauf oder Verkauf der entsprechenden Währung zum Eingreifen verpflichtet.

Der **obere Interventionspunkt** stellt eine Abweichungsgrenze der Wechselkurse nach oben dar. Erreicht der flexibel entstehende Wechselkurs diesen Punkt (= maximaler Kurs), muss die Notenbank durch Verkauf der entsprechenden Währung das Angebot erhöhen, damit der Wechselkurs wieder in die Bandbreite fällt. Zur Finanzierung dieser Intervention gewähren sich die Notenbanken der Länder untereinander kurzfristige Kredite.

Steigt der Wechselkurs für 100 skr auf 28,75 DM, bei einem Leitkurs von 25 DM, muss die Bundesbank skr verkaufen.

Bildet sich auf dem Devisenmarkt ein Wechselkurs, der die Abweichungsgrenze unterhalb des Leitkurses erreicht (= minimaler Kurs), muss die Notenbank die betreffende Währung kaufen, um durch diese Nachfrageerhöhung den Wechselkurs anzuheben (unterer Interventionspunkt).

Sinkt der Wechselkurs für 100 skr auf 21,25 DM (Leitkurs 100 skr = 25 DM), muss die Bundesbank skr kaufen.

IM EUROPÄISCHEN WÄHRUNGSSYSTEM DÜRFEN DIE ABWEICHUNGEN SEIT 1993 +/- 15 % BETRAGEN, ZUVOR WAREN DIES +/- 2,25 %. DIES GILT ALLERDINGS NUR NOCH FÜR DIE LÄNDER, DIE NICHT EWWS-MITGLIEDER SIND.

III. Herausforderungen

Wir sind an einem Punkt,
wo sich unsere Zukunft entscheidet.
Wir steuern auf einen Abgrund zu.
Aber da man weiß, wie ungern
wir Menschen was ändern,
wird diese Gesellschaft wohl kaum
vor dem Abgrund bremsen wollen ...

VICTOR VON BÜLOW

10. Beschäftigung

Nehmen wir an, dass gegenwärtig eine bestimmte Anzahl von Menschen mit der Herstellung von Nadeln beschäftigt ist. Sie machen so viele Nadeln, wie die Weltbevölkerung braucht und arbeiten acht Stunden täglich. Nun macht jemand eine Erfindung, die es ermöglicht, dass dieselbe Zahl von Menschen doppelt so viele Nadeln herstellen kann. Aber die Menschheit braucht nicht doppelt so viele Nadeln. Sie sind bereits so billig, dass kaum eine zusätzliche verkauft würde, wenn sie noch billiger würden. In einer vernünftigen Welt würde jeder, der mit der Herstellung von Nadeln beschäftigt ist, jetzt eben vier statt acht Stunden täglich arbeiten, und alles ginge weiter wie zuvor. Aber in unserer realen Welt betrachtet man so etwas als demoralisierend. Die Nadelarbeiter arbeiten noch immer acht Stunden, es gibt zu viele Nadeln. Einige Nadelfabrikanten machen Bankrott, und die Hälfte der Leute verlieren ihren Arbeitsplatz. Es gibt jetzt, genau betrachtet, genauso viel Freizeit wie bei halber Arbeitszeit, denn jetzt hat die Hälfte der Leute überhaupt nichts mehr zu tun, und die andere überarbeitet sich. Auf diese Weise ist sichergestellt, dass die unvermeidliche Freizeit Elend hervorruft, statt dass sie eine Quelle des Wohlbefindens werden kann. Kann man sich noch etwas Irrsinnigeres vorstellen?
(BERTRAND RUSSELL, zit. nach: Gewerkschaftliche Praxis, 32. Jg., Heft 6, 1987)

Das Zitat von BERTRAND RUSSELL kann durchaus kontrovers diskutiert werden. Sicher sind Umstände, Ursachen und Folgen der Arbeitslosigkeit auch nicht so einfach wie oben dargestellt.

Tatsache ist jedoch, dass in allen Volkswirtschaften heutiger Zeit Arbeitslosigkeit ein zentrales Problem mit weit reichenden Auswirkungen auf nahezu alle Lebensbereiche darstellt.

– Wie hat sich die Arbeitslosigkeit in den vergangenen 50 Jahren entwickelt? Welche Erkenntnisse lassen sich aus dieser Entwicklung ziehen?

– Monatlich wird die absolute und relative Arbeitslosenzahl bekannt gegeben und zur Beurteilung der Beschäftigungslage unterschiedlich kommentiert und interpretiert. Welche weiteren Informationen der volkswirtschaftlichen Statistik muss man bei kritischer Betrachtung zusätzlich heranziehen, um sich ein genaueres Bild von der Lage am Arbeitsmarkt zu machen?

– Nahezu jeder Mensch kann heute zum Thema Arbeitslosigkeit etwas berichten, da in seinem unmittelbaren Bekannten- oder Verwandtenkreis eine oder mehrere Personen von Arbeitslosigkeit betroffen sind. Welche Folgen hat Arbeitslosigkeit für die betroffenen Personen, für die gesamte Volkswirtschaft und für die Weltwirtschaft?

– Technologische Arbeitslosigkeit, wie oben im Zitat dargestellt, ist nicht die einzige Art von Arbeitslosigkeit. Welche anderen Ursachen lassen sich ausmachen?

– „Lohnkosten runter, damit sich Arbeit wieder lohnt", sagen Unternehmer. „Höhere Löhne, damit die Binnennachfrage angekurbelt wird", entgegnen Gewerkschafter. Welche „Rezepte" und Handlungsmöglichkeiten haben der Staat, Verbände und einzelne Betriebe, um Arbeitslosigkeit zu vermindern und mehr Menschen in Beschäftigung zu bringen?

10.1 Arbeitslosigkeit – etwas Statistik

Auch wenn jede einzelne Arbeitslosigkeit einen individuellen Schicksalsschlag bedeutet: erst die Gesamtschau in Form einer Statistik ermöglicht, das gesamte Ausmaß der Arbeitslosigkeit zu untersuchen.

Zu diesem Zweck informiert die Bundesanstalt für Arbeit die Öffentlichkeit u. a. monatlich mit der Statistik zur Lage und Entwicklung des Arbeitsmarktes. Dazu gehört die Statistik über Arbeitsvermittlung, über Arbeitslose und offene Stellen sowie die Berechnung von Arbeitslosenquoten.

Offizielle Arbeitsmarktstatistik

Als Maßstab der Arbeitslosigkeit dient der Bundesanstalt die Zahl der registrierten Arbeitslosen. Dazu zählen alle Personen mit Sitz im Bundesgebiet, die eine unmittelbar oder mittelbar auf Erwerb gerichtete Tätigkeit ausüben oder suchen. Diese Zahl wird in ein prozentuales Verhältnis gesetzt zu der Summe der abhängigen Erwerbspersonen. Das ist die Summe aus den beschäftigten Beamten, Angestellten und Arbeitern sowie der Arbeitslosen selbst.

$$\text{Arbeitslosenquote} = \frac{\text{arbeitslos gemeldete Personen} \times 100}{\text{Erwerbspersonen}}$$

Ein Blick auf die folgende Arbeitslosenstatistik zeigt für Westdeutschland die Entwicklung der Arbeitslosen in % sowie in absoluten Zahlen von 1950 bis 1990. Zahlen für Ostdeutschland liegen erst seit 1991 vor.

Arbeitslose in Westdeutschland 1950 – 1990 im Jahresdurchschnitt in Prozent und absolut (Zahlen in Tausend)

Jahr	in %	Gesamt	Männer	Frauen	Ausländ.	Teilzeit
1950	11,0	1.869	1.256	613		
1955	5,6	1.074	632	442		
1960	1,3	271	179	92		
1965	0,7	147	105	42	2	
1970	0,7	149	93	56	5	27
1975	4,7	1.074	622	452	151	155
1980	3,8	889	427	462	107	163
1985	9,3	2.304	1.289	1.015	253	238
1990	7,2	1.883	968	915	203	213

Quelle: BA für Arbeit

Diese Statistik weist ab 1950 eine stark abnehmende Tendenz aus, die sich ab Mitte der Siebzigerjahre jedoch umkehrt und bis 1990 wieder stark zunimmt.

DIE ARBEITSLOSIGKEIT GEHT DURCHS LAND WIE EIN NEUES REGIME DER FURCHT, DAS KEINE STASI BRAUCHT, UM DIE MENSCHEN EINZUSCHÜCHTERN
—
HEINER MÜLLER

Aus diesem Grund war die monatlich veröffentlichte Arbeitslosenqoute in den vergangenen 20 Jahren in der wirtschaftspolitischen Debatte ein „Dauerbrenner".

Zu einer aktuellen Herausforderung wird die Arbeitslosigkeit durch folgende Entwicklungen:

1. Seit der deutschen Einheit im Jahre 1991 hat die Arbeitslosigkeit in einem extrem hohen Maße zugenommen:

Arbeitslosenstatistik Deutschland 1991–1997 im Jahresdurchschnitt in Prozent und absolut (Zahlen in Tausend)

Jahr	Gesamt	in %	West	in %	Ost	in %
1991	2.602	7,3	1.689	6,3	913	10,3
1992	2.979	8,5	1.808	6,6	1.170	16,1
1993	3.419	9,8	2.270	8,2	1.149	15,8
1994	3.698	10,6	2.556	9,2	1.142	16,0
1995	3.612	10,4	2.565	9,3	1.047	14,9
1996	3.965	11,5	2.796	10,1	1.169	16,7
1997	4.384	12,7	3.021	10,4	1.364	19,5

Quelle: BA für Arbeit

2. Arbeitslosigkeit ist kein deutsches Problem. In dem beobachteten Zeitraum seit 1970 handelt es sich vielmehr um ein internationales Phänomen, wenn auch die Strukturen der Arbeitslosigkeit in anderen Ländern z. T. völlig anders sind:

Arbeitslosenquoten nach ausgewählten Ländern

Land	1990	1995	1997
Niederlande	6,2	6,9	5,5
Großbritannien	7,0	8,7	7,1
Irland	13,4	12,3	10,2
Spanien	16,2	22,9	20,9
Japan	2,1	3,1	3,4
USA	5,5	5,6	5,0

Quelle: OECD

3. Obwohl in den vergangenen drei Jahrzehnten das reale Bruttosozialprodukt in Deutschland kontinuierlich zunahm, ist sowohl die Anzahl der Beschäftigten als auch die Arbeitslosigkeit kontinuierlich gestiegen:

Zeitraum	1960–1970	1970–1980	1980–1990
Ø Wachstum des realen BSP	+ 4,4 %	+ 2,7 %	+ 2,2 %
Veränderung der abhängig Beschäftigten	+ 9,8 %	+7,4 %	+ 6,6 %

Hintergründe und kritische Anmerkungen

Die dargestellten Werte wurden auf Basis der offiziellen Arbeitsmarktstatistik der Bundesanstalt für Arbeit zusammengestellt. Diese Statistik zeigt in vielfältiger Weise nicht die ganze Wahrheit:

Als arbeitslos werden in der Arbeitsmarktstatistik erfasst:

- Personen, die aus unselbstständiger, selbstständiger oder mithelfender Tätigkeit ausgeschieden und beim Arbeitsamt als Arbeit suchend gemeldet sind,
- Schulentlassene, die sich erfolglos bei der Arbeitsvermittlung um eine Arbeitsstelle bzw. bei der Berufsberatung um eine Berufsausbildungsstelle beworben haben und
- Nichterwerbstätige, die sich beim Arbeitsamt als Arbeit suchend melden.

In der veröffentlichten Arbeitsmarktstatistik sind jedoch folgende Personenkreise nicht als arbeitslos enthalten:

- Personen, die es entweder versäumen, sich arbeitslos zu melden oder aus anderen Motiven den Gang zum Arbeitsamt unterlassen, z. B. Frauen, deren Ehemann berufstätig ist und die eine Teilzeitarbeit leisten wollen.
- Erwerbslose Personen, die ihren Lebensunterhalt ganz oder teilweise durch Angehörige oder Renten abdecken und sich deshalb aus wirtschaftlichen Gründen nicht arbeitslos melden müssen.
- Personen, die in Bildungsmaßnahmen des Arbeitsamtes für den Arbeitsmarkt qualifiziert werden sollen. Sie stehen dem Arbeitsmarkt aktuell nicht zur Verfügung, sondern erst nach Abschluss der Maßnahme (August 1998: 345.772).
- Arbeitnehmer, die Kurzarbeit leisten (Mitte 1998: 100.000). Bei durchschnittlich 50% Arbeitsausfall entspricht das weiteren 50.000 „Arbeitslosen".
- Empfänger von Vorruhestands- oder Altersübergangsgeld.

Die gesamte umschriebene Personengruppe wird als **„stille Reserve"** bezeichnet. Schätzungen für diese Gruppe gehen von zusätzlich 2 – 3 Mio. Arbeitslosen zusätzlich zur offiziellen Statistik aus.

Andererseits sind in der Arbeitslosenstatistik eine Vielzahl von Personen enthalten, die dem Arbeitsmarkt zwar zur Verfügung stehen, jedoch aus verschiedenen Gründen nicht vermittelbar sind. Dazu gehören insbesondere Personen, die durch ein realtiv hohes Alter schwer vermittelbar sind oder die auf das Renteneintrittsalter warten. Dies trifft durchschnittlich auf 25% der Arbeitslosen zu (August 1998: 930.000).

WIR HABEN HEUTE EIN SYSTEM, IN DEM DIE LÖHNE STEIGEN UND DIE ZAHL DER ARBEITSPLÄTZE SINKT. BEI EINEM 100-MANN-BETRIEB HEISST DAS: WIR ERHÖHEN FÜR FÜNFUNDNEUNZIG DIE EINKOMMEN UND DRÄNGEN FÜNF IN DIE ARBEITSLOSIGKEIT. DAS IST KEIN MODERNES SOZIALVERHALTEN

—

KLAUS MURMANN

WISSEN UND KEIN BERUF SCHON VIEL UNHEIL SCHUF.

—

JÜDISCHES SPRICHWORT

Arbeitslose, die lediglich eine Teilzeitstelle suchen, sind oft nur in einem engen Umkreis des Wohnortes zu vermitteln. Sie sind nicht mobil, weil sie Kinder betreuen oder der Ehepartner einen guten Arbeitsplatz hat. Dies trifft auf ca. 10 % der Arbeitslosen zu (August 1998: 341.000).

Der Tatbestand der **Missbrauchs-Arbeitslosigkeit** ist ein wachsendes und damit ernst zu nehmendes Problem. Es handelt es sich um Personen, die neben dem Arbeitslosengeld oder der Arbeitslosenhilfe offiziell oder „schwarz" hinzuverdienen, dieses Einkommen jedoch nicht angeben, um es auf die Bezüge vom Arbeitsamt anrechnen zu lassen. Sie stehen also faktisch dem Arbeitsmarkt nicht oder nicht in vollem Umfang zur Verfügung bzw. haben mit Arbeitslosengeld oder -hilfe zuzüglich des zuverdienten Lohns ein relativ gutes Auskommen. Für sie besteht kein Anreiz mehr, tatsächlich eine sozialversicherungspflichtige Arbeit anzunehmen. 1997 wurden bundesweit etwa 240.000 Fälle solchen Leistungsmissbrauchs aufgedeckt .

Bisher wurde nur auf den Begriff der Arbeitslosigkeit eingegangen. Eine etwas andere Sicht ergibt sich beim Blick auf die Veränderung der abhängig Erwerbstätigen. Dieser zeigt, in welchem Umfang neue, zusätzliche Arbeitsplätze geschaffen wurden. Tatsächlich nahm bis 1990 die Anzahl neu geschaffener Arbeitsplätze zu. Seit einer Reihe von Jahren geht die Anzahl der Arbeitsplätze in Deutschland jedoch absolut zurück. Besonders im internationalen Vergleich ergibt sich für Deutschland ein sehr schlechtes Bild:

Veränderung der Erwerbstätigenzahl ausgewählter Länder

Land	1993 – 1997 in %
Irland	+ 18,3
Norwegen	+ 9,3
USA	+ 9,2
Niederlande	+ 7,4
Großbritannien	+ 4,7
Deutschland	– 5,3

Quelle: OECD

Fazit: Während bis etwa 1991 das Wachstum des realen Bruttosozialprodukts ausreichte, um neue Arbeitsplätze zu schaffen, jedoch nicht stark genug, um allen Menschen in Deutschland Arbeit zu geben, nimmt seit fünf Jahren die Anzahl der Erwerbstätigen insgesamt ab: sicherlich einer der Gründe, die zu der hohen Zunahme der Arbeitslosigkeit führten.

10.2 Auswirkungen der Arbeitslosigkeit

Individuelle Folgen

Es gibt kaum eine Familie in Deutschland, in der nicht ein Vater, eine Schwester, ein Onkel oder ein naher Bekannter Erfahrungen mit Arbeitslosigkeit gemacht hätte. Tritt die betreffende Person kurz danach wieder in ein Arbeitsverhältnis ein, bleiben die negativen Folgen, sieht man einmal von der psychologischen Wirkung ab, relativ gering.

Wesentlich problematischer sieht die Lage für die zunehmend große Anzahl von **Langzeitarbeitslosen** aus. Im August 1998 waren in Deutschland 1.486.584 Menschen länger als ein Jahr arbeitslos.

Wirtschaftlich muss jemand, der arbeitslos wird, erhebliche Einbußen hinnehmen. Als Bezieher von **Arbeitslosengeld** erhält er 67 % des in den vergangenen 6 Monaten erhaltenen Nettodurchschnittsentgelts, als Alleinstehender nur 60 %. Bei einem kaufmännischen Angestellten mit 3.000 DM monatlichem Nettoeinkommen entspricht das einer Einkommensminderung von 990 bzw. 1.200 DM.

Läuft der Bezug von Arbeitslosengeld nach spätestens einem Jahr aus, besteht bei Vorliegen der Voraussetzungen für den Bezug von **Arbeitslosenhilfe** ein Anspruch von 57 % (Erwerbslose mit Kindern) bzw. 53 % (allein stehende Erwerbslose). Allerdings muss dabei die Bedürftigkeit nachgewiesen werden, d. h. es wird das Einkommen der Verwandten 1. Grades und des Ehepartners berücksichtigt. Das Einkommensniveau nahezu aller Langzeitarbeitslosen sinkt damit auf Sozialhilfeniveau.

Der Einkommenseinbruch führt i.d.R. zu weiteren wirtschaftlichen Folgen für den Arbeitslosen und seine Familie: Verbrauch sämtlicher finanzieller Rücklagen; Verlust des noch nicht vollständig bezahlten Eigenheims oder Verlust der Mietwohnung durch die Unmöglichkeit, die hohe Miete weiterzuzahlen; Überschuldung des Haushaltes, weil die monatlichen Raten nicht zurückbezahlt werden können.

Schließlich kann längerfristige Arbeitslosigkeit schwere negative Auswirkungen auf den gesamten Lebensbereich eines Arbeitslosen und seiner Familie haben: Verlust des Selbstwertgefühls und Demoralisierung, Verlust von Freunden, Rückzug aus gesellschaftlichen Gruppen, wie Vereinen oder Freundeskreis, gesundheitliche Probleme, Zerrüttung der Familie, unter bestimmten Voraussetzungen sogar Abgleiten in die Kriminalität.

> WENN EIN JUNGER MENSCH EINE SCHULE ABSOLVIERT, ERFOLGREICH EINE LEHRE BESTANDEN HAT UND DANN AN STELLE EINES ARBEITSPLATZES NUR DAS HOHELIED DER MARKTWIRTSCHAFT GESUNGEN BEKOMMT, DANN KANN MAN SEINE WUT UND SEIN AUFBEGEHREN GEGEN DIESEN STAAT ZUMINDEST VERSTEHEN
>
> —
>
> OSKAR LAFONTAINE

Gesamtwirtschaftliche Folgen

Es bleibt nicht aus, dass hohe Arbeitslosigkeit Folgen für die Gesamtwirtschaft hat. Dazu zählen zunächst die objektiv messbaren Kosten. Hier belastet die Arbeitslosigkeit die Staats- und Versicherungskassen doppelt: Zunächst zahlen Staat und Sozialversicherungen Unterstützung auf vielfältige Weise. Andererseits fallen durch die Nichtbeschäftigung im Gegensatz zur Vollbeschäftigung Einnahmen aus Lohnsteuern und geringeren Verbrauchssteuern sowie aus Beiträgen zur Sozialversicherung aus.

Jährliche Kosten der Arbeitslosigkeit – Stand 1996

	je Arbeitsloser in DM	Gesamt in Mrd. DM
Ausgaben des Staates:		
Arbeitslosengeld und -hilfe	11.862	47,0
Rentenversicherungsbeiträge	4.849	19,2
Kranken- und Pflegeversicherung	3.647	14,5
Sozialhilfe für Arbeitslose	1.763	7,0
Wohngeld für Arbeitslose	441	1,7
Mindereinnahmen des Staates:		
Einkommens- und Verbrauchssteuern	8.563	34,0
Rentenversicherungsbeiträge	3.447	13,7
Kranken- und Pflegeversicherung	2.725	10,8
Arbeitslosenversicherung	2.805	11,1
Gesamt	40.075	159,0

Quelle: Institut für Arbeitsmarkt- und Berufsforschung, Nürnberg

Die Gesamtkosten der Arbeitslosigkeit, die messbar sind, belaufen sich auf die Summe von 159 Mrd. DM für 1996. Das entspricht einem Anteil am Volkseinkommen von 6 %. Bezogen auf die Anzahl der Erwerbstätigen bedeutet dies, dass jede erwerbstätige Person im Durchschnitt des Jahres 1996 4.940 DM aufzubringen hatte.

Dies sind allein die objektiv nachweisbaren Kosten, die den Arbeitslosen 1996 direkt oder indirekt zugeflossen sind. Dazu kommen Ausgaben der Bundesanstalt für Arbeit für Rehabilitation, Konkursausfallgeld, Kurzarbeitergeld, Arbeitsbeschaffungsmaßnahmen, Fortbildung und Umschulung sowie eigene Fachaufgaben.

Ferner sind weitere Belastungen der Volkswirtschaft noch nicht ausgewiesen. Dazu gehören z. B. Mindereinnahmen des Handels und der Industrie auf Grund fehlender Nachfrage, Abfindungen bei Entlassungen und zusätzliche Belastungen der Krankenkassen durch erhöhte Krankheitskosten.

10.3 Ursachen der Arbeitslosigkeit

Die Gründe für die hohe Arbeitslosigkeit in Deutschland und anderen westeuropäischen Ländern aufzuspüren, bedeutet, sich mit zwei Fragen auseinanderzusetzen:

Typologie der Arbeitslosigkeit

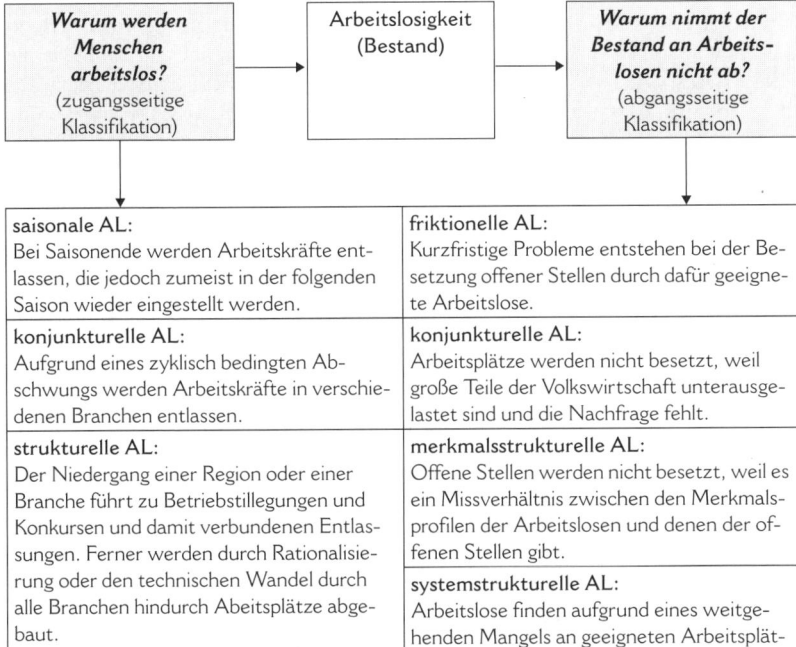

| *Warum werden Menschen arbeitslos?* (zugangsseitige Klassifikation) | Arbeitslosigkeit (Bestand) | *Warum nimmt der Bestand an Arbeitslosen nicht ab?* (abgangsseitige Klassifikation) |

saisonale AL: Bei Saisonende werden Arbeitskräfte entlassen, die jedoch zumeist in der folgenden Saison wieder eingestellt werden.	friktionelle AL: Kurzfristige Probleme entstehen bei der Besetzung offener Stellen durch dafür geeignete Arbeitslose.
konjunkturelle AL: Aufgrund eines zyklisch bedingten Abschwungs werden Arbeitskräfte in verschiedenen Branchen entlassen.	konjunkturelle AL: Arbeitsplätze werden nicht besetzt, weil große Teile der Volkswirtschaft unterausgelastet sind und die Nachfrage fehlt.
strukturelle AL: Der Niedergang einer Region oder einer Branche führt zu Betriebstillegungen und Konkursen und damit verbundenen Entlassungen. Ferner werden durch Rationalisierung oder den technischen Wandel durch alle Branchen hindurch Abeitsplätze abgebaut.	merkmalsstrukturelle AL: Offene Stellen werden nicht besetzt, weil es ein Missverhältnis zwischen den Merkmalsprofilen der Arbeitslosen und denen der offenen Stellen gibt.
	systemstrukturelle AL: Arbeitslose finden aufgrund eines weitgehenden Mangels an geeigneten Arbeitsplätzen keine Stellen (*»job-gap«*)

In einer dynamischen und freiheitlichen Wirtschaft wird man die Tatsache, dass Arbeitskräfte freigesetzt werden, als einen normalen Vorgang hinnehmen müssen. Schließlich ist es normal, dass unrentable Betriebe schließen, dass es konjunkturelle Schwankungen gibt, dass Unternehmer rationalisieren oder dass Produkte saisonal oder dauerhaft nicht mehr nachgefragt werden. Im Prinzip wäre dies auch für die Betroffenen kein Problem, wenn sie in anderen Unternehmen, Regionen oder Branchen bzw. im Rahmen eines neuen Aufschwungs wieder Arbeit finden würden. Aber genau das ist seit Jahren für eine große Anzahl von Menschen in Deutschland und Westeuropa nicht mehr der Fall.

MANCHER WÜRDE AUF EIN PAAR TAGE URLAUB VERZICHTEN, WENN ES DAFÜR MEHR GELD GIBT. ANDERE FAHREN LIEBER LÄNGER IN URLAUB. WARUM SOLL NICHT BEIDES MÖGLICH SEIN?

—

KLAUS MURMANN

141

Ende Juli 1998 hatten die deutschen Arbeitsämter 466.716 offene Stellen im Bestand bei gleichzeitig 4.134.464 gemeldeten Arbeitslosen. Hier setzt die Frage an, warum bei einer so hohen Zahl von Arbeitsfähigen eine so hohe Zahl von angebotenen Stellen offen bleibt. Darauf gibt es zunächst zwei Antworten:

Friktionelle Arbeitslosigkeit

Wenn ein Unternehmen durch Kündigung, Tod oder Ruhestand einen Arbeitnehmer verloren hat und die Stelle neu besetzen will, dauert es eine gewisse Zeitspanne, bis die Stelle dem Arbeitsamt gemeldet oder ausgeschrieben ist, Bewerbungs- und Vorstellungsverfahren abgelaufen sind und ggf. ein Wohnungswechsel durchgeführt wurde. Aus diesem Grunde wird es immer eine bestimmte Anzahl von friktioneller Arbeitslosigkeit in Form von Such-Arbeitslosigkeit geben. Dennoch: Im Zeitalter der Kommunikationsmedien und der Datennetze sollte sich die Zeit zwischen Feststellung und Meldung einer offenen Stelle und deren Besetzung nennenswert verkürzen lassen.

Merkmalsstrukturelle Arbeitslosigkeit

Die Anzahl der im Beispiel genannten Stellen lässt sich keineswegs nur mit friktioneller Arbeitslosigkeit erklären, zumal den Arbeitsämtern nur etwa 40 % der offenen Stellen gemeldet werden. Dies bedeutet, dass zu dem o. g. Zeitpunkt (Juli 1998) mehr als 1,1 Mio. Stellen vakant waren.

Bei der merkmalsstrukturellen Arbeitslosigkeit passen also Arbeitsangebot und -nachfrage nicht zusammen: Das Merkmalsprofil der Bewerber (z. B. Alter, Ausbildung, gewünschte Arbeitszeit) stimmt mit den Anforderungen der offenen Stellen (z. B. EDV-Kenntnisse, Sprachen) nicht überein.

Ein Blick auf die Struktur der im Beispiel genannten Arbeitslosenzahl zeigt eine erste Problematik auf:

Struktur der Arbeitslosen in Deutschland Ende Juli 1998

	absolut	in %
Arbeitslose gesamt	4.134.464	100,0
unter 25 Jahren	486.800	11,8
über 54 Jahre	935.642	22,6
Teilzeitarbeitsuchende	338.116	8,2
Schwerbehinderte	193.051	4,7
Ausländer	505.693	12,2
Langzeitarbeitslose	1.504.642	36,4

Quelle: Bundesanstalt für Arbeit

Während die friktionelle Arbeitslosigkeit von relativ kurz-fristiger Dauer ist, hält die merkmalsstrukturelle Arbeits-losigkeit mittelfristig an. Das hat damit zu tun, dass die erforderlichen Anpassungsprozesse, z. B. berufliche und räumliche Mobilität sowie Umschulung und Qualifizierung, zumeist mehrere Jahre in Anspruch nehmen. Es gibt einen *„time-lag"*, eine zeitliche Lücke zwischen der nachhaltigen Feststellung eines Bedarfs in einem bestimmten Berufs-zweig (z. B. Informatiker) und der Anpassung der Ange-botsseite an diesen Bedarf (z. B. Einrichtung von Studien-plätzen in Informatik).

Systemstrukturelle Arbeitslosigkeit

Bei dieser Art der Arbeitslosigkeit zeigt sich ein genereller Mangel an Arbeitsplätzen in einer Volkswirtschaft. Das be-deutet, es werden in hohem Maße Arbeitsplätze vernichtet, aber es kommen nicht in gleichem Maße neue hinzu. Den Arbeitssuchenden steht damit eine Arbeitsplatzlücke, ein *„job-gap"* gegenüber. Genau dies ist seit einigen Jahren in Deutschland der Fall.

Veränderung der Arbeitsplätze in ausgewählten Industrie-zweigen 1991 bis 1997

Branche	Arbeitsplätze
Maschinenbau	– 570.000
Textil/Bekleidung	– 287.100
Chemie	– 216.000
Lebensmittel	– 119.800
Stahlproduktion	– 68.300

Quelle: Statistisches Bundesamt

Ein so nachhaltiger Mangel an Arbeitsplätzen tritt i.d.R. in anhaltenden Stockungs- und Anpassungsphasen der ge-samtwirtschaftlichen Entwicklung auf. Allerdings kann der Umbruch in den neuen Bundesländern, in denen ganze In-dustriezweige „abgewickelt" wurden, nur zu einem Teil als Erklärung herhalten. Im Vergleichszeitraum nahm die Ar-beitslosigkeit in diesem Teil Deutschlands „nur" um 451.000 zu, während sie in den alten Bundesländern um 1.332.000 zunahm. In den vergangenen fünf Jahren haben weitere Veränderungen stattgefunden, die hier nur aufgezählt wer-den, da sie an anderer Stelle bereits behandelt werden:
– Zunahme der Arbeitsproduktiviät (Kapitel 6),
– Verschiebungen der Konsumnachfrage (Kapitel 4.1),
– Lohnkostensteigerungen (Kapitel 6.2),
– Zunahme des globalen Wettbewerbs (Kapitel 12.1).

MASSENARBEITSLO-SIGKEIT UND VER-LÄNGERUNG DER LEBENSARBEITSZEIT SIND GLEICHZUSET-ZEN MIT DEM VER-SUCH, HOCHWASSER MIT DAUERREGEN ZU BEKÄMPFEN

—

HEINZ-WERNER MEYER

10.4 Bekämpfung der Arbeitslosigkeit

Aus der bisherigen Analyse ist zu konstatieren, dass in Deutschland und einigen Teilen Westeuropas am Ausgang des 20. Jahrhunderts vorwiegend eine Mischung aus merkmalsstruktureller und systemstruktureller Arbeitslosigkeit vorliegt. Die Maßnahmen, die dagegen ergriffen werden müssen, haben deshalb an zwei Punkten anzusetzen:

Arbeitsmarktpolitische Maßnahmen
Sie haben zum Inhalt, die fehlenden Merkmalsprofile der Arbeitslosen an die veränderten Gegebenheiten des Arbeitsmarktes anzupassen.

Berufliche Qualifizierung hat die Aufgabe, die Fähigkeiten und Kenntnisse von Arbeitslosen an die geänderten Anforderungen anzupassen:

- Berufliche Bildung: Fortbildungskurse und Aufstiegsfortbildung für Techniker und Kaufleute;
- Umschulungsmaßnahmen: Arbeitslose mit unzureichenden Qualifikationen sollen in die Lage versetzt werden, in neuen, zukunftsträchtigen Berufsfeldern Fuß zu fassen;
- Förderung der beruflichen Bildung: Arbeitslose unter 25 Jahren sollen grundlegende Schulabschlüsse erlangen oder eine Erstausbildung erwerben;
- Förderung der Arbeitsaufnahme oder Zuschüsse zur Einarbeitung, damit Arbeitgeber den Arbeit Suchenden qualifizierende Kenntnisse beibringen;
- Förderung der beruflichen Rehabilitation Behinderter in Rehabilitationszentren und Behinderten-Werkstätten.

Gruppenspezifische Maßnahmen zielen auf die Förderung der Wiedereingliederung in den Arbeitsprozess:
- Arbeitsbeschaffungsmaßnahmen (ABM) sollen den „schwer vermittelbaren" Arbeitslosen den Weg zurück in den Beruf ebnen. Dazu gehört, dass das Arbeitsamt mit einem Förderungssatz zwischen 60 und 80 % den Lohn trägt. Dies geschieht in der Hoffnung, dass der Arbeitslose nach einem Jahr vom Arbeitgeber in ein unbefristetes Arbeitsverhältnis übernommen wird.
- Sonderprogramme für Langzeitarbeitslose arbeiten mit Lohnkostenzuschlüssen, die diejenigen Arbeitgeber erhalten, die einen Langzeitarbeitslosen einstellen. Die Höhe der Zuschüsse ist nach der bisherigen Dauer der Arbeitslosigkeit gestaffelt. Der Arbeitslose soll in dieser Zeit nachweisen, dass er geeignet und willens ist, die neuen Anforderungen zu erfüllen.

ICH HABE MICH NIE FÜR UNGEBILDET GEHALTEN. ALS GEBILDET WURDEN MIR IMMER LEUTE VORGESTELLT, DIE LATEIN ODER GRIECHISCH KONNTEN, IN DIE OPER GINGEN UND JAHRESZAHLEN WUSSTEN. DIE VORGÄNGE IN EINEM KIPPSCHALTER WAREN IHNEN ALLERDINGS EIN MYSTERIUM

—

HELMAR NAHR

EINE REGIERUNG KANN ARBEITSPLÄTZE NUR VON EINEM ORT ZU EINEM ANDEREN VERLEGEN, ABER KEINE NEUEN SCHAFFEN

—

MILTON FRIEDMAN

144

Strukturpolitik

Strukturpolitik hat die Rahmenbedingungen für Wachstum und Beschäftigung zu schaffen. Da es sich hierbei um sehr tief greifende politische Entscheidungen handelt, sind die möglichen Maßnahmen naturgemäß umstritten, zumal dabei zumeist Besitzstände angegriffen werden. Als Maßnahmen werden von Arbeitgebern, Gewerkschaften und Parteien je nach Interessenlage genannt:

- **Senkung der Lohnsteuern** auf niedrige Einkommen bzw. Erhöhung des steuerfreien Betrages, um die Binnennachfrage und damit die Produktion zu steigern. Die Gegenfinanzierung soll durch das Stopfen von Steuerschlupflöchern und durch Steuern auf Energie erfolgen.
- **Flexibilisierung der Arbeit** durch Teilzeitarbeit, Jahresarbeitszeitkonto oder Jobsharing, um vor allem die hohe Nachfrage nach Teilzeitarbeitsverträgen zu befriedigen und die menschliche Arbeitszeit an veränderte Gegebenheiten (z. B. Maschinenlaufzeiten) anzupassen.
- **Senkung der Lohnnebenkosten,** z. B. durch Verringerung der Urlaubs- und/oder Feiertage oder Festschreibung der Arbeitgeberbeiträge zur Sozialversicherung, um die Stückkosten zu senken und international wettbewerbsfähig zu machen.
- **Kopplung von Lohn und Produktivität** (Löhne dürfen erst dann steigen, wenn die Produktivität gestiegen ist), um die Lohnstückkosten von der Leistung der Arbeitnehmer abhängig zu machen.
- **Arbeitszeitverkürzung ohne vollen Lohnausgleich,** um die vorhandene Arbeit gleichmäßiger zu verteilen.
- **Negative Einkommensteuern** für Niedrigverdiener, damit diese gegenüber der Sozial- oder Arbeitslosenhilfe einen Anreiz zum Arbeiten bekommen.
- **Streichung oder Kürzung von sozialen Leistungen,** sofern sich Personen arbeits- oder lernunwillig zeigen, um deutlich zu machen, dass staatliche Leistungen nur bei einer adäquaten Gegenleistung gerechtfertigt sind.
- **Deregulierung** bedeutet, überflüssige Gesetze und Verordnungen sowie staatliche Eingriffe abzuschaffen, die als Investitionshindernisse anzusehen sind.

Wer auch immer sich daran macht, die einzelnen Maßnahmen hinsichtlich ihrer Wirkung für den Arbeitsmarkt zu untersuchen und zu beurteilen: Maßstab dafür muss es stets sein, ob durch diese Maßnahmen neue Arbeitsplätze geschaffen werden und die Anzahl der Arbeitslosen sich verringern lässt.

ARBEITSZEITEN NACH MASS SIND BESSER ALS VON DER STANGE

—

NORBERT BLÜM

EINE EXPORTNATION WIE DIE DEUTSCHE BEGEHT SELBSTMORD AUF RATEN, WENN SIE DER ERHALTUNG IHRER WIRTSCHAFTLICHEN PRODUKTIVITÄT NICHT DEN VORRANG VOR ALLEN ANDEREN AUFGABEN GIBT, SO WÜNSCHENSWERT DIESE AUCH SEIN MÖGEN

—

HANS-PETER SCHWARZ

WIR BRAUCHEN BÜROKRATIE, UM UNSERE PROBLEME ZU LÖSEN. ABER WENN WIR SIE ERST HABEN, HINDERT SIE UNS, DAS ZU TUN, WOFÜR WIR SIE BRAUCHEN

—

RALF DAHRENDORF

11. Umwelt

Das Lied vom Müll
Was wird aus uns'rem Auto, ist es nicht mehr mobil?
Dann wird aus uns'rem Autochen: Müll! Müll! Müll!
...
Was wird aus alten Stiefeln, wenn's warm wird im April?
Dann wird aus einem Stiefelpaar: Müll! Müll! Müll!
...
Und geht das stets so weiter, so ohne Sinn und Ziel,
dann wird vielleicht der Erdenball: Müll! Müll! Müll
(Liedtext JAMES KRÜSS, aus: Kinderlieder unserer Zeit, Würzburg)

Keine andere Herausforderung unserer Gegenwart hat das Bewusstsein unserer
Gesellschaft in so kurzer Zeit so nachhaltig verändert wie die Erkenntnis der lebens-
bedrohenden Gefahren für unsere Umwelt.
(RICHARD VON WEIZSÄCKER)

„So gut ging es uns noch nie", wird ein Optimist sagen, der in den vergangenen 50
Jahren in einer der hoch entwickelten Industrienationen aufgewachsen ist. Wahr daran ist, dass die Ausstattung mit Gütern weltweit ein Ausmaß erreicht, das vorange-
gangene Generationen nicht ahnen konnten.
„Dafür ging es der Erde noch nie so schlecht wie heute", wird ein Skeptiker entgegnen, denn das Ausmaß der Umweltbeeinflussung durch den Menschen, vor allem
durch die vom Menschen inszenierte industrielle Produktion, ist allgegenwärtig.
Eines ist unstrittig: Mit nahezu jedem wirtschaftlichen menschlichen Handeln wird
der Produktionsfaktor Natur verbraucht und die Umwelt belastet.

– Umweltbelastungen und Umweltschutz sind zu beherrschenden Themen der Gegenwart geworden. In welchem Umfang wird heute bereits der Produktionsfaktor
  Natur „verbraucht"? Welche Informationen müssen dazu in einer Bestandsauf-
  nahme herangezogen werden?
– Die Ökonomie soll mit der Ökologie versöhnt werden, so hört man als Wunsch
  vieler Menschen. Welche Ziele verfolgt die Ökonomie, welche die Ökologie? In
  welchem Ausmaß und an welchen Stellen kommt es zu widerstrebenden Zielen?
  Lassen sich ökonomische und ökologische Ziele überhaupt gleichzeitig verträglich
  verfolgen?
– Es wird die Forderung erhoben, den Umweltschutz im Grundgesetz zu verankern.
  Welche Maßnahmen müssen ergriffen werden, um ein Umdenken beim Ver-
  brauch von Umweltgütern zu erreichen?
– Zweifelsfrei hat die Umweltpolitik in den vergangenen 30 Jahren Erfolge erzielt.
  Was ist von den Aussagen von „Apokalyptikern", alles würde immer schlimmer,
  zu halten? Welcher Art sind die Widerstände, die sich einer für richtig erkannten
  Umweltpolitik entgegenstellen?

11.1 Die Übernutzung des Produktionsfaktors Natur

Volkswirtschaftliche Produktion ist ohne den Einsatz der Produktionsfaktoren Natur, Arbeit und Kapital nicht denkbar (*vgl. Kapitel 6*). Der Produktionsfaktor Natur stellt als ursprünglicher Faktor die Basis für die Produktionsfaktoren Arbeit und Kapital dar, wird von ihnen „bearbeitet", d.h. umgeformt und zu wirtschaftlichen Gütern verarbeitet.

Zwangsläufig greift der Mensch dabei auf vielfältige Weise in die Natur ein. Der wichtigste Aspekt dieser Eingriffe dürfte dabei die Übernutzung der Umweltelemente Luft, Wasser und Boden sein.

Nutzung der Luft

Luft ist für Menschen, Pflanzen und Tiere neben dem Wasser die wichtigste Existenzgrundlage. Die bodennahe Luft der Erde besteht zu 79 % aus Stickstoff, 21 % aus Sauerstoff und zu 1 % aus Edel- und Spurengasen. Letztere, z. B. Kohlendioxid oder Ozon, sind für das Klima der Erde wesentlich verantwortlich. Geringe Konzentrationsänderungen dieser Gase auf Grund menschlich verursachter **Emissionen** haben deshalb erhebliche Auswirkungen auf die Atmosphäre und führen zu negativen Erscheinungen. Im Produktionsprozess werden in hohem Umfang Abgase in die Atmosphäre entlassen – gefiltert und ungefiltert.

Die Emission von **Schwefeldioxid** aus Kohlekraftwerken und Industrieunternehmen ist für die Entstehung Sauren Regens verantwortlich, der wiederum ein wesentlicher Verursacher des Waldsterbens ist. Der Autoverkehr als Hauptproduzent von **Stickoxiden** führt in Verbindung mit anderen Luftschadstoffen in großstädtischen Regionen zu Smog. **Kohlendioxid** als Ergebnis der Verbrennung fossiler Energieträger (Öl, Kohle und Holz) wird für die Entstehung des Treibhauseffektes und damit der Erwärmung der Erdatmosphäre verantwortlich gemacht.

IN 50 JAHREN IST ALLES VORBEI – ODER WIR HABEN ES GESCHAFFT, UNSER WISSEN UND ALLE ENERGIEN ZU BÜNDELN. ES GEHT NICHT NUR DARUM, DEN PLANETEN ERDE ZU RETTEN, SONDERN WIR BRAUCHEN MEHR LIEBE UND FINGERSPITZENGEFÜHL FÜR DEN DIALOG MIT NATUR UND SCHÖPFUNG

—

JOHANNES VON BUTTLAR

Emissionen ausgewählter Luftschadstoffe 1994

Emissionen 1994	in 1.000 t
Schwefeldioxid	2.995
Stickoxide	2.211
Kohlenmonoxid	6.738
Staub	754
Kohlendioxid	905.000

Quelle: Umweltbundesamt

Nutzung des Wassers

Das Wasser dieser Erde ist nicht nur das wichtigste Nahrungsmitel für Menschen, Tiere und Pflanzen, sondern auch der Lebensraum für alle Fisch- und viele Säugetierarten.

Wasser gibt es auf unserer Erde zwar im Überfluss, schließlich ist die Erdoberfläche zu ca. 75 % mit Wasser und Eis bedeckt, aber 97,5 % der globalen Gesamtwassermenge ist Salzwasser. Von den verbleibenden 2,5 % Süßwasser sind 70 % in den Polkappen eingefroren, von dem Rest ist der größte Teil als Bodenfeuchte oder Tiefenwasser für den Menschen nicht zugänglich. Nur 0,007 % allen Wassers der Erde befindet sich in Flüssen, Seen und Grundwasservorräten, die eine unmittelbare Nutzung durch den Menschen erlauben.

Wie gehen die Menschen mit diesem Wasser um? Sie nutzen es als Produktionsmittel, Trinkwasser und „Abfallbehälter". Die Folgen sind bekannt:

Der Zustand der meisten Seen, Flüsse und Meere gibt Anlass zu großer Sorge. Die Belastung der Flüsse und Bäche durch industrielle und häusliche Abwässer, ausgeschwemmte Kunstdünger und Schädlingsbekämpfungsmittel hält unvermindert an. Die Meere sind durch Einleitungen von Schadstoffen, Versenken von Müll, Ölunfälle sowie durch Einträge aus der verunreinigten Atmoshpäre in Form von Saurem Regen erheblich belastet. Dies gilt vor allem für Randmeere wie Nordsee, Ostsee und Mittelmeer, in denen ein Austausch von Wasser nur begrenzt erfolgt.

Schadstoffe, die in das Wasser eingebracht werden, kommen jedoch über das Trinkwasser wieder zu Tieren und Menschen zurück und belasten deren Gesundheit.

92 % des hierzulande geförderten Wassers werden von Industrie, Elektrizitätswirtschaft (als Kühlwasser) und Landwirtschaft genutzt. 8 % entfallen auf die privaten Haushalte, die jedoch nur einen Bruchteil als Trink- oder Kochwasser verwenden.

Wasserverbrauch pro Einwohner und Tag in Deutschland

gesamter Verbrauch pro Kopf	155 l	100,0 %
Körperpflege	55 l	35,4 %
WC-Benutzung	50 l	32,3 %
Reinigung (Wäsche, Geschirr, etc.)	45 l	29 %
Trinken und Kochen	5 l	3,2 %

Nutzung des Bodens

Boden ist ein absolut knappes Gut, da die Erdoberfläche begrenzt ist (*vgl. Kapitel 3*). Hinzu kommt, dass die Böden der Erde komplexe biologische, chemische und physikalische Systeme darstellen, die durch Speicherung von Wasser sowie Umwandlung und Transport von Stoffen eine wichtige Regelungsfunktion im gesamten Naturhaushalt übernehmen.

Boden ist damit eines der kostbarsten Güter der Menschheit, der es Menschen, Tieren und Pflanzen ermöglicht, darauf zu leben. Ein lebendiger Boden ist nicht ersetzbar, verseuchter Boden kann kaum oder nur mühsam gereinigt werden, organisch toter Boden bleibt tot und wird mangels Pflanzenwuchs durch Wind und Wasser abgetragen.

Durch **Wasser- und Winderosion** auf Grund der ständigen Bearbeitung des Bodens gehen jedes Jahr weltweit 75 Mrd. t wertvollen Oberflächenbodens verloren. Während sich pro Jahr nur etwa 1 – 2 t Boden pro ha neu bildet, gehen in Europa pro Jahr 17 t pro ha verloren. In vielen Regionen der Welt ist auf diese Weise in den vergangenen 150 Jahren die Hälfte des fruchtbaren Ackerbodens verloren gegangen.

Eine weitere Belastung erfährt der Boden durch die **chemische Degradation**, d. h. Entwertung. Hierunter sind vor allem zu verstehen

– die Versauerung durch Stoffeinträge aus der Atmosphäre (Saurer Regen, Ammoniak);
– die Vergiftung durch Eintrag von Düngemitteln und Pestiziden (Schädlingsbekämpfungsmittel), industrielle Reststoffe sowie Mülldeponien;
– Nährstoff- und Humusverluste durch falsche Bewässerung und unsachgemäße landwirtschaftliche Praktiken.

Schließlich erfolgt als kleinste Schadenskategorie die **physikalische Degradation** durch
– Verdichtung der Böden mit schwerem Gerät;
– Versiegelung durch Bauten und Verkehrswege;
– Bodenabsenkung durch bergbauliche Eingriffe.

Gerade die Verdichtung der Böden im Verein mit der Entfernung der Oberflächenvegetation und der Begradigung von Wasserläufen führt jedoch zu den jährlich neu entstehenden Überschwemmungen, von denen eine der spektakulärsten diejenige im Sommer 1998 in China war und von denen auch die europäischen Niederungen nicht verschont bleiben (Oder-Hochwasser, Rhein-Hochwasser).

ERSTAUNLICH: EIN KUBIKZENTIMETER BODEN BEHERBERGT JE NACH ZUSAMMENSETZUNG BIS ZU EINIGEN MILLIARDEN BAKTERIEN UND ANDERE LEBEWESEN, DIE STÄNDIG DAMIT BESCHÄFTIGT SIND, PFLANZEN- UND TIERRESTE ABZUBAUEN ODER ZU VERÄNDERN.

WENN DER WALD LEIDET, LEIDEN DIE MENSCHEN MIT. WIR BEISSEN MIT DEM WALD INS GRAS

—

MATTHIAS WELP

149

11.2 Das Energieproblem

Jede moderne Volkswirtschaft benötigt große Mengen Energie, um zu produzieren, zu heizen, zu kochen und um sich fortzubewegen. Die dabei verbrauchte Energie ist **Nutzenergie** in Form von Heizwärme, Prozesswärme (z. B. Hochofen), mechanischer Energie (z. B. Fahrzeugantrieb) oder elektrischer Energie (z. B. Maschinenantrieb). Nutzenergie steht jedoch am Ende einer Kette, in der Primärenergie zunächst in Sekundärenergie umgewandelt wird, deren Einsatz schließlich zur Nutzenergie führt.

Primärenergien sind die Energieträger, die in der Natur vorhanden sind, wie fossile Stoffe (Kohle, Erdgas, Öl), mineralische Stoffe (Uran) und regenerierbare Energien (Sonnenenergie, Wasserkraft, Windkraft).

Energieträger 1994 in Mio. t Steinkohleeinheiten (SKE)
und % – Welt und Deutschland

	Welt		Deutschland	
Erdöl	4.054	36,0%	197,3	39,5%
Kohle	3.355	29,8%	126,9	25,4%
Erdgas/Stadtgas	2.671	23,7%	107,9	21,6%
Kernenergie	817	7,3%	60,5	12,1%
Wasserkraft/Windkraft	361	3,2%	6,7	1,4%
Gesamt	11.258	100,0%	499,6	100,0

Quelle: UNO

Sekundärenergie entsteht durch Umwandlung von Primärenergie. Menschen benötigen diese Energie als elektrischen Strom, Heizdampf und -wasser, Benzin, Heizöl, Kerosin, brennbare Gase, Briketts oder Koks. Bei der Umwandlung von Primär- in Sekundär- und Nutzenergie treten sehr hohe Energieverluste auf.

In einem Kohlekraftwerk wird Kohle verbrannt, um Strom zu erzeugen. Zu diesem Zweck wird das Wasser auf ca. 400° C erhitzt. Mit dem entstehenden Wasserdampf wird über Turbinen Strom erzeugt. Dieser wird über Leitungen in eine 100 km entfernte Stadt transportiert. In einem Haushalt dieser Stadt wird in einem Elektrospeicher Spülwasser auf 40° C erhitzt. Die Nutzenergie beträgt weniger als 10% der ursprünglichen Primärenergie. Nach dem Spülvorgang wird das Wasser mit fast der gleichen Temperatur in die Kanalisation abgegeben. Es müssen also 100 Einheiten Primärnergie eingesetzt werden, um 10 Einheiten Nutzenergie (warmes Wasser) zu erreichen.

Bis zum Beginn der Industriellen Revolution waren Menschen in der Lage, mit Energieträgern auszukommen, die sich erneuerten (hauptsächlich Holz, z. T. Wind- und Wasserkraft). In den letzten 200 Jahren hat eine fast grenzenlose Ausbeutung einmalige Ressourcen stattgefunden, vor allem fossiler Energieträger wie Kohle und Erdöl. Was sich in 200 Mio. Jahren an fossilen Energien angesammelt hat, wird in wenigen Jahrhunderten verbraucht.

Der Pro-Kopf-Verbrauch an Energie hängt stark vom technischen Entwicklungsstand eines Landes ab, aber auch von der Wirtschaftsstruktur und der Zusammensetzung der Industrie (z. B. hoher Verbrauch der Stahlindustrie und der chemischen Industrie), dem Grad der Motorisierung, dem Klima (Dauer der Heizperiode) sowie von den verwendeten Industrieträgern und dem Grad der Verschwendung.

NACHGERECHNET: DAS FEUER NUTZEN DIE MENSCHEN SEIT 400.000 JAHREN. 200 JAHRE DAVON SIND GERADE MAL 0,05 % DER ZEIT.

Energieträger 1994 in Mio. t Steinkohleeinheiten (SKE) und % – Pro-Kopf-Verbrauch von Primärenergie

USA	11.391
Niederlande	7.217
Deutschland	5.475
Frankreich	5.151
VR China	920
Philippinen	426
Indien	374
Tschad	7

Quelle: UNO

So verbrauchten die USA und Kanada 1994 die Hälfte der weltweit eingesetzten Primärenergie, obwohl in diesen beiden Länder nur 4,8 % der Weltbevölkerung wohnen. Rechnete man diesen Verbrauch auf die Weltbevölkerung hoch, ergäbe sich für 1994 weltweit ein Verbrauch von 69,3 Mrd. t SKE, etwa sechsmal so viel, wie 1994 tatsächlich verbraucht worden ist. Hinsichtlich der Belastung der Umwelt und dem Verbrauch der Energiereserven würde dies zu einem schnellen Kollaps führen. Denn nach Berechnung der BP AG reichen die Erdölreserven noch ca. 43 Jahre, die Erdgasreserven ca. 58 Jahre, die Kohlereserven 238 Jahre. Der Einsatz von Kernenergie (Atomstrom) ist politisch nach wie vor umstritten. Gegner sehen vor allem unabschätzbare Strahlungsrisiken sowohl beim Normalbetrieb als auch vor allem bei einem Reaktorunfall (z. B. in Tschernobyl oder Harrisburg). Dazu kommt, dass eine langfristig sichere Endlagerung des Atommülls bisher nicht gewährleistet ist.

VON 1981 BIS 1990 HAT SICH DER WELT-ENERGIEVERBRAUCH UM 20 % ERHÖHT.

151

11.3 Der Zielkonflikt zwischen Ökonomie und Ökologie

Ökologie ist die Gesamtheit aller Wechselbeziehungen zwischen den Lebewesen der Erde und ihrer Umgebung.	Ökonomie ist die Gesamtheit aller Wirtschaftsbeziehungen, die sich aus dem Zusammenwirken der Wirtschaftsubjekte ergeben.
Ihre Ziele sind • ein ausgeglichener Haushalt der Natur; • kleine Produktionseinheiten und dezentrale Entscheidungen statt Großproduktion und Zentralismus; • Leben im Einklang mit der Natur.	Ihre Ziele sind: • hoher Wohlstand für die gesamte Gesellschaft; • ein Handeln vorwiegend nach dem ökonomischen Prinzip; • Wettbewerb zwischen den Wirtschaftssubjekten.

Die unterschiedlichen Zielsetzungen führen zu offensichtlichen **Zielkonflikten** zwischen ökonomischen Notwendigkeiten und ökologischen Anforderungen. Die Vorstellungen der Menschen in den Industrienationen von ihrem materiellen Wohlstand und die Sehnsüchte nach einer intakten Umwelt führen damit stets zu einem kräftigen: ja – aber:

– Bei der Produktion von Gütern werden Rohstoffe und Energie benötigt. *Aber:* Die Vorräte an Rohstoffen und Energieträgern auf der Erde sind begrenzt.

– Die Herstellung von Produkten sowie der Gütertransport setzen den Verbrauch von Energie voraus. Dabei entstehen Schadstoffe, die emittiert werden. *Aber:* Emissionen wie Kohlendioxid und Spurengase führen weltweit zur Aufheizung der Erdatmosphäre und zur Vergrößerung des Ozonlochs.

– Die arbeitsteilige Produktion verlangt eine entsprechende Verpackung. Einwegpackungen werden bevorzugt. *Aber:* Verpackungsabfall und industrieller Abfall müssen entsorgt werden. Durch den hohen Gehalt an Kunststoffen und durch Zersetzungsprozesse gehen von Müllhalden zukünftige Gefahren für die Umwelt aus.

– Neue landwirtschaftliche Anbauflächen können durch die Rodung von Regenwäldern gewonnen werden, alte Anbauflächen durch Großplantagen extensiver genutzt werden. *Aber:* Die Regenwälder sind ein Stabilisierungsfaktor des globalen Klimas. Sie sammeln Feuchtigkeit, reinigen die Luft von Schadstoffen und sorgen mit für das klimatische Gleichgewicht.

11.4 Ökonomie und Ökologie – mögliche Lösungen

Einsparung von Rohstoffen

Durch den Einsatz von Analysetechniken bereits während der Entwicklungs- und Konstruktionsphase können Rohstoffe einerseits in der absoluten Menge eingespart und andererseits so eingesetzt werden, dass sie später, wenn das Produkt nicht mehr genutzt wird, ausgebaut und wiederverwendbar gemacht werden (**Recycling**).

Beseitigung der Müllberge

Einwegflaschen wie Getränkedosen, Getränketüten oder Plastikflaschen können durch Pfandflaschen ersetzt werden. Auf überflüssige Verpackungen kann vollständig verzichtet werden, wie z. B. Verpackungen mit doppelten Wandungen oder übergroßen Verschlüssen, Luxusverpackungen bei Geschenken oder Mehrfachverpackungen von Produkten. Wegwerferzeugnisse wie Zellstofftücher oder Einwegfeuerzeuge können durch langlebige Produkte, die die gleiche Funktion erfüllen, ersetzt werden.

Energieeinsparung

Der Verbrauch der Energie kann durch bessere Isolierung der Gebäude erreicht werden. Aus Abwärme lässt sich Energie durch Wärmetauscher zurückgewinnen. Betriebe können energiesparende Technologien verwenden.

Andere Energiequellen

Durch das Umsteigen in so genannte „sanfte Energiequellen» (z. B. Sonne, Wind, Wasser) kann ein Doppeleffekt erzielt werden. Diese Energien sind nahezu unbegrenzt vorhanden. Bei ihrer Nutzung werden keine Schadstoffe frei.

Umweltschutzinvestitionen

Der Einbau von Anlagen (z. B. Filter, Dämmmaterial) hilft, die Schadstoffe aus Abwasser und Abluft zu absorbieren sowie die Lärmimmission zu reduzieren.

Einführung des Verursacherprinzips

Wer Umweltgüter verbraucht, muss dafür bezahlen. Dazu gehört jedoch, dass nicht nur die Nutzung derjenigen Umweltgüter bezahlt wird, die einen Preis haben (z. B. Erdöl), sondern auch die Folgen, die z. B. durch Emissionen entstehen. So könnten umweltfreundliche Produkte dadurch gefördert werden, dass die Hersteller von umweltfeindlichen Produkten gezwungen werden, diese zurückzunehmen.

IN EINER WELT, DIE IMMER STÄRKER DIE NATÜRLICHEN RESSOURCEN IN ANSPRUCH NEHMEN MUSS, WERDEN WIR UNSERE POSITION NUR HALTEN KÖNNEN, WENN WIR UMWELTFREUNDLICHERE PRODUKTE UND PROZESSE ENTDECKEN UND ANWENDEN

—

KLAUS TÖPFER

11.5 Umsetzungsprobleme – zwei Beispiele

Das Duale System

Ende der 80er-Jahre war in den alten Bundesländern die Menge von Hausmüll und ähnlichem Abfall auf ca. 32 Mio. t/ Jahr angewachsen.

Mit Hilfe der **Verpackungsverordnung** nach dem Abfallgesetz sollte eine drastische Reduzierung dieses Abfallvolumens über Rücknahme- und Pfandpflichten von Verpackungen erreicht werden. Dabei wurde den Vertreibern von Verpackungen auferlegt, diese vom Verbraucher zurückzunehmen und wieder zu verwerten. Von dieser Verpflichtung konnten sich Handel und Industrie nur befreien, indem sie ein System zur Sammlung, Sortierung und Verwertung von Verkaufsverpackungen gemeinsam mit den Entsorgungsbetrieben gründeten. Seit 1993 sorgt das **Duale System Deutschland (DSD)** mit Sitz in Köln dafür, dass die mit einem grünen Punkt versehenen und vom Verbraucher getrennt gesammelten Verkaufsverpackungen sortiert und verwertet werden.

Die Finanzierung des gesamten Systems erfolgt über den „Grünen Punkt". Mit diesem Symbol können Hersteller ihre Waren versehen, wenn sie bei der DSD eine Lizenz erworben haben und die Wiederverwertung des Verpackungsmaterials gesichert ist. Die Lizenzeinnahmen sollen dazu eingesetzt werden, das notwendige Erfassungs-, Abhol- und Sortiersystem aufzubauen und zu betreiben. Die pro Verpackung entstehenden Kosten werden vom Handel an die Verbraucher weitergegeben.

Folgende Argumente werden gegen das Duale System ins Feld geführt:
- Der Grüne Punkt vermittelt eine falsche Vorstellung in Bezug auf die Umweltfreundlichkeit der Verpackung.
- Für Problemstoffe wird weiterhin die Verbrennung die einzig mögliche Form der Verwertung sein.

Im Ergebnis hat das Duale System kaum zu einem Rückgang der Verkaufsverpackungen geführt, allerdings ist die Verwertungsquote deutlich gestiegen.

Verpackungsaufkommen in Deutschland

	Mengen in Mio. t			
	1993	1994	1995	1996
Verpackungen insgesamt	11,9	11,9	11,8	11,6
Verkaufsverpackungen	7,0	6,9	6,8	6,7
davon verwertet	3,9	4,6	4,9	5,3

Quelle: BM für Umwelt

Energiesteuer und Ökologische Steuerreform

Eine weltweite Reduzierung von Kohlendioxid galt 1998 als das wichtigste Ziel des Klimaschutzes. Um den Ausstoß dieses Gases zu senken, werden eine Reihe von Vorschlägen gemacht: sparsamere Kraftwerke und Motoren, bessere Wärmedämmung, Reduzierung des Stromverbrauchs, Reduzierung des PKW-, LKW- und Luftverkehrs.

1998 wurde in Deutschland eine ökologische Steuerreform breit diskutiert. Auslöser der Diskussion waren die Partei „Bündnis 90/Die Grünen", die eine jährliche Erhöhung der Steuern auf fossile Energieträger um 7% forderten sowie drastische Tarife auf Strom aus Müllverbrennungsanlagen. Eine solche Steuer hat vor allem folgende Aufgaben:

1. Durch die Erhöhung von Steuern sollen Umweltkosten, die die Allgemeinheit belasten, den Verursachern zugeordnet werden.

2. Die Erhöhung von Steuern führt zu höheren finanziellen Belastungen und soll dazu veranlassen, umweltschädliches Verhalten zu ändern.

Im Gegenzug könne mit den Steuermitteln
- die Sozialversicherungsbeiträge schrittweise um 6 % reduziert werden, wovon Arbeitgeber und Arbeitnehmer je zur Hälfte profitieren würden;
- die Einkommensteuer auf einen Spitzensteuersatz von 45% und einen Eingangssteuersatz von 18,5 % reduziert werden.

Insgesamt ist der Gedanke nahe liegend: Der Verbrauch von umweltbelastenden Gütern wird höher besteuert, dafür werden Arbeitskosten sowie direkte Steuern reduziert, was zu einer Belebung sowohl der Investitionsnachfrage durch die Unternehmer als auch der Binnennachfrage durch die Haushalte führt.

Eine solche Reform führt nach Meinung von Experten nicht nur zu einer deutlichen Entlastung derjenigen Haushalte und Unternehmen, die sich daran machen, Energie einzusparen, sondern auch zu positiven Effekten auf dem Arbeitsmarkt: Geschätzt wird, dass vor allem in arbeitsintensiven Branchen wie dem Dienstleistungsbereich Arbeitsplätze geschaffen werden können. Daneben werden technologische Neuerungen erwartet (z. B. das 3-Liter-Auto).

Für „Bündnis 90/Die Grünen" führten die dargestellten Forderungen zu einem drastischen Einbruch in den Meinungsumfragen. Nach der Bundestagswahl und der Koalition mit der SPD blieb nur noch das Fragment einer „Ökologischen Steuerreform" übrig.

> UMWELT IST SOLANGE EIN BEWUSSTSEINSINHALT, SOLANGE SIE BEQUEM IST. IN DEM MOMENT, IN DEM UMWELT UNBEQUEM WIRD, SCHEREN SICH DIE LEUTE EINEN DRECK UM SIE
>
> —
>
> BERND KÜMMEL

> AMBIVALENZ: EINER UMFRAGE ZUFOLGE FÜRCHTEN 50 % DER DEUTSCHEN DIE LUFTVERSCHMUTZUNG, ABER BEI EINER VERDOPPELUNG DES BENZINPREISES WÜRDEN 68 % WEITERHIN MIT DEM AUTO ZUR ARBEIT FAHREN.

12. Globalisierung

20.34 Uhr Ortszeit Frankfurt: Eine freundliche Frauenstimme teilt den wartenden Passagieren des Silver Wing-Airline-Fluges SW 455 nach Nairobi mit, dass ihr Flugzeug startklar in Gate 12 bereitsteht.

Vielleicht ahnen einige der Passagiere, dass sie gerade im Begriff sind, eine Dienstleistung in Anspruch zu nehmen, deren Zustandekommen nur auf Grund internationaler Wirtschaftstransaktionen möglich war:

Die Ansage der freundlichen Stimme kommt aus Kalifornien, da nach 18.00 Uhr der Ansagedienst online von einem Computerarbeitsplatz aus Los Angeles zugeschaltet ist. Das Flugzeug selbst ist über Funk mit diversen Bodenstationen verbunden und kann Telefonate und Faxe weltweit absetzen. Das Kapital dieser Fluggesellschaft wird international zusammengetragen, da die Aktien dieses Unternehmens an allen großen Börsenplätzen dieser Welt gehandelt werden. Der Sitz des Unternehmens befindet sich auf den Cayman-Inseln, einem international begehrten Steuerparadies. Das Unternehmen, obwohl amerikanischen Ursprungs, erhält für seine deutsche Tochtergesellschaft Subventionen für die Forschung und Entwicklung im Bereich von Sonnenkollektoren. An Bord wird asiatisches Essen von einer schwedischen Stewardess gereicht und ein südamerikanischer Film gezeigt werden. Das für den Flug benötigte Kerosin wird von einem holländisch-englischen Konsortium als Rohöl gefördert, in Rotterdam aufbereitet und erreicht Frankfurt über eine französische Spedition. Die Verbrennungsrückstände des verbrauchten Treibstoffes werden über Afrika und Südeuropa in die Erdatmosphäre abgegeben. Das Flugzeug, ein Airbus A 300, ist ein Produkt, das von einem deutsch-englisch-französischen Gemeinschaftsunternehmen hergestellt wird. Bleibt zu erwähnen, dass ein großer Teil der Passagiere aus verschiedenen Nationen den Flug über das Internet gebucht haben …

- Einer aktuellen Umfrage zufolge weiß fast die Hälfte der Deutschen mit dem Begriff „Globalisierung" nichts anzufangen. Was verbirgt sich hinter diesem schillernden Begriff? Welche Entwicklungslinien der vergangenen Jahre haben zu seiner Existenz geführt?
- In politischen Debatten taucht „Globalisierung" immer häufiger auf. Welche Chancen bietet die Globalisierung dem einzelnen Menschen? Welche Risiken stecken hinter dieser Entwicklung?
- Waren-, Informations- und Kapitalströme können heutzutage weitgehend ungehemmt in jeden Winkel der Erde dirigiert werden. Welche Organisationen, welche Abkommen und welche Zusammenschlüsse von nationalen Volkswirtschaften versuchen, diese Ströme zu registrieren, zu lenken oder zu kontrollieren?
- Ab dem 1.1.2002 werden die Deutschen endgültig auf die ihnen vertraute DM verzichten müssen. Was bringt die Europäische Union neben der neuen Währung den Bürgern Europas?

12.1 Was ist Globalisierung?

Die Globalisierung ist eines der aktuellsten und meistdiskutierten Themen in Wirtschaft und Politik. Nach Meinung der einen bringt Globalisierung steigenden Wohlstand aller Nationen, andere glauben, dass Globalisierung zu Armut und zunehmender Arbeitslosigkeit bis hin zum Ende des Kapitalismus führen wird.

> Unter Globalisierung versteht man einen Prozess dynamischer weltweiter Vernetzung wirtschaftlicher, politischer und gesellschaftlicher Strukturen durch wachsenden Umfang und zunehmendes Tempo von Geld-, Kapital-, Güter- und Menschenströmen über nationale Grenzen hinweg.

Dass dieser Prozess längst auf vollen Touren läuft, lässt sich anhand folgender Beispiele verdeutlichen:

- Zahlreiche Organisationen operieren weltweit, z. B. die Weltbank oder die Katholische Kirche, ebenso internationale Unternehmen wie Microsoft oder Coca Cola und leider auch illegale Verbindungen wie die Mafia.
- Weltweite Probleme, z. B. AIDS, Umweltverschmutzung oder Klimaveränderungen betreffen mehr oder weniger alle Nationen.
- Zahlreiche Ereignisse finden weltweites Interesse, z. B. die Fußballweltmeisterschaft oder der Golfkrieg.
- Weltweit zeigen verschiedene Entwicklungen, dass Globalisierung in unser Leben eingegriffen hat. Dies gilt für die Übernahme bestimmter Lebensstile ebenso wie für ein weltweites politisches Bewusstsein der Menschen. Es gilt für eine zunehmende Zahl von Familien mit Angehörigen unterschiedlicher Nationalitäten ebenso wie für die weltweite Kommunikation von Menschen in einem *chatroom* im Internet.

Bei der Frage, wann Globalisierung eingesetzt hat, gehen die Meinungen auseinander. Die einen sehen den Ursprung im Beginn des Kolonialismus im 16. Jahrhunderts oder in der Bildung großer Kapitalien im 15. Jahrhundert. Andere orten die Ursprünge Anfang der 70er-Jahre im Zusammenbruch des Systems fester Wechselkurse (Bretton-Woods-System) und dem Übergang zu flexiblen Wechselkursen. Wieder andere legen den Beginn auf das Ende des Ost-West-Konfliktes.

Unabhängig von diesen verschiedenen Annahmen kann festgehalten werden, dass das heutige Ausmaß der Globalisierung an folgende Bedingungen geknüpft ist:

GLOBALISIERUNG GLEICHT EINEM ZUG OHNE BREMSEN, DER ABSEHBAR VERHEERENDEN SCHADEN ANRICHTEN WIRD

—

MILTON FRIEDMAN

DIE BOURGEOISIE HAT DURCH IHRE EXPLOITATION DES WELTMARKTES DIE PRODUKTION UND KONSUMTION ALLER LÄNDER KOSMOPOLITISCH GESTALTET

—

KARL MARX

WIR SIND DURCH DIE GLOBALISIERUNG DES WETTBEWERBS IN EINEN WETTBEWERB DER SYSTEME UND KULTUREN EINGETRETEN

—

EBERHARD VON KOERBER

– Technologische Entwicklung, insbesondere Informations- und Kommunikationstechnologie, z. B. Erdsatelliten, Computer, Internet, Überschallflugzeuge; sie macht es möglich, dass Menschen, Güter und Ideen schnell, kostengünstig und sicher Raum und Zeit durchqueren können;

– Deregulierung der Märkte, d. h. Unterlassen von Eingriffen des Staates in die Märkte;

– Öffnung der Märkte durch zunehmende Realisierung gesetzlicher und vertraglicher Rahmenbedingungen für den freien internationalen Verkehr und Handel der Produktionsfaktoren Arbeit, Boden und Kapital;

– Verfügbare Währungen durch flexible Wechselkurse, die den Austausch von Gütern, Ideen, *know how* und Arbeitskraft erst ermöglichen;

– Zunehmender Anteil von Dienstleistungen an der Gesamtproduktion, da deren Transfer durch die verbesserten Kommunikationsmöglichkeiten noch schneller möglich und noch weniger an einen festen Ort gebunden ist.

Zum besseren Verständnis der Globalisierung werden folgende Arten unterschieden:

Ökonomische Globalisierung

Im Wesentlichen wird unter diesem Begriff die Globalisierung im engeren Sinne verstanden. Diese Form der Globalisierung findet ihren Ursprung in der Theorie von DAVID RICARDO, der vor über 200 Jahren nachwies, dass ein Land unter Bedingungen des freien Handels Kapital und Arbeit dort einsetzt, wo es im internationalen Vergleich am effektivsten ist (vgl. Seite 25). Was in dieser Theorie zunehmend auf den internationalen Warenverkehr bezogen war, muss heute auf weiteren Ebenen unterschieden werden.

– Globalisierung der Gütermärkte

Bei dieser klassischen Form des Außenhandels („Güter gehen zum Markt") kann beobachtet werden, dass der internationale Warenhandel in den letzten Jahrzehnten stetig zugenommen hat.

– Globalisierung der Kapitalmärkte

Die Liberalisierung und Vernetzung der Kapitalmärkte in den letzten 10 Jahren hat diese Form der Globalisierung stark an Bedeutung gewinnen lassen. Zunächst ist hierbei die enorme Höhe der Direktinvestitionen („Produktion geht zum Markt") zu sehen. Es handelt sich dabei um Kapitalexporte durch private Unternehmen eines Landes in ein anderes Land, um dort Betriebsstätten zu errichten oder sich an ausländischen Unternehmen zu beteiligen.

Land	Zufluss an Direkt-investitionen 1985 – 1996 (in Mrd. Dollar)	Abfluss an Direkt-investitionen 1985 – 1996 (in Mrd. Dollar)
USA	566,0	523,8
Vereintes Königreich	220,5	326,8
Japan	7,6	292,5
Deutschland	31,7	216,4
Frankreich	113,2	165,0
Niederlande	63,9	118,9
Schweiz	20,1	74,2
Schweden	43,0	72,5
Italien	40,2	58,7
Spanien	86,7	25,2

Quelle: OECD – IDW

Dazu kommen enorme Summen an Geldkapital („Kapital geht zur Produktion"), die täglich auf den internationalen Finanzmärkten rund um den Globus transferiert werden. Hierbei geht es vorwiegend um Spekulationen mit Krediten, Anleihen, Aktien, Devisen und Derivaten. Welche enorme Bedeutung allein diese Form der Globalisierung besitzt, wird deutlich an den Folgen der Finanzkrisen z. B. in Asien und Russland.

DERIVATE SIND QUASI WETTEN, DIE SICH AUF DEN ZUKÜNFTIGEN KURS VON WÄHRUNGEN UND WERTPAPIEREN BEZIEHEN. VOR EINIGEN JAHREN WURDE DIE TRADITIONSREICHE BARINGS BANK SOLCHERART FAST IN DEN RUIN GETRIEBEN.

– Globalisierung der Arbeitsmärkte

Im Zeitalter der Globalisierung verändert sich auch die Arbeitswelt. Heute ist es im Dienstleistungsbereich möglich, für einen im Ausland befindlichen Kunden an einem Bildschirmarbeitsplatz im Inland zu arbeiten. Dies ist z. B. bei Telefonauskünften oder Bankabrechnungen der Fall. Außerdem wächst die Zahl der Arbeitskräfte, die zumindest zeitlich befristet im Ausland eine Arbeitsstelle annehmen würden („Arbeit geht zur Produktion".)

30 PROZENT DER BUNDESBÜRGER WÜRDEN EINEN AUSLANDSARBEITSPLATZ ANNEHMEN.

Ökologische Globalisierung

Die Inanspruchnahme der Natur bedeutet eine weltweite Belastung der Umwelt. Unabhängig vom Verursacher sind die Folgen der Zerstörung auf dem ganzen Globus zu spüren.

Informatorische Globalisierung

Das weltweite Angebot an Informationsquellen wie Internet, TV- und Rundfunksendern, Telefon- und Faxdiensten nimmt stetig zu. Die Menschen können sich in Sekundenschnelle über die neuesten Geschehnisse in der Welt informieren.

Kulturelle Globalisierung

Die Globalisierung ökonomischen Handelns wird begleitet von weit reichenden Globalisierungstendenzen im kulturellen Bereich ("McDonaldisierung"). Es ist nicht mehr verwunderlich, wenn ein türkisches Lied in der ganzen Welt die Musikcharts erobert, in der ganzen Welt die gleichen Markenjeans getragen werden, Fernsehserien oder Kinofilme global Millionen von Zuschauern begeistern oder Werbefilme rund um den Planeten die Käufer mit denselben einfachen Argumenten zum Kauf bewegen.

12.2 Chancen und Risiken der Globalisierung

Es ist unumstritten, dass die ökonomische Globalisierung bereits sehr fortgeschritten ist und nicht aufzuhalten ist. Für die einen ist sie die große Chance, alte Wirtschaftsstrukturen aufzubrechen und Wohlstand für alle zu bringen, für die anderen ist es die "Globalisierungsfalle", die den reinen Kapitalismus ungehemmt wüten lässt und die Nationen gegenseitig in ruinöse Konkurrenz versetzt. Die Gegner befürchten besonders für Deutschland und andere Industrienationen einen weiteren Verlust von Arbeitsplätzen, eine Spaltung der Gesellschaft in Arm und Reich und deutliche Einschnitte in den Sozialstaat.

Globalisierung und Beschäftigung

Kritiker befürchten, dass in den Industrienationen die Beschäftigung abnehmen werde, da der technische Fortschritt es ermögliche, produktiver zu produzieren und zudem gut ausgebildete Menschen überall in der Welt einzusetzen. In den Industrienationen mit ihren hohen Lohnkosten und strengen gesetzlichen Auflagen sei die Schaffung von Arbeitsplätzen u. U. uninteressant. Es komme zu Wachstum mit Abbau von Arbeitsplätzen (*jobless growth*). Dagegen wird eingewendet, dass die Beschäftigung bisher weltweit zugenommen hat.

Veränderung der Erwerbstätigen zwischen 1970 und 1997										
Land	CDN	USA	N	OECD	NL	IRL	J	GR	L	P	CH
In %	73,9	60,4	40,3	32,4	31,6	29,3	28,9	25,3	21,4	21,0	20,7

Veränderung der Erwerbstätigen zwischen 1970 und 1997										
Land	A	EU	DK	F	GB	D	S	I	B	FIN	E
In %	11,8	11,0	9,1	7,4	6,2	4,4	2,5	1,6	0,4	−0,8	−2,7

Quelle: OECD – IDW

Globalisierung und Realeinkommen

Es wird befürchtet, dass die Pro-Kopf-Einkommen sinken werden, da nur durch Senkung der Lohnkosten dem internationalem Wettbewerb um Arbeitsplätze standgehalten werden könne. Unumstritten sei, dass die Einkommensschere auseinander gehen werde, um Wachstum sicherzustellen. Tatsächlich, so das Gegenargument, sei das Realeinkommen seit 1960 innerhalb der OECD durchschnittlich um 2,3% im Jahr gestiegen, in den EU Staaten noch stärker.

Globalisierung und Einkommensverteilung

Skeptiker befürchten eine zunehmend ungleiche Verteilung von Einkommen und damit eine starke Polarisierung zwischen Arm und Reich. Die Gewinne würden auf Kosten der Löhne steigen. Auch die Verteilung der Einkommen unter den abhängig Beschäftigten werde sich zulasten der unteren Einkommensklassen verändern. Nur besonders qualifizierte Arbeitnehmer würden vom zunehmenden Wettbewerb profitieren, während weniger qualifizierte Arbeit künftig schlechter entlohnt werde. Das Gegenargument lautet, dass eine größere Differenzierung der Löhne zu einer höheren Beschäftigung führe und dies den Staat in die Lage versetze, Einkommen umzuverteilen.

Globalisierung und Sozialpolitik

Die Tatsache, dass international agierende Unternehmen in Deutschland trotz steigender Gewinne kaum noch Steuern zahlen und die zunehmende Arbeitslosigkeit ebenfalls zur Verminderung der staatlichen Einnahmen führt, stellt auf Dauer die Finanzierbarkeit des Sozialstaates in Frage. Das Körperschaftssteueraufkommen ist von 1989 bis 1993 um 18,6% gesunken, der Anteil an den gesamten Steuereinnahmen halbierte sich nahezu. Dagegen wird eingewendet, dass in der EU die Sozialaufwendungen zwischen 1980 und 1994 mit Ausnahme von Belgien und Luxemburg ständig gestiegen sind. Die Sozialleistungsquote liegt über 30%.

Land	Staatsquote	
	1990	1997[1]
Schweden	59,1	63,3
Frankreich	49,8	53,6
Niederlande	54,1	49,4
Deutschland	45,1	48,3
Japan	31,3	36,0
USA	32,8	32,8

[1] Schätzungen   Quelle: OECD – IWD

12.3 Handelsabkommen und Wirtschaftsräume

Ein völliger internationaler Freihandel liegt dann vor, wenn jedes Wirtschaftssubjekt eines Landes mit jedem anderen Wirtschaftssubjekt aus einem anderen Land völlig unbehindert Handel treiben könnte und Produktionsfaktoren völlig ungehindert zu jedem Land der Welt Zugang finden würden.

Dies ist jedoch ein theoretischer Grenzfall – in der Praxis ist der Weg dahin gepflastert mit Zolltarifen und/oder nichttarifären Handelshemmnissen, z. B. der Kontingentierung. Der Normalbürger kann Handelshemmnisse nur schlecht erkennen, meistens verbergen sich dahinter komplizierte Abkommen über Handelskontingente oder Zölle.

Schon immer, seit es den grenzüberschreitenden Handel gibt, hat es Abkommen bi- oder multilateraler Art gegeben, um Interessen der Handelspartner auszugleichen:

Handelsabkommen sind zwischenstaatliche Vereinbarungen zur Regelung des Güterverkehrs in einem bestimmten Zeitraum. Darin wird das gesamte Handelsvolumen vereinbart und es sind Listen der Waren enthalten, die zur Einfuhr zugelassen sind. Solche Abkommen stellen die lockerste Verbindung im Außenhandel dar.

Freihandelszonen beinhalten dagegen bereits eine Form der wirtschaftlichen Integration zwischen zwei oder mehr Volkswirtschaften. Bei ihrer Gründung werden Zölle und sonstige Handelsrestriktionen zwischen den beteiligten Ländern abgeschafft oder zumindest das Ziel vereinbart. Im Gegensatz zur Zollunion werden jedoch gegenüber Drittländern die nationalen Außenzölle weiter aufrecht erhalten, was Handelsverzerrungen verursachen kann.

Zollabkommen sind zwei- oder mehrseitige zwischenstaatliche Abkommen zur Senkung der Zölle. Internationale Zollabkommen hingegen sind weltweite Abkommen zur Vereinfachung und Vereinheitlichung der Zollförmlichkeiten. Das wohl bekannteste Zoll- und Handelsabkommen war das GATT.

Die **Zollunion** beinhaltet eine Form der wirtschaftlichen Integration zwischen Volkswirtschaften, die durch Freihandel zwischen den Partnern und gemeinsame Zolltarife bzw. einheitliche Handelsvorschriften gegenüber Drittländern gekennzeichnet ist.

Wirtschaftsunion ist ein Begriff, der den Zusammenschluss mehrerer selbstständiger Staaten zu einem gemeinsamen Wirtschaftsgebiet beinhaltet, in dem sämtliche Zölle und sonstige Handelshemmnisse im internen Verkehr beseitigt sind und ein gemeinsamer Außentarif gegenüber Drittländern gebildet ist, sodass ein gemeinsamer Markt entsteht. Die Mitgliedsstaaten der Wirtschaftsunion vereinheitlichen nicht nur ihre Außenhandels- und Zollpolitik, sondern auch ihre Wirtschafts-, Finanz- und Sozialpolitik.

Bezeichnung	Mitglieder	Ziele/Aktivitäten
APEC asiatisch-pazifische wirtschaftliche Zusammenarbeit	21 Staaten im asiatisch-pazifischen Raum, u. a. Kanada, USA, China, Australien, Japan	Gründung 1989 mit dem Ziel der Errichtung einer Freihandelszone im asiatisch-pazifischen Raum bis zum Jahr 2020; Beschlüsse zur Senkung der Zölle in verschiedenen Bereichen, z. B. Forstprodukte, Telekommunikation, Spielzeuge
ASEAN (Verband Südostasiatischer Staaten)	Brunei, Thailand, Laos, Indonesien, Malaysia, Myanmar, Phillipinen, Singapur, Vietnam	Gründung 1967 mit dem Ziel der Förderung der wirtschaftlichen Entwicklung in den Mitgliedsstaaten und Stärkung der politischen Stabilität innerhalb der Region; Ausbau der Außenbeziehungen, z. B. mit EU
CEFTA mitteleuropäisches Freihandelsabkommen	Polen, Rumänien, Slowakei, Slowenien, Tschechien, Ungarn	gegründet 1993 mit dem Ziel der Errichtung einer Freihandelszone unter den Mitgliedern; Mitgliedsländer streben eine Aufnahme in die EU an
EFTA (Europäische Freihandelsassoziation)	Island, Liechtenstein, Norwegen, Schweiz	Gründung 1960, 6 ehemalige Mitgliedsstaaten gehören heute der EU an; Erhöhung des Lebensstandards durch Beseitigung von Handelsbarrieren bei Industrieerzeugnissen und Kooperation
EU Europäische Union	16 Staaten	wegen der besonderen Bedeutung ab Seite 164 gesondert behandelt
EWR Europäischer Wirtschaftsraum	alle EU-Staaten EFTA-Saaten (ohne Schweiz)	Gründung 1994 mit dem Ziel des freien Verkehrs von Personen, Waren, Dienstleistungen und Kapital (»vier Freiheiten«); weitgehender Geltungsbereich für die EU-Binnenmarktregeln
Mercosur gemeinsamer Markt Südamerikas	Argentinien, Brasilien, Paraguay, Uruguay	Gründung 1990 mit dem Ziel des Freihandels unter den Mitgliedern; Festlegung gemeinsamer Außenzölle; Anstreben einer gemeinsamen Wirtschafts- und Währungsunion
NAFTA nordamerik. Freihandelsabkommen	Kanada, Mexiko, USA	gegründet 1994 zur Förderung des Handels zwischen den Mitgliedsstaaten; Freihandelszone für Nord- und Südamerika unter Einbeziehung anderer Freihandelszonen bis zum Jahre 2005
WTO (World Trade Organization)	132 Staaten	seit 1995 Sonderorganisation der UNO zur Förderung und Überwachung des Welthandels; wichtigstes Ziel ist der Abbau von Zöllen und Handelsschranken

12.4 Europäische Wirtschafts- und Währungsunion

Um das Für und Wider einer europäischen Integration ist viel gestritten worden: auf politischer Ebene ebenso wie in Wirtshäusern oder am Küchentisch. Glaubt man den Umfragen, legt sich mehr und mehr der Widerstand, wenngleich Befürworter und Gegner der EU und des EURO nach wie vor folgende Argumente austauschen:

PRO	CONTRA
• höhere Wachstumsraten des Bruttosozialprodukts und positive Impulse für den Arbeitsmarkt durch gemeinsamen Markt • Unangreifbarkeit der gemeinsamen Währung EURO und damit verbundene Stabilität • Erweiterung der Produktionskapazitäten und günstigere Herstellung der Produkte durch größere Märkte • Kooperation von Unternehmen aus mehreren Ländern • Verbesserung der europäischen Position auf dem Weltmarkt • Ausgleich der z. T. krassen wirtschaftlichen Unterschiede zwischen armen und reichen Regionen • länderübergreifende Hilfe für sozial schwache Bevölkerungsgruppen zum Abbau sozialer Spannungen • abgestimmtes Verhalten bei der Reduzierung von grenzüberschreitenden Schadstoffen • Freizügigkeit für Wohnen, Studieren, Arbeiten, Reisen, Gewerbe	• hohe Risiken für den Arbeitsmarkt durch Freizügigkeit der Arbeit und damit verbundenen Einsatz billiger Arbeitskräfte • Verlust der Stabilität der gemeinsamen Währung durch Einflüsse der wirtschaftlich schwächeren Partner • riesiger Zentralstaat, wobei die Einzelstaaten immer mehr entmachtet werden • keine oder unzureichende Kontrolle der „Zentrale Brüssel" • Verlust der nationalen Identität • hohe Kosten durch Existenz und weiteren Aufbau einer umfassenden Bürokratie

DIE EINFÜHRUNG DES EURO WIRD IN DEUTSCHLAND EINMALIG CA. 20 MRD. DM KOSTEN. ALLERDINGS WERDEN DANACH JEDES JAHR CA. 40 MRD. DM TRANSAKTIONSKOSTEN EINGESPART.

Jemand, der gelegentlich in das europäische Ausland fährt, wird dreierlei feststellen: Erstens muss er ständig umrechnen und dabei aufpassen, dass er nicht von einem Händler übervorteilt wird. Zweitens zahlt er Gebühren dafür, dass er Geld in eine andere Währung umtauscht und wird bei einem Rücktausch überflüssiger Sorten einen schlechteren Kurs erhalten. Und drittens wird er feststellen, dass im europäischen Warenkob Preisunterschiede von bis bis zu 40 % möglich sind. Die Europäische Wirtschafts- und Währungsunion wird diese Nachteile mit einem Schlag beseitigen.

Aber auch darüber hinaus gilt der langfristige Nutzen der EU und des EURO als unbestritten: sinkende Transaktionskosten im Zahlungs- und Finanzverkehr, die Integration und Verflechtung der Volkswirtschaften, die wachsende Konkurrenz in zahlreichen Branchen sowie die Freiheiten des

Binnenmarktes für Menschen, Waren, Kapital und Dienstleistungen werden nach OECD-Angaben zu einer zusätzlichen Steigerung des BIP von ca. 1,5 % führen.
Die EU ist ein Staatenbund aus gegenwärtig 16 Staaten, von
denen sich 11 entschlossen haben, ab dem 1.1.1999 ihre nationalen Ökonomien zu einer Wirtschafts- und Währungsunion zusammenzuschließen. Der Weg dahin war lang:

1957	Die Verträge zur Gründung der Europäischen Wirtschaftsgemeinschaft (EWG) und der Europäischen Atomgemeinschaft (EURATOM) werden in Rom unterzeichnet.
1967	Durch den Zusammenschluß von EGKS, EURATOM und EWG entsteht die Euro-päische Gemeinschaft (EG).
1968	Die EG einigt sich auf eine Zollunion. Sie schafft alle Zölle zwischen den Mitglieds-staaten ab und führt einen gemeinsamen Außenzoll ein.
1972	Die EG einigt sich auf einen europäischen Wechselkursverbund.
1979	Das Europäische Währungssystem (EWS) tritt in Kraft.
1992	Der Vertrag über die Gründung der Europäischen Union (EU) wird in Maastricht unterzeichnet. Mitgliedsländer sind die 12 EG-Staaten. Dieser Vertrag ist die zweite bedeutende Reform der EG-Verträge.
1993	Am 01.01 treten die Regelungen über den Europäischen Binnenmarkt in Kraft. Am 01.11. haben alle Mitgliedsländer des Vertrages von Maastricht die EU-Verträge rati-fiziert. Damit ist die Europäische Union gegründet.
1994	Der Europäische Wirtschaftsraum wird durch den Zusammenschluß von EU und sechs EFTA-Staaten zu einem Binnenmarkt verwirklicht.
1998	Gründung der Europäischen Zentralbank mit Sitz in Frankfurt
1999	Start der Europäischen Wirtschafts- und Währungsunion am 1.1.1999 für elf Mit-gliedsländer, Beginn des EURO als Währungseinheit

EU-Mitglieder	Wirtschafts-wachstum in %	Arbeitslosig-keit in %	Staatsver-schuldung in % des BIP	Inflationsrate in %	Tauschwert 1 EURO
Belgien	2,7	9,2	122,2	1,4	40,43 BF
Dänemark	2,9	6,1	65,1	1,9	keine Teiln
Deutschland	2,2	9,7	61,3	1,4	1,96 DM
Finnland	5,9	14,0	55,8	1,3	5,96 FM
Frankreich	2,4	12,4	58,0	1,2	6,57 FF
Griechenland	3,5	9,6	108,7	5,2	keine Teiln.
Großbritannien	10	7,1	53,4	1,8	keine Teiln.
Irland	1,5	10,2	66,3	1,2	0,79 I£
Italien	4,1	12,1	121,6	1,8	1.940,4 IL
Luxemburg	3,3	3,7	6,7	1,4	40,43 LF
Niederlande	2,5	5,2	72,1	1,8	2,21 HFL
Österreich	3,8	4,4	66,1	1,1	13,79 ÖS
Portugal	1,8	6,8	62,0	1,8	200,90 PE
Schweden	3,4	10,2	76,6	1,9	keine Teiln.
Spanien	3,4	20,8	68,8	1,8	166,74 P

Organe

Wie jede nationale Verfassung, so besitzt auch die Europäische Union eine Reihe von Organen, die sich ihre Arbeit im Rahmen von gesetzgebender, ausführender und rechtsprechender Gewalt aufteilen.

– Der **Europäische Rat** (Rat der Staats- und Regierungschefs) setzt sich aus den Regierungschefs der Mitgliedsstaaten sowie aus dem Präsidenten der Europäischen Kommission zusammen. Er hat eine zentrale Rolle bei der zukunftsweisenden Gestaltung der EU und ist weisungsberechtigt gegenüber dem Ministerrat.

– Das **Europäische Parlament** mit Sitz in Straßburg besteht aus Abgeordneten, die in den einzelnen Ländern gewählt worden sind. Es hat nur geringen bis mittleren Einfluss auf die Gesetzgebung durch abgestufte Rechte der Anhörung, Konzertierung (Beratung), Zustimmung, Zusammenarbeit und Mitentscheidung.

– Der **Rat der EU** ist das gesetzgebende Organ. In die Ratssitzungen werden die jeweils zuständigen Fachminister der nationalen Regierungen entsandt. In diesem Gremium vertreten die Mitgliedsstaaten durch ihre Ressortminister die jeweiligen nationalen Interessen. Hier muss ein Kompromiss gefunden werden zwischen dem „europäischen» Entwurf der Kommission und den unterschiedlichen nationalen Wünschen und Pflichten.

– Die **Europäische Kommission** mit Sitz in Brüssel ist ein überstaatliches Organ. Sie gilt allgemein als Exekutivorgan der EU. Ihre Mitglieder werden alle vier Jahre von den Regierungen der Mitgliedsländer ernannt. Sie verfügen je nach Sachverhalt abgestuft über das Recht zur Initiative, zur Exekutive und zur Kontrolle.

– Der **Europäische Gerichtshof** mit Sitz in Luxemburg sorgt für die Einhaltung und Durchsetzung des Gemeinschaftsrechts. Ein Mitgliedsland kann z. B. dazu verklagt werden, eine EG-Richtlinie einzuhalten.

– Der **Europäische Rechnungshof** prüft die Ausgaben der EU auf Rechtsmäßigkeit und Ordnungsmäßigkeit.

– Die **Europäische Zentralbank** übernimmt seit 1999 die Kompetenzen der nationalen Zentralbanken. Vorrangiges Ziel der EZB ist die Preisstabilität. Sie steuert diese mit den Mitteln der Geldpolitik. Ab dem Jahre 2002 gibt sie die auf EURO's lautenden Banknoten aus. Die Entscheidungen trifft der EZB-Rat, in dem neben dem Präsidium die Chefs der nationalen Zentralbanken vertreten sein werden.

13. Entwicklung

Der Welternährungsgipfel 1996 in Rom stellte als grundlegende Tatsache fest, dass auf der Erde – in Kalorien gerechnet – mehr als genügend Nahrungsmittel für alle Menschen erzeugt werden. Andererseits wurde festgestellt, dass von den derzeit etwa 5,7 Mrd. Menschen weltweit etwa 20 % unterernährt sind und jährlich ca. 15 Mio. Menschen an den Folgen von Unterernährung sterben, davon etwa 4. Mio. Kinder. Bleibt anzumerken, dass die 51 reichsten Länder dieser Welt, in denen 15,9 % der Weltbevölkerung leben, 81,3 % des weltweiten Bruttosozialprodukts erwirtschaften.

In einer Zeit,
– in der sich die hoch entwickelten Industrienationen zu großen Wirtschaftsräumen zusammenschließen, um ihren Wohlstand weiter zu vermehren,
– in der sich Großunternehmen zu *„global players"* entwickeln, um sich für die weltweit zunehmende Konkurrenz zu rüsten,
– in der einzelne Konzerne mehr Umsatz erzielen, als ganze Volkswirtschaften an Bruttoinlandsprodukt erwirtschaften,
– in der es einzelnen Personen oder Gruppierungen gelingt, ihren Gewinn zu mehren, indem sie Notenbanken durch gezielte Währungsspekulationen zu Interventionen zwingen,
sind 158 ärmere Staaten mit vier Fünfteln der Weltbevölkerung zu Zaungästen dieses Geschehens degradiert: Sie haben keine Chance, sich gegen den Willen der reichsten Länder dieser Welt zu gleichberechtigten, geschweige denn gleichwertigen Partnern zu entwickeln.

– Wenn ein Land wie Kuwait, das Erdöl exportiert und eine Wirtschaftsleistung pro Kopf von 17.390 US-$ (1997) erzielt, zu den Entwicklungsländern gehört, andererseits aber ein Land wie Portugal, das zur Europäischen Union und damit zu den eher entwickelten Staaten zählt, eine Wirtschaftsleistung von „nur" 10.160 US-$ erzielt: Anhand welcher Kriterien ist festgelegt, welches Land als Entwicklungsland und welches als eher entwickeltes Land zu bezeichnen ist? Wie groß ist gegenwärtig der Unterschied zwischen entwickelten und unterentwickelten Staaten?
– Einige der heute zu den Entwicklungsländern zählenden Staaten waren früher reich oder zählten gar zu den Weltmächten. Wie lässt sich der heutige Status der Unterentwicklung erklären? Reichen außenwirtschaftliche Theorien aus oder sind historische Ansätze oder andere Entwicklungstheorien heranzuziehen?
– Im Zusammenhang mit entwicklungspolitischen Themen tauchen immer wieder Begriffe wie UNCTAD, FAO oder Weltbank auf. Welche Funktionen erfüllen diese internationalen Organisationen im Entwicklungsprozess? Werden sie ihrer Rolle gerecht?
– Lässt sich Entwicklung an der jährlichen Steigerung des Bruttosozialprodukts messen? Oder muss praktische Entwicklungshilfe sich vielmehr an den Bedürfnissen der Menschen orientieren und die Stärken dieser Länder sinnvoll nutzen?

13.1 Nord-Süd-Gefälle: Eine Zustands-beschreibung

◇ Das Nord-Süd-Gefälle, häufig auch als Nord-Süd-Konflikt bezeichnet, beschreibt das Wohlstandsgefälle und den daraus resultierenden Interessenkonflikt zwischen den reichen Industrieländern, die sich vorwiegend auf der nördlichen Halbkugel der Erde befinden, und den zumeist auf der südlichen Halbkugel befindlichen Entwicklungsländern.

Entwicklungsländer, im offiziellen Sprachgebrauch der UNO „developing country" genannt, sind aus wirtschaftlicher, politischer und sozialer Sicht keine einheitliche Staatengruppe. Der Begriff bezieht sich vornehmlich auf wirtschaftliche, infrastrukturelle und/oder soziale Entwicklungsrückstände im Vergleich zu den Industriestaaten. Eines der wichtigsten Kennzeichen ist, dass innerhalb eines Landes, z. B. zwischen städtischen und ländlichen Regionen, ein sehr starkes wirtschaftliches und soziales Gefälle vorliegt.

Der Entwicklungsbericht der Weltbank unterscheidet
– Länder mit niedrigem Einkommen mit einem Bruttosozialprodukt/Kopf unter 750 US-$ (1994);
– Länder mit mittlerem Einkommen mit einem Bruttosozialprodukt/Kopf über 750 bis 9.300 US-$;
– Länder mit einem hohen Einkommen mit einem Bruttosozialprodukt/Kopf über 9.300 US-$.
Zur letzten Kategorie zählen nicht nur Industrienationen, sondern auch Erdöl exportierende Entwicklungsländer wie Brunei oder Kuwait sowie industriegüterexportierende Schwellenländer wie Singapur oder Hongkong.

Bruttosozialprodukt je Einwohner in US-$ 1995

Reichste Länder		Ärmste Länder	
Luxemburg	41.210	Nepal	200
Schweiz	40.630	Tschad	180
Japan	39.640	Ruanda	180
Norwegen	31.250	Sierra Leone	180
Dänemark	29.890	Malawi	170
Deutschland	27.510	Burundi	160
USA	26.980	Tansania	120
Österreich	26.890	Kongo (Zaire)	120
Singapur	26.730	Äthiopien	100
Frankreich	24.990	Mosambik	80

Quelle: Weltbank

Das klassische Erklärungsmuster, um ein Entwicklungsland zu beschreiben, gibt es nicht; die Strukturen weichen z. T. erheblich voneinander ab. Dennoch weisen nahezu alle Entwicklungsländer einige, mehrere oder sogar alle der folgende Merkmale auf:

Hohe Auslandsverschuldung

1996 betrugen die Auslandsschulden der Entwicklungsländer netto 1.750 Mrd. US-$. Davon entfielen allein auf die Staaten Lateinamerikas 32 %, auf die Staaten Asiens 27,4 %. Der Zins- und Tilgungsdienst für diesen Schuldenberg belief sich im selben Jahr auf 257,8 Mrd. Damit mussten die Entwicklungsländer 23,0 % ihrer Einnahmen aus dem Export von Waren und Dienstleistungen für den Schuldendienst aufwenden: wertvolle Devisen, die für Investitionen verloren gingen.

Armut und Hunger

Etwa 25 % der Weltbevölkerung lebte nach Angaben der UNO 1998 in Armut. Aus den Statistiken der Weltbank lässt sich entnehmen, dass 1,3 Mrd. Menschen in den Entwicklungsländern, das sind mehr als zwei Drittel der Bevölkerung dieser Länder, weniger als 1 Dollar Einkommen pro Person und Tag zur Verfügung stand. Dies hat unmittelbare Folgen für die Ernährung. 1997 litten nach Schätzungen der FAO 840 Mio. Menschen an Hunger, ein Viertel davon Kinder. Schlimmer noch: Täglich sterben etwa 110.000 Menschen an Hunger, das sind weltweit 40 Mio. Menschen pro Jahr! Etwa 7 Mio. Kinder sterben nach Angaben der UNICEF jährlich vor dem Erreichen des 5. Lebensjahres, weil ihre Abwehrkräfte geschwächt sind.

Landflucht und Ausbreitung der Slums

Landflucht setzt ein, wenn Menschen ihre Tätigkeit auf dem Lande aufgeben und in die nächste Stadt ziehen – in der irrigen Annahme, in der Stadt Arbeit zu finden und sich damit eine günstigere wirtschaftliche Lage zu schaffen. Die Infrastruktur dieser Städte ist jedoch mit dem raschen Zuzug völlig überfordert; an ihren Rändern entwickeln sich Slums von riesigen Ausmaßen. Von den 15 Städten mit einer Bevölkerung von mehr als 10 Mio. Einwohnern befinden sich 11 in Entwicklungsländern. Während 1997 weltweit bereits 45 % der Weltbevölkerung in Städten wohnten, waren es in den Entwicklungsländern 66 %. Nach Schätzungen der UNO werden es im Jahre 2015 bereits 75 % sein. Ein großer Teil dieses Wachstums wird in den ärmsten Ländern der Welt auftreten.

ZWEIMAL ERNÄHRUNG: WÄHREND IN DEUTSCHLAND NACH ANGABEN DER DEUTSCHEN GESELLSCHAFT FÜR ERNÄHRUNG 64 % DER TODESFÄLLE DIREKT ODER INDIREKT AUF ZU VIEL ODER FALSCHE ERNÄHRUNG ZURÜCKZUFÜHREN SIND, STERBEN IN DEN ÄRMEREN ENTWICKLUNGSLÄNDERN 12,5 % DER MENSCHEN, WEIL SIE NICHTS ZU ESSEN HABEN.

VON DER HUMANITÄT ÜBER DIE NATIONALITÄT ZUR BESTIALITÄT
—
FRANZ GRILLPARZER

Niedriger Ausbildungsstand/Analphabetismus

Die UNESCO schätzte 1998 den Anteil an Analphabeten an der Weltbevölkerung auf 17%, das entspricht etwa 1 Mrd. Menschen. Der höchste Anteil davon lebt in den Entwicklungsländern. Es ist deshalb nicht verwunderlich, dass der höchste Grad an Analphabetismus in den ärmsten Ländern der Welt zu finden ist: Er liegt zwischen 40 und 75%.

Geringer Grad der ärztlichen Versorgung

In den meisten westlichen Industrienationen ist für 100% der Bevölkerung ein Zugang zu ärztlichen Diensten gewährleistet. Gemessen daran sind die meisten Entwicklungsländer extrem unterversorgt.

Ärztliche Versorgung ausgewählter Länder 1997

	Anteil der Bevölkerung mit Zugang zu Gesundheitsdiensten	Einwohner je Arzt
Deutschland	100%	298
Brasilien	73%	847
Indien	29%	2.439
Äthiopien	10%	32.650

Quelle: Weltbank

Hoher Anteil des primären und sekundären Sektors

Während sich in den meisten Industrienationen bereits ein Wandel von der Industrie- zur Dienstleistungsgesellschaft vollzogen hat und der tertiäre Sektor mehr als 50% des Bruttosozialprodukts erwirtschaftet, stehen viele Entwicklungländer noch auf der Stufe von Agrarstaaten. Vielfach werden mehr als zwei Drittel des Bruttosozialprodukts vom primären und sekundären Sektor erwirtschaftet. Hier wird bereits die Rollenverteilung sehr deutlich: die Entwicklungsländer liefern vielfach große Mengen Rohstoffe (primärer Sektor) an die Industrieländer, die aus diesen Rohstoffen Fertigprodukte herstellen.

Anteile der Sektoren am BSP in ausgewählten Ländern

	Anteile am Bruttosozialprodukt in%		
	Landwirtschaft	Industrie	Dienstleistung
USA	1,9	22,6	75,4
Deutschland	0,9	35,3	63,8
Tschad	48,8	17,7	33,5
Sierra Leone	38,8	28,0	33,2
Burundi	54,1	16,8	29,1
Kongo (Zaire)	58,0	17,5	24,5

Quelle: Weltbank

13.2 Ursachen der Unterentwicklung

Außenwirtschaftstheoretische Erklärungsansätze

Verschiedene Entwicklungstheoretiker sehen die Unterentwicklung in Ländern der Dritten Welt in erster Linie als eine Folge ihrer Verflechtung in die Weltwirtschaft an – mit den damit verbundenen Abhängigkeiten. Diese unter dem Begriff „**Dependencia-Theorie**" formulierten Erklärungsansätze machen folgende typische Abläufe für die negative Entwicklung verantwortlich:

Nach der Ausbeutung durch die Kolonialstaaten waren die Länder der Dritten Welt bis in die ersten Jahrzehnte unseres Jahrhunderts einer typischen internationalen Arbeitsteilung unterworfen, bei der sie die Aufgabe hatten, die von den Industriestaaten benötigten Rohstoffe und Agrarprodukte zu liefern, während die industriellen Fertigwaren aus diesen Ländern importiert werden mussten. Industrialisierung konnte kaum stattfinden, weil die jeweils herrschenden Gruppen, denen die praktizierte Arbeitsteilung zugute kam, diese verteidigten. Dies galt z. B. für ausländische Plantagenbesitzer, inländische Großgrundbesitzer und internationale Konzerne. Außerdem waren die Entwicklungsländer im Wettbewerb mit den Industriestaaten unterlegen. Das bedeutete, dass langfristig sinnvolle Investitionen unterlassen wurden, da es kurzfristig billiger war, aus den Industriestaaten zu importieren. Die einseitige Ausrichtung der Entwicklungsländer auf Agrar- und Rohstoffexporte hatte eine zunehmende Verschlechterung der **terms of trade** zur Folge. Darunter sind die realen Austauschbeziehungen zwischen Produkten zweier Länder zu verstehen.

Eine Verschlechterung der „terms of trade" liegt z. B. vor, wenn statt 10 t Kupfer aus Chile für ein Auto aus den USA Jahre später 12 oder 13 t Kupfer ausgeführt werden müssen. Nach verlässlichen Berechnungen der UN konnten die Entwicklungsländer ihr Exportvolumen im Zeitraum von 1955 bis 1979 zwar um 32 % steigern, trotz dieser Volumenerweiterung stiegen die Exporterlöse jedoch nur um 13 %. Berücksichtigt man zudem, dass sich in diesem Zeitraum die von den Entwicklungsländern importierten Waren um 15 % verteuerten, ergibt sich die Folgerung, dass die Steigerung des Exportvolumens um 32 % nicht einmal ganz ausreichte, um die Preiserhöhung für die Importgüter auszugleichen. Faktisch führte die Verschlechterung der terms of trade damit zu einem Einkommenstransfer in die Industriestaaten.

GIBT MAN DEN ENTWICKLUNGSLÄNDERN 1 % MEHR ANTEIL AM WELTHANDEL, SO ERSETZT DAS IN SEINER WIRKUNG DIE GESAMTE INSTITUTIONALISIERTE ENTWICKLUNGSHILFE

—

DELEGATIONSTEILNEHMER BEI DER UNCTAD

Die nachhaltige Verschlechterung der *terms of trade*, die Lockerung der internationalen Wirtschaftsbeziehungen nach 1920 sowie die Entkolonialisierungsbewegung nach dem 2. Weltkrieg verursachten in einer Reihe von Entwicklungsländern eine „Teilindustrialisierung", deren Träger und Nutznießer in der Regel das nationale Großbürgertum war. Diese Importsubstitution ergab eine neue wirtschaftliche Dynamik, die sich zumindest teilweise aus dem Binnenmarkt entwickelte. Diese Dynamik beinhaltete jedoch gleichzeitig eine neue und zunehmende Abhängigkeit von den Industriestaaten: Sie war auf Deviseneinnahmen angewiesen, d. h. auf weitere Exporte und Auslandskredite, um die benötigten Maschinenimporte zu finanzieren, was wiederum die Abhängigkeit in finanzieller und technischer Hinsicht weiter förderte.

Um aus den Engpässen herauszukommen, die die Importsubstitution schaffte, öffneten verschiedene Entwicklungsländer, z. B. Brasilien, ihre Wirtschaft für ausländische Direktinvestitionen und versuchten nun, durch vielfältige Vergünstigungen ausländische Investoren heranzuziehen. Das stärkere Eindringen ausländischen Kapitals erwies sich allerdings für die betreffenden Länder als folgenschwer: Die Auslandsverschuldung wuchs, die finanzielle und technologische Abhängigkeit nahm weiter zu, und die Einkommenskonzentration, gekoppelt mit einer wachsenden Verelendung der Masse der Bevölkerung, wurde noch extremer („Verschuldungskrise").

Endogene Entwicklungshemmnisse

Die Vertreter dieser Unterentwicklungstheorie machen verschiedene innere Entwicklungshemmnisse und deren Kombination für die Unterentwicklung verantwortlich:

– Unzulänglichkeiten der natürlichen Bedingungen und Ressourcenausstattung, u. a. ungünstige klimatische Verhältnisse und geografische Benachteiligungen, Mangel an Kapital und qualifizierten Arbeitskräften;
– starke Ausprägung von Einflüssen, die die Effizienz der Verteilung der Produktionsfaktoren in der Volkswirtschaft behindern, z. B. staatliche Eingriffe in die Preisbildung, Marktzugangsbeschränkungen durch eine langsame und korrupte Bürokratie, Diskriminierung von Bevölkerungsgruppen, unzulängliche Nutzung von Größenvorteilen durch starke Eigentumszersplitterung, ausgeprägte Informationsmängel und unzulängliche Markttransparenz sowie Infrastrukturdefizite;

- Hemmnisse für eine ausreichende Kapitalbildung bzw. eine Ausweitung der Produktionsbasis durch geringe Ersparnisse auf Grund von Armut und schnellem Bevölkerungswachstum, Beeinträchtigung der Investitionsneigung durch unzulängliche rechtliche und politische Rahmenbedingungen sowie sonstiges Fehlverhalten des Staates, z. B: motivationshemmende Verteilungspolitik, inflatorische Geld- und Fiskalpolitik;
- Hemmnisse für den technischen Fortschritt durch Beeinträchtigung des Technologietransfers und mangelhafte Ausbildung;
- Hemmnisse gegen wirtschaftliche Stabilität und Kontinuität, die sich aus Konflikten/Machtkämpfen rivalisierender Gruppen ergeben, z. B. Stammesfehden, sowie Tradition und/oder religiöser Fanatismus, der sich gegen Menschenrechte, Meinungsfreiheit sowie die Gleichberechtigung der Rassen und Geschlechter richtet.

Interdependenz der Faktoren

Die Faktoren der Entwicklung oder Unterentwicklung sind nie lösgelöst voneinander wirksam, sondern bilden ein Beziehungsgeflecht von Bedingungen, die sich zum großen Teil gegenseitig beeinflussen:

WO MENSCHEN UM IHRE EXISTENZ BANGEN, IST IHNEN MIT GRUNDSÄTZEN NICHT ZU HELFEN

—

ERHARD EPPLER

DIE UNO WAR 1997 IN 18 KRISENHERDEN WELTWEIT MIT FRIEDENSMISSIONEN ENGAGIERT, DAVON ALLEIN 11 IN ENTWICKLUNGSLÄNDERN.

13.3 Organisationen: eine Auswahl

Anzahl, Art und Umfang der Aktivitäten der auf dem Gebiet der Entwicklungspolitik weltweit tätigen Organisationen sind fast undurchschaubar. Das Geflecht von Wirkfaktoren für Unterentwicklung oder Entwicklung eines Landes ist so komplex, dass nahezu alle internationalen Organisationen zwangsläufig in dem einen oder anderen Sachgebiet davon berührt werden. An dieser Stelle werden deshalb nur vier für die Entwicklungspolitik und -hilfe wichtige Organisationen und Zusammenschlüsse vorgestellt.

Weltbank

Die Internationale Bank für Wiederaufbau und Entwicklung, kurz Weltbank genannt, hat ihren Sitz in Washington D.C. und wurde 1945 gegründet. Zu den Aufgaben der Weltbank gehört die Förderung der wirtschaftlichen Entwicklung der Mitgliedstaaten, die Förderung der privaten ausländischen Investitionen durch Garantieübernahme oder Darlehen, die Ausdehnung des internationalen Handels und Aufrechterhaltung des Gleichgewichts der Zahlungsbilanzen. Die Weltbank betreibt eine Darlehenspolitik nach privatwirtschaftlichen Grundsätzen, d. h. Kredite werden grundsätzlich an Regierungen gegeben, an Privatunternehmen nur gegen Regierungsgarantie. Die Laufzeit der Kredite kann bis zu 25 Jahre betragen, die Rückzahlung erfolgt grundsätzlich in der ausgeliehenen Währung.

OECD

Die Organisation für wirtschaftliche Zusammenarbeit und Entwicklung mit Sitz in Paris wurde 1991 gegründet. Schwerpunkte der Arbeit sind die Koordinierung der Wirtschaftspolitik der Mitgliedsländer, die Koordinierung und Intensivierung der Entwicklungshilfe der Mitgliedsstaaten mit dem Ziel, ein angemessenes Wirtschaftswachstum in den Entwicklungsländern zu verwirklichen. Grundlage für die Verwirklichung dieser Hauptziele soll u. a. die Förderung der Ausweitung des Welthandels, eines stetigen Wachstums und der Produktivität sein. Die OECD analysiert zu diesem Zweck die Wirtschaftspolitik der Mitgliedsländer und gibt jährliche Berichte über die Wirtschaftslage in den einzelnen Mitgliedsstaaten heraus. Die Länderberichte sollen den Mitgliedsländern bei der Formulierung ihrer nationalen Politik dienen. Weitere wichtige Arbeitsergebnisse sind u. a. Abkommen über die Währungszusammenarbeit und die Schaffung eines Solidaritätsfonds.

UNCTAD

Die *United Nations Conference on Trade and Development* (UNCTAD), deutsch: Handels- und Entwicklungskonferenz der Vereinten Nationen, wurde durch Beschluss der UN-Vollversammlung 1964 als ständiges Organ der UNO mit Sitz in Genf gegründet. Die Konferenz selbst, in der alle wichtigen Beschlüsse gefasst werden, findet nur alle fünf Jahre statt. In der Zwischenzeit nimmt der Rat *(Trade and Development Board)* die Aufgaben der Konferenz bis zu deren nächstem Zusammentreten wahr.

Zielsetzung und Aufgabe der UNCTAD ist es, zur Formulierung der Entwicklungsstrategie der UN beizutragen und bei der Realisierung der Entwicklungsziele durch Vorschläge und praktische Maßnahmen auf dem Gebiet des Handels und der Weltrohstoffmärkte mitzuwirken. Das Schwergewicht der Tätigkeit liegt in der Förderung der Handelsbeziehungen zwischen Industrie- und Entwicklungsländern.

Im Rahmen des Entwicklungsprogramms der Vereinten Nationen ist die UNCTAD aktiv um einen verstärkten Zufluss von Kapital und Ressourcen an die Entwicklungsländer bemüht. Sie überprüft laufend die Lage der ärmsten und am wenigsten entwickelten Länder der Welt.

EIN DAUERNDES WERK BEDARF LANGER ZEIT DER ENTWICKLUNG

—

HONORÉ DE BALZAC

FAO

Die Ernährungs- und Landwirtschaftsorganisation der UN wurde 1945 gegründet und hat ihren Sitz in Rom. Ziel der FAO ist die Hebung des Ernährungs- und Lebensstandards in der ganzen Welt, die Verbesserung der Produktion und Verteilung von Erzeugnissen der Landwirtschaft, Forstwirtschaft und Fischerei, die Verbesserung der Lebensbedingungen der ländlichen Bevölkerung und die Ausweitung der Weltwirtschaft.

Die FAO bekämpft Unter- und Fehlernährung sowie Armut in den Entwicklungsländern. Zu diesem Zweck sammelt sie Informationen über Ernährung, Land- und Forstwirtschaft und Fischerei, wertet diese aus und veröffentlicht sie. Ein globales Frühwarnsystem soll Fehlentwicklungen, z. B. Missernten und Versorgungskrisen, frühzeitig erkennen. Als Entwicklungsorganisationen der UN führt die FAO zahlreiche Förderprogramme durch und koordiniert agrar- und fischereiorientierte sowie umweltrelevante Maßnahmen. Derzeit fördert die FAO ca. 2.500 Projekte, die sich am Prinzip der nachhaltigen Entwicklung orientieren. 1996 fand auf Einladung der FAO der 2. Welternährungsgipfel in Rom statt.

MAN IST NIE TRAURIG GENUG, UM DIE WELT BESSER ZU MACHEN. MAN HAT ZU BALD WIEDER HUNGER

—

ELIAS CANETTI

13.4 Faktoren angepasster Entwicklung

Die Frage, wie sich die Situation der Entwicklungsländer nachhaltig verbessern lässt, kann nicht generell beantwortet werden. Was für das eine Land ein großer Fortschritt ist, kann für das andere Land bereits ein Rückschritt sein.

Politische Verhältnisse

Dort, wo Menschen beginnen, über ihre Situation nachzudenken und daran gehen, sie zu verändern, stoßen sie plötzlich auf heftigen Widerstand, auf Traditionen, auf veraltete Institutionen und auf mächtige Gruppen, die verhindern wollen, dass eine Veränderung stattfindet. Soziale und politische Reformen führen deshalb häufig zu heftigen innenpolitischen Krisen in Ländern, in denen wenige Familien, Gruppen oder Konzerne den Ton angeben. Aus den Untersuchungen zur Entwicklungshilfe geht eindeutig hervor, dass eine Entwicklung aus eigenem Ansatz nur dort möglich ist, wo stabile und demokratische politische Verhältnisse bestehen und ein politisches Wollen die Entwicklung begleitet.

Familienplanung

UN-Bevölkerungsprognosen bis zum Jahr 2025 gehen davon aus, dass in den entwickelten Ländern die Bevölkerung nur geringfügig um 3,5 % anwachsen wird, in den weniger entwickelten Länder jedoch um 46 % und in den am wenigsten entwickelten Ländern sogar um 90 %. Wenn der Geburtenüberschuss nicht deutlich sinkt, können die heranwachsenden Millionen Menschen weder ernährt noch ausgebildet und produktiv beschäftigt werden. Jedoch: Alle noch so behutsamen oder vernünftigen Programme zur Familienplanung werden ohne bessere Bildung, bessere Ernährung und mehr Arbeitsplätze nicht greifen können.

Erziehungssysteme

Die Menschen in den Entwicklungsländern wissen, dass sie lernen müssen; ist doch der Begriff Erziehung das Synonym für die menschliche Entwicklung schlechthin. Es bleibt allerdings die Frage, ob die Erziehung dem Prinzip des *„social demand"* folgen soll, also derjenigen Erziehung, die von der Bevölkerung verlangt wird und zu einer Ausweitung des formalen Schulsystems geführt hat, oder ob sie dem *„manpower approach"* folgen soll, also die Ausbildung vermittelt, die von der Wirtschaft verlangt wird. In jedem Fall: Erziehungssysteme für die Entwicklungsländer müssen einen Beitrag dazu leisten, Menschen zu mobilisieren, verkrustete Sozialstrukturen aufzubrechen und Gruppen zu solidarisieren.

Mobilisierung der Selbsthilfe

Menschen in den Entwicklungsländern können mit dem wenigen, worüber sie verfügen, viel unternehmen. Überall dort, wo sich Menschen zusammenschließen, um gemeinsam alternative Formen der Herstellung von Gütern, der gemeinsamen Nutzung von Maschinen und Geräten, des genossenschaftlichen Anbaus und der Vermarktung von Agrarerzeugnissen zu finden, stellen sich deutliche Veränderungen ein: Selbsthilfe bedeutet eine radikale Veränderung des Denkens und führt zu einem gesteigerten Selbst-„Bewusstsein". Sie bringt erhebliche wirtschaftliche Veränderungen mit sich und verbessert die Ernährungs- und Lebensgrundlage. Schließlich hat sie für die beteiligten Menschen eine große Bedeutung für die Lebenseinstellung: Das Prinzip Hoffnung tritt an die Stelle des Prinzips Resignation.

DIE REICHEN, SCHULGEBILDETEN UND ALTEN DIESER WELT VERSUCHEN, IHRE ZWEIFELHAFTEN SEGNUNGEN MITZUTEILEN, INDEM SIE DER DRITTEN WELT IHRE ABGEPACKTEN LÖSUNGEN AUFZWINGEN
—
IVAN ILLICH

Technologie

In den vergangenen 30 Jahren hat ein gewaltiger Technologietransfer von den Industrieländern in die Entwicklungsländer stattgefunden. Dieser Transfer ist jedoch, von Ausnahmen in Schwellenländern einmal abgesehen, in doppeltem Sinne unangemessen: Weder was noch wie es produziert wird, ist für die Entwicklungsländer sinnvoll. Zwar hat die Rationalisierung der vergangenen Jahre in den Industrienationen große Fortschritte gemacht. Entwicklungsländer besitzen jedoch den Produktionsfaktor Arbeit im Überfluss. Die technologische Lücke zwischen Industrie- und Entwicklungsländern durch einen nachhaltigen Technologieexport schließen zu wollen, wäre fatal. Besonders in den am wenigsten entwickelten Ländern muss über arbeitsintensive und dezentralisierte Produktionsmethoden nachgedacht werden, die vielen Arbeit geben und mit denen einfache und preiswerte Produkte hergestellt werden können.

NICHT DIE MASSENPRODUKTION, SONDERN DIE PRODUKTION DURCH DIE MASSEN KANN INDIEN WEITERBRINGEN
—
MAHATMA GHANDI

Weitere Faktoren

Flankiert werden müssen die beschriebenen Maßnahmen und Faktoren durch weitere Reformen und neue Denkansätze. Diese beziehen sich u. a. auf

- den Abbau von Monokulturen und einseitiger Abhängigkeit von Rohstoffexporten;
- Bodenreformen, bei der den Kleinbauern die Möglichkeit geboten wird, eigenes Land zu bewirtschaften;
- den Ausbau des Gesundheitswesens;
- die Förderung des Kleingewerbes;
- den Abbau von Handelsschranken, um den Anteil der Entwicklungsländer am Welthandel zu erhöhen.

Literatur

Beck, U.: Was ist Globalisierung?, Frankfurt 1997

Deutsche Bundesbank: Auszüge aus Presseartikeln
Monatsberichte und statistisches Material

Gabler Verlag: Gabler Volkswirtschafts-Lexikon, Wiesbaden 1997

Gabler Verlag: Gabler Wirtschaftslexikon in 6 Bänden, Wiesbaden 1997

Henzler, H., / Späth, L.: Die zweite Wende – Wie Deutschland es schaffen wird, Weinheim und Berlin 1998

Institut der deutschen Wirtschaft, Köln: Informationsdienst/Wirtschaft und Unterricht/Globalisierung – Bedrohung oder Chance, Köln 1998

Keynes, J. M.: Allgemeine Theorie der Beschäftigung, des Zinses und des Geldes, 1. Auflage 1936

Lippens, W.: Im Kreislauf der Wirtschaft, 12. Auflage, Bank-Verlag, Köln 1997

Markmann, H. / Kitsche, A. (Hg.): Geld und Geldpolitik – Ein Heft für die Schule, Arbeitsgemeinschaft zur Förderung der wirtschaftlichen und sozialen Bildung e.V., Bonn

Nefiodow, L. A., / Thomas, H.: Kondratieffs Zyklen der Wirtschaft, Köln 1998

Piper, N. (Hg.): Die großen Ökonomen, Hamburg 1996

Samuelson, P. A., / Nordhaus, W. D.: Volkswirtschaftslehre; 15 Auflage; New York 1994

Schiller, G.: Volkswirtschaftslehre, Darmstadt 1996

Taenzer, U.: Ökonomische Kernprobleme, Stuttgart 1995

Taenzer, U.: Ökonomie 2, Wirtschaftspolitik, Stuttgart 1986

Tischler, K.: Grundwissen Umwelt, Stuttgart 1994

Veblen, T.: Theorie der feinen Leute, Frankfurt 1986

Weimer, W.: Geschichte des Geldes, Frankfurt 1994

Informationsquellen für interessierte Leser mit Internet-Zugang:

Bezeichnung/Name	E-Mail / Internet-Adresse
Institut der deutschen Wirtschaft IWD	http://www.iwkoeln.de
Bundesanstalt für Arbeit	http://www.arbeitsamt.de
Deutsche Bundesbank	http://www.bundesbank.de
Deutsche Angestellten Gewerkschaft DAG	http://www.dag.de
Deutscher Gewerkschaftsbund DGB	http://www.dgb.de
Deutscher Industrie- und Handelstag DIHT	http://www.diht.de
Bundesvereinigung deutscher Arbeitgeberverbände BDA	http://www.bda.de
Internationaler Währungsfonds IWF	http://www.imf.org
Organisation für wirtschaftliche Zusammenarbeit und Entwicklung OECD	http://www.oecd.org
Europäische Zentralbank EZB	http://www.ezb.de

Sach- und Personenregister